TOM KENYON

Mit den Krokodilen ringen

Gesammelte Essays und Reiseberichte

Aus dem Amerikanischen von
Thomas Görden

Brandheiße Infos finden Sie regelmäßig auf:
www.facebook.com/AMRAVerlag

Besuchen Sie uns im Internet:
www.AmraVerlag.de

Eine Originalausgabe im AMRA Verlag
Auf der Reitbahn 8, D-63452 Hanau
Telefon: + 49 (0) 61 81 – 18 93 92
Kontakt: Info@AmraVerlag.de

Herausgeber & Lektor	Michael Nagula
Einbandgestaltung	FranklDesign
Layout & Satz	Birgit Letsch
Druck	Clausen & Bosse

Fast alle Texte übersetzte Thomas Görden – außer »Zu Gast im Haus der Fülle«
(Sarah Heidelberger), »Immunität« (Ingrid Riedel-Karp), »Gefahr und Chance«
sowie »Die Wirkung von Klang auf das Bewusstsein« (Michael Nagula).
Als Grundlage dienten die Originalmanuskripte des Autors.

ISBN Printausgabe 978-3-939373-99-5
ISBN eBook 978-3-95447-146-1

Inhalt

Die Reise des Eingeweihten

Ein Vorwort von Tom Kenyon

Willkommen zu meiner Sammlung von Essays, die teilweise schon vor langer Zeit entstanden. Eingeleitet werden sie von einem Artikel meiner Frau Judi Sion, den sie schrieb, während wir uns zu Filmaufnahmen in Fidschi aufhielten. Wir verbrachten viel Zeit draußen auf einem Riff, wo es vor Leben nur so wimmelte. Unter anderem gab es dort Korallen in Felsblock-Größe, mit einem Durchmesser von gut und gern vier bis fünf Metern. Jeder Tag war ein neues Abenteuer, bei dem wir Fische sahen, die uns nie zuvor begegnet waren oder von denen wir gar nicht gewusst hatten, dass sie überhaupt existierten.

In der Hoffnung, das Riff und seine erstaunlichen Bewohner zu filmen, kehrten wir vor ein paar Jahren mit Unterwasserkameras nach Fidschi zurück. Doch durch den Klimawandel hatte sich die Unterwasserwelt verändert. Die meisten Korallen waren zerstört, und da die ungewöhnlichen Fische ihren Lebensraum mit seinen vielen Spalten und Winkeln verloren hatten, waren auch sie verschwunden. Wie uns die Einheimischen erzählten, war das Wasser wärmer geworden, was dazu führte, dass eine Seestern-Art mit dem ironischen und biblischen Namen »Dornenkrone« das Riff buchstäblich auffraß.

Die Welt wandelt sich, und dass die Ökosysteme dieses Planeten mit so alarmierender Geschwindigkeit verändert werden, hätten Wissenschaftler noch vor wenigen Jahrzehnten für unmöglich gehalten. Das erschwert heute die Erschließung der Welt und des eigenen Seins, aber geblieben ist uns die uralte Reise des Eingeweihten: Sie vollzieht sich jetzt vor dem Hintergrund rasanter Veränderungen und der daraus resultierenden Krisen.

Als Eingeweihten bezeichne ich jemanden, der danach strebt, sich bewusstseinsmäßig aufwärts zu entwickeln. Dabei spielt es keine Rolle, welcher spirituellen Tradition die entsprechende Person folgt oder ob sie überhaupt einer Tradition folgt. Alle, die daran arbeiten, die höheren Ausdrucksmöglichkeiten und Potenziale ihrer Existenz als menschliche Wesen zu leben, sind nach meinem Verständnis Eingeweihte.

Wenn Sie spüren, dass das Leben ein heiliges Wagnis ist und dass Ihre Existenz weit mehr als das für die Augen Sichtbare umfasst, dann sind Sie ein wahrer Eingeweihter.

In den Essays, die das vorliegende Buch versammelt, beleuchte ich die Reise des Eingeweihten auf der Grundlage meiner persönlichen Gedanken und Beobachtungen aus ganz unterschiedlichen Perspektiven, bei denen diverse spirituelle Traditionen ebenso Berücksichtigung finden wie die Neuropsychologie und die Quantenphysik.

Zwar werden die meisten Leute das für eine ungewöhnliche Allianz halten, aber ich betrachte Wissenschaft und Spiritualität als ausgezeichnete Verbündete. Diese ungewöhnliche Auffassung begründe ich damit, dass die Logik keineswegs der Erzfeind der spirituellen Befreiung ist, sondern ein notwendiger Bestandteil. Ich widerspreche ausdrücklich dem Heiligen Ignatius von Loyola, der sagte: »Wir müssen glauben ohne Vernunft.«

Die Reise des Eingeweihten erfordert alle uns verfügbaren Ressourcen, besonders in dieser apokalyptischen postmodernen Welt. Der Glaube kann uns dabei sehr weiterhelfen, aber es muss jene Art Glaube sein, der klare und direkte Nachforschungen nicht scheut.

Für mich steht außer Frage – ja, ich glaube felsenfest daran –, dass die Entdeckungen der Quantenphysik und der Neuropsychologie genutzt werden können, um die Schnittstelle zwischen den nichtlokalen Aspekten des Bewusstseins und unserer Alltagserfahrung besser zu verstehen. Und gerade unser nichtlokales Bewusstsein, jenseits der Grenzen von Zeit, Raum und Materie, ist der Schlüssel für unsere Reise als Eingeweihte.

Alle Ewigen Philosophien wie auch die meisten spirituellen Traditionen befassen sich mit diesem Territorium der Psyche. Dieser transzendente Aspekt unseres Seins ist das zentrale Merkmal authentischer spiritueller Erfahrung. Psychologen bezeichnen dieses Territorium menschlicher Erfahrung oft als das *Transpersonale*, womit gemeint ist, dass es sich jenseits der persönlichen Identität befindet. Dieser humanistische Ansatz besitzt einige Vorzüge, weil dabei spirituelle und religiöse Dogmen vermieden werden. Man umgeht sie, indem alle numinosen und spirituellen Erfahrungen unmittelbar und unvoreingenommen untersucht werden, ohne eine bestimmte spirituelle oder religiöse Richtung zu bevorzugen.

Als Psychotherapeut, der seit Jahrzehnten auf diesem Gebiet tätig ist, hatte ich das Privileg, bei meinen Klienten Zeuge außergewöhnlicher Reisen zu werden, während denen sie sich in enorme Höhen ihres eigenen transpersonalen – spirituellen – Bewusstseins hinaufschwangen. Dieser *Zeuge* in mir hat viele der Gedanken und Beobachtungen geformt, die wie sonderbare Fäden in das Gewebe des vorliegenden Buches eingeflochten sind.

Als Michael Nagula, der Verleger des AMRA Verlags, mir den Vorschlag zu diesem Buch machte und mir eine Liste der Texte vorlegte, die er aufnehmen wollte, überkam mich das merkwürdige Gefühl, dass das ganze Buch eine Art Quilt ist, zusammengenäht aus unterschiedlichen Stoffstücken. Wie die einzelnen Flicken eines Quilts ist jeder Essay in sich abgeschlossen. Doch zusammengenommen geschieht etwas. Zusammengenommen ergeben die Einzelaspekte der spirituellen Reise eine Art facettenreicher Kohärenz!

Die Zergliederung in einzelne Facetten erklärt sich daraus, dass unterschiedliche Aspekte der spirituellen Reise behandelt werden. Die Kohärenz wiederum ergibt sich, weil alle Wahrheiten letztlich, jedenfalls meiner Meinung nach, miteinander verbunden sind.

Manche Essays befassen sich unmittelbar mit den numinosen oder lichterfüllten Bereichen der spirituellen Erfahrung, andere ergründen die Schattenzonen der menschlichen Psychologie. Ich bin der Ansicht, dass wir unbedingt den spirituellen Mut aufbringen sollten, uns mit unserem Schatten zu konfrontieren, denn wie der Schweizer Psychiater Carl Gustav Jung sagte: Wir laufen sonst Gefahr, vom Schatten vernichtet zu werden.

Das bringt mich zu meiner Eingangsbemerkung zurück. »Die Welt wandelt sich, und dass die Ökosysteme dieses Planeten mit so alarmierender Geschwindigkeit verändert werden, hätten Wissenschaftler noch vor wenigen Jahrzehnten für unmöglich gehalten.« Für alle, die aus dem massenhypnotischen Schlaf erwachen, ist offensichtlich, dass die Ökosysteme der Erde in großer Not sind. Als Spezies scheinen wir unfähig zu sein, den technologischen »Fortschritt«, den wir dem Planeten zumuten, in erträgliche Bahnen zu lenken. Es ist gut möglich, dass wir für diesen Größenwahn mit unserer Auslöschung bezahlen werden.

Vor diesem Hintergrund kultureller Dissonanz, also der kollektiven Leugnung des Ernstes unserer Lage, müssen Sie als moderne Eingeweihte Ihre Reise bestehen.

Sie müssen sich einen Pfad durch den kollektiven Irrsinn bahnen.

Der amerikanische Mythenforscher Joseph Campbell verglich die diversen Mythen und Religionen der Welt und entwickelte das Konzept des *Monomythos* und der, wie er es nannte, *Heldenreise.* Seiner Ansicht nach besteht unsere Reise, die Reise des Eingeweihten, darin, Kontakt mit den numinosen, lichterfüllten Bereichen unseres Seins herzustellen. Doch nachdem wir durch den Kontakt mit unserer spirituellen Natur, dem *Transpersonalen*, verwandelt wurden, kehren wir sozusagen *zur Erde zurück*. Dann leben wir unser Leben mit dem Wissen, das wir in *den geistigen Welten* erlangt haben. Und wenn unser Leben in dieser Welt endet, kehren wir dorthin zurück, woher wir kamen.

Ich persönlich glaube, dass Campbells Beschreibung der Reise zutrifft. Und es ist in der Tat ein heroischer Akt, in unserer derartig außer Kontrolle geratenen postmodernen Welt des 21. Jahrhunderts ein nach höherem Bewusstsein strebendes Leben zu führen.

Als ich in Vorbereitung auf dieses Vorwort einige Joseph Campbell zugeschriebene Zitate noch einmal las, sprang mir eines besonders ins Auge. Ich finde, es bringt eine geheimnisvolle Wahrheit über die menschliche Daseinserfahrung auf den Punkt. Und ich glaube, es ist eine sehr gute Idee, es Ihnen abschließend mit auf den Weg zu geben, bevor Sie sich dem wechselseitig erhellenden Flickenteppich dieses Essaybandes zuwenden.

»Schwierige Lebensphasen sind die beste Gelegenheit, unsere tiefen inneren Kräfte zu entdecken und zu entfalten.«

Tom Kenyon

Postkarte aus Fidschi

Eine Einleitung von Judi Sion

Zunächst ein Rat, nein, eher eine Warnung: Die folgenden Notizen haben absolut keinen spirituellen Wert, und das ist auch nicht beabsichtigt. Sie sind, im besten Fall, wie ich: ehrfurchtslos, kritisch und ein bisschen neben der Spur. Ein spiritueller Wert wird auch nicht versteckt angedeutet, denn er ist gar nicht gewünscht. Ich gebe zu, dass ich in Gleichnissen schreibe und Chiffren einflechte, wo ich nur kann, aber wie Sie diese lesen und ob Sie sie überhaupt erkennen, liegt ganz allein bei Ihnen.

Ich ziehe es vor, federleicht zu schreiben. (Meine Sprache wird so zu meinem stumpfen Instrument.) Ich mag keine Prediger. Fanatiker sind in jeder Sekte gefährlich. Es scheint nur so, als würden sie ihre exzessiv-zwanghafte Persönlichkeit in den Dienst eines Bewusstseins stellen, das sie Gott nennen. Würden sie diese Tendenzen statt in der Religion in anderen Lebensbereichen an den Tag legen, würden wir auf der Straße einen großen Bogen um sie machen und niemals Waffen oder Regierungsverantwortung in ihre Hände legen. Da bin ich mir sicher.

Ich schreibe, weil es mich nährt. Ich schreibe, wenn etwas in Reichweite ist, auf das ich Buchstaben aufbringen kann, sei es Papier, Tafeln, Jalousien, Computer, Muscheln, sei es Schreiben im Sand, auf Servietten in Cafés und auf Zeitungen, die in Flughäfen zurückgelassen werden. Selten hole ich diese Literatur ins Licht des Tages. (Gehen Sie bitte nicht davon aus, dass ich das Wort »Licht« irgendwie in einem spirituellen oder New-Age-Sinne verwende.)

Wenn wir unterwegs sind, schreibe ich ständig etwas, das ich Travelogues oder Reiseberichte nenne. Darin fange ich die vielleicht unbedeutendste Farbe aus der Palette des Tages ein. Ich beobachte die unterschiedlichen Muster auf Laub und Steinen. Unfähig, der Unterhaltung an dem Tisch zu folgen, an dem ich sitze, lausche ich auf die in der gegenüberliegenden Ecke. Das ist geradezu ein Hörzwang.

Und so notiere ich die Gespräche, die ich höre. Diese Notizen sammeln sich auf allerlei Discs und Sticks, die in Koffern und Schubladen herumfliegen. Ich habe ganze Stapel davon, so wie Tom stapelweise unveröffentlichte Songs ansammelt. Eines Tages.

Tom hat gesagt, dass ich etwas für sein Buch schreiben *muss*. Ich wies darauf hin, wie sehr mich das in eine Zwickmühle bringt, weil mein Geist sich gerade mit ziemlich merkwürdigen Dingen beschäftigt, die in höflichen Unterhaltungen wohl nicht als besonders politisch akzeptabel durchgehen würden. Ich fühle mich in diesen Tagen nicht sehr spirituell. Und dem Rat der Hathoren zum Trotz (unseren Freunden aus der geistigen Welt, die Tom immer wieder channelt) fällt es mir ganz schön schwer, die Politiker unserer Zeit wertzuschätzen. Meine persönliche Spiritualität und politische Position könnte man derzeit irgendwo links von Zecharia Sitchin und rechts von David Icke verorten, wenn Sie verstehen, worauf ich hinaus will. (Mit anderen Worten, ich denke über genetische Manipulation nach und einen daraus resultierenden Fehler in unserer DNS, der uns dazu treibt, uns selbst aufzugeben, uns niederzuwerfen vor Gott, Göttin, Regierung, Religion, Meditation, Gebet, Ehre, Respekt, statt uns auf unsere persönliche Kraft zu besinnen und uns weiterzuentwickeln. Wir wurden dazu erschaffen, eine Sklavenrasse zu sein, und wir sind es noch immer.)

Mit anderen Worten: Mein Gott wohnt in meinem Bewusstsein und Herzen, und der Teufel wohnt im Weißen Haus. Wir geraten hier in gefährliches Schnorchelwasser, um eine Metapher aufzurühren, und ich bevorzuge das Riff vor mir. Daher schicke ich einfach diese Postkarte aus Fidschi, wo wir uns in diesem Monat aufhalten, in einem kleinen braunen Haus am Meer.

Fidschi eins

Tom hegte eine Fantasie über Fidschi, die mich gleich von Anfang an hätte beunruhigen sollen. Er hatte zuvor auch schon andere Fantasien. In seinem mentalen Bilderbuch war es so gewesen, dass man in Holland immer noch Holzschuhe trägt, und als er dann sah, dass es sie nur noch als Souvenirs im Miniaturformat gibt, war er enttäuscht. Dass in Griechenland die Windmühlen zahlreicher sind als dort, »wo sie hingehören«, deprimierte ihn noch mehr.

Diese Bilder, die wir in der Brieftasche herumtragen – die sorgfältig bewahrten Fotos aus Hochglanzbroschüren –, haben nur selten Ähnlichkeit mit der Realität.

In Fidschi waren wir aus zwei Gründen. Bei dem einen handelte es sich um Toms Fantasie über die tropischen Inseln. Dieses Bild kennen Sie sicher: Palmen, Kokosnüsse, die uns vor die Füße fallen, bereit, gegessen zu werden. Sanfte Brisen. Ein unberührtes Korallenriff, das nur darauf wartet, von uns erkundet zu werden. Exotisch verklärte Bilder von freundlichen, passiven Eingeborenen, die uns mit Palmwedeln Kühlung zufächeln und dabei komplexe polynesische Harmonien singen.

Und dann kam hinzu, dass sowohl Maria Magdalena wie die Hathoren uns geradezu gedrängt hatten, nach Fidschi zu reisen, weil dort »das Tantra noch mehr gesteigert würde«.

Nun weiß ich natürlich, dass die bessere (nun ja, schicklichere) Definition von Tantra lautet: »alchemistische Energie-Praktiken«. Aber nichtsdestotrotz war ich sehr erpicht darauf, nach Fidschi zu kommen.

Als wir dort landeten, wussten wir nichts über diesen Inselstaat, aber schnell wurde uns klar, dass wir ein falsches Bild von Fidschi hatten und möglicherweise zu wenig Geld in der Brieftasche.

Thailand hatte uns nicht besonders gefallen. Die Hitze dort war brutal, und die Schwüle raubte uns Energie und geistigen Fokus. Mit anderen Worten: Wenn man einmal um den Block ging, war man erschöpft und durchgeschwitzt. Ich stand in Thailand praktisch ständig unter der Dusche.

Bei der Ankunft in Fidschi begrüßte uns eine Schar von Einheimischen, von denen jeder die Vorzüge seines Hotels, seines Taxis oder seiner Holzschnitzereien anpries. Es gab keine komplexen polynesischen Harmonien, aber die Leute waren freundlich und höflich, warben unaufdringlich für das, was sie anboten.

Das Nadi-Hotel lockte mit klimatisierten Deluxe-Zimmern, also wählten wir es wegen der angenehmen Kühle, die es verhieß. Auch boten sie einen kostenlosen Transfer vom und zum Flughafen an. Da wir schon am nächsten Tag zu der Insel weiterfliegen würden, auf der wir ein Ferienhaus gemietet hatten, warum nicht vorher einen Blick auf das Großstadtleben auf Fidschis Großer Insel werfen? (Erst in letzter Minute hatten wir überhaupt herausgefunden, dass das von uns gebuchte Haus sich gar nicht auf der Insel befand, auf dem unser Flieger landete. Daran können Sie sehen, wie unschuldig und ingnorant wir waren! Ignoranz ist ein Segen, heißt es. Wer wusste schon, dass Fidschi aus über 300 Inseln besteht, von denen keine einzige Fidschi heißt?)

Hotels wie das Nadi-Hotel kann man auch in den USA immer noch finden – wenn man das heruntergekommenste Viertel einer hässlichen Stadt aufsucht und dort eine Absteige wählt, die besonders alt und verwahrlost aussieht.

Es war ein Humphrey-Bogart-Film, mit Katherine Hepburn in der weiblichen Hauptrolle. (Sie konnte es mit der schwülen Hitze und dem stickigen Dschungel aufnehmen.) Die Kulisse war *African Queen*, mit einem Hauch von *Casablanca* und einer Prise *Key Largo*.

Die Klangeffekte im Speiseraum beeindruckten, da brauchte es keine Nachbearbeitung. Nachdem sie unsere Bestellung aufgenommen hatte ... Huhn-Chow-mein-Curry sollte es sein, glaube ich – fragen Sie mich nicht ... verschwand der Kellner barfuß im Nebenraum. Als Nächstes hörte man ein Hackebeil durch die Luft surren, das sich tief in einen uralten Holzblock grub. Dieses Hackebeil ging offenbar glatt durch alle Knochen des Huhnes hindurch und ließ keinen von ihnen heil. So hatte man bei jedem Bissen Knochensplitter im Mund. Das Essen war voll davon. Sie waren zwischen den Nudeln und den ohnehin wenig appetitlichen Fleischstücken. Ich verzichtete dankend.

Die altersschwache Klimaanlage konnte nichts gegen die Schwüle ausrichten, sorgte aber im Zusammenspiel mit der ständig laufenden Klospülung wenigstens dafür, die Geräusche etwas zu überlagern, die aus der Bar auf der anderen Straßenseite drangen. Es gab dort eine »Liveband«, die eine schlechte Mischung aus hawaiianischer Musik, Calypso, Rock und Salsa spielte, mit etwas afrikanischen und indischen Beimischungen. Wir lagen die ganze Nacht wach, halbtot von der Hitze und dankbar für die lärmende Klimaanlage und das ständig laufende Wasser in der Toilette. Als sich Spencer Tracy schließlich von seiner Frau scheiden ließ und Katharine Hepburn heiratete, die Humphrey Bogart nie wirklich geliebt hatte, schlief ich endlich ein.

Nadi war alles in allem zutiefst deprimierend. Es war schmutzig. Es gab dort nichts, was uns Freude gemacht hätte. Nun waren wir also auf unserer Reise an einen Ort gelangt, wo es keine Cafés, keinen Tee und erst recht keine Internetcafés gab. Und das sollte nun die Große Stadt von Fidschi sein? Oh mein Gott, was hatten wir getan?

Wenige Wochen vor unserem Besuch war Fidschi von einem verheerenden Zyklon heimgesucht worden. Ein weiterer war angekündigt und schwebte drohend irgendwo draußen über dem Meer, als wir morgens von Viti Levu nach Vanua Levu aufbrachen. Zweifellos wartete er noch auf letzte Anweisungen, wo er zuschlagen sollte.

Ich hatte damit gerechnet, dass der Flug zwischen den Inseln etwa fünfzehn Minuten dauern würde. Hätte ich doch nur den Reiseführer studiert. Im Flugzeug saßen neun Passagiere, Pilot und Copilot. Die Leute hingen in der engen Kabine unter mächtigen Propellermotoren. Als Zugabe war ein weiterer Propeller oben hinter dem Rumpf angebracht. Ich hatte das Gefühl, Teil einer Fracht zu sein, die ein riesiger Storch unter dem Schnabel trägt. Zwei mitreisende Männer waren so dick, dass jeder zwei Sitze benötigte. Wir vermuteten, dass man sie aus Gleichgewichtsgründen genau in der Mitte platziert hatte. Es gab zwischen den Sitzen keinen Gang. Man stieg einfach in seinen Sitz, und wenn sich keine Tür in der Nähe befand, musste man über andere Sitze hinwegklettern. Wir saßen zwischen den beiden Propellermotoren und den Rädern. Unsere Sicht beschränkte sich daher auf die beiden dicken Männer vor uns, die Räder und dem, was durch die wirbelnden Propeller hindurch sichtbar war.

Auf dem Flug schlief ich ein, den Kopf gegen die dünne Außenwand des Flugzeugs gelegt. Ab und zu weckten Turbulenzen mich auf. Dann schaute ich hinaus, so gut es ging, und sah endloses blaues Wasser. Fidschi war viel größer, als wir je gedacht hatten. Ich mochte nicht mehr schlafen und las stattdessen im Reiseführer.

So stieß ich auf den Kali-Durga-Aspekt in der Geschichte Fidschis. Bis ins späte 19. Jahrhundert hatten die Fidschi-Insulaner Kannibalismus praktiziert. Damit meine ich nicht jene Notfall-Geschichten, wo in Schnee und Eis gestrandete Menschen gefrorene Leichen essen, um zu überleben. Nein, auf Fidschi ging das so: Wenn du nicht mit mir verwandt bist und mir in die Quere kommst, und vielleicht auch wenn du ein Verwandter bist, den ich nicht leiden kann – dann verspeise ich dich zum Mittagessen.

Bei diesen hübschen langen, handgeschnitzten Utensilien, die wir am Morgen in einem Kunsthandwerkerladen in Nadi gesehen hatten, handelte es sich um Nachbildungen jener Gabeln, mit denen die Priester und Häuptlinge einst ihre Opfer zu verspeisen pflegten.

Der Priester war offenbar so heilig, so tabu, dass nur eine Frau ihm seine Mahlzeiten bringen durfte. Sie musste ihn füttern, durfte dabei aber niemals seine Lippen berühren. Doch das Fleisch eines Feindes verzehrten der Priester und der Häuptling allein, ohne von Frauen bedient zu werden. Und sie benutzten dazu jene Holzgabeln, die eher wie Tintenfische geformt waren, mit langen Tentakeln.

Eines muss man ihnen aber lassen: Sie aßen auf, was sie töteten. Da wurde nichts verschwendet und weggeworfen. Sie grillten ihre Opfer oder verzehrten sie manchmal roh. Aus den Knochen fertigten sie Halsketten, Haarnadeln und Ohrschmuck. Kriegskeulen wurden mit Knochen verziert, und die Anzahl der Kerben auf ihnen dokumentierte, ob ihr Besitzer sich gut aufs Töten verstand. Die Knochen des Unterschenkels eigneten sich gut als Nadeln für das Segelnähen und als Schilfmesser. Geschlechtsorgane hängte man an Bäume. Steinreihen vor dem Haus zeigten an, wie viele Tote der Häuptling verspeist hatte. Einer der letzten Häuptlinge verzehrte im Laufe seines Lebens über 800 Opfer. Er war wirklich ein großer Häuptling!

Ein Junge galt erst als Mann, bekam seinen Erwachsenennamen und durfte heiraten, wenn er einen Feind getötet hatte. Was die Frauen taten, werde ich Ihnen nicht verraten. In jedem Dorf gab es einen Bure Kalou, einen Tempel, bei dessen Bau es üblich war, in den Löchern für die Eckpfeiler des Hauses vier starke Männer lebendig zu begraben.

Um diese Heiden zu bekehren, schickten im 19. Jahrhundert die Methodisten Missionare nach Fidschi. Und so kam es, dass im Juli 1867 der Geistliche Thomas Baker einen schwerwiegenden Fehler machte. Vielleicht strebte er nach einem Platz in den Geschichtsbüchern (oder wenigstens den Kochbüchern). Manche sagen, er sei einfach ungeduldig gewesen. Manche sagen, er hätte immer schon eine Neigung zum Märtyrer gehabt. Manche sagen, er sei ein Dummkopf gewesen. Niemand wird je genau wissen, was geschah, aber der Legende nach warnte man ihn, ins Nausari-Hochland auf Vitu Levu zu gehen. Doch er ließ sich nicht abhalten, offenbar von missionarischem Eifer erfüllt. Nun galt bei den Insulanern dort der Kopf des Häuptlings als heilig und durfte unter keinen Umständen berührt werden. Offenbar hatte Baker seinen Kamm in der Hütte des Häuptlings vergessen, und der Häuptling beschloss, ihn auszuprobieren. Als Baker zurückkam und sah, dass sein Kamm im Haar des Häuptlings steckte, verlor er die Beherrschung, zog den Kamm dem Häuptling aus den Haaren und nahm ihn wieder an sich. Das empörte die Dorfbewohner, worauf sie dem Missionar ein feuriges Ende bereiteten.

»Sie aßen alles auf«, erinnerte sich ein Augenzeuge. »Sie versuchten sogar, seine Schuhe zu verspeisen.« Aber Baker erwies sich als ziemlich zäh, oder jedenfalls einer seiner Schuhe, der als einziges Überbleibsel des Geistlichen heute im Fidschi-Museum besichtigt werden kann.

Fidschi zwei

Nach der Landung erwartet uns Gopan. Er ist Inder und Fidschianer, bewegt sich langsam, aber zuverlässig; er wird immer pünktlich sein. Gopan und die Gezeiten sind wohl das Zuverlässigste auf Fidschi, wie wir bald herausfinden sollten.

Unsere Herberge besteht aus zwei kleinen Häusern. Sie tauchen inmitten einer verheerten Landschaft auf, wo umgestürzte Palmen und Regenwaldbäume sowie auf den Kopf gestellte Mangroven den Eindruck erwecken, Gott hätte Mikado gespielt und sich dann davongemacht, ohne aufzuräumen. Wir hatten nicht gewusst, dass der Zyklon auf Vanua Levu solche Schäden angerichtet hatte.

Aber von diesem kleinen Flecken Land ging etwas außerordentlich Magisches aus. Er steht auf einer Klippe, die über einem Strand aus Bimsstein aufragt. Der Untergrund bestand aus reiner Lava, abgeflacht durch Äonen der Verwitterung und bedeckt von üppiger Tropenvegetation, Kokospalmen, Ingwer, lachsfarbenem Hibiskus und anderen Blütenpflanzen, deren Namen ich nicht kenne, die ich aber niemals vergessen werde.

In der kurzen Dämmerung vor Einbruch der Dunkelheit sah ich am ersten Abend vor dem blassen Leuchten am Horizont einen Schatten über den Himmel huschen. Es war ein riesiger Flughund. Ich ging nach draußen, um ihn zu beobachten. Direkt über meinem Kopf führte er seine Flugkünste vor, stieg immer wieder steil auf und stieß hinab. Fledermäuse üben eine große Faszination auf mich aus, und in meiner schamanischen Tradition stehen sie für Sha-Transformation. Dieser Bote hier hatte eine Spannweite wie ein Habicht oder ein kleiner Adler.

Die Milchstraße floss über den Himmel, und da waren Sterne, die ich nie zuvor gesehen hatte.

Nach Tibet haben wir Thailand durchquert, von Nord nach Süd, einen Monat in Australien verbracht, und mehrere Wochen in Neuseeland. Tibet war für uns beide eine tief bewegende Erfahrung, nicht in Worte zu fassen. Wir wussten, dass individuelle Kontemplation dringend angesagt war, um das alles zu verarbeiten, doch dazu fanden wir keine Zeit oder Gelegenheit. Ständig waren wir von einem Hotelzimmer, einem Flugzeug ins nächste gewechselt, was eine ganz eigene Strenge und Konzentration erforderte. Doch nun, am Rand des Ozeans, mit dem Wind als Konstante, würden wir gewiss Zeit zum Nachdenken finden.

Schließlich gab es weiter nichts zu tun. Die Telefonverbindungen waren unterbrochen, so dass wir keinen Internetzugang hatten. Fernsehen gab es auch nicht. Es gab keine Kinos und keine richtigen Restaurants.

Tatsächlich gab es auch kein richtiges Essen. Der Wirbelsturm hatte einen großen Teil der Ernte vernichtet. Auf dem Markt gab es lediglich Kartoffeln, ein paar halb verfaulte Papayas, Zwiebeln, Knoblauch, Kohl, zähe Gurken, schrumpelige Möhren und genauso unansehnliche Auberginen, und Ananas. Sonst nichts. Und kein Mineralwasser. Ich fing an, Trinkwasser abzukochen.

Fidschi drei

Die beiden Hütten, die »Haus« genannt werden, was aber etwas übertrieben ist, stehen auf einer Klippe aus Lava, ungefähr zehn Meter über einem Bimssteinstrand. Ein Korallenriff umgibt eine Seite der Bucht. Oben von der Klippe kann man aber nur über eine frei schwebende Leiter hinunter zum Strand gelangen. Man muss gleichzeitig die Leiter nach unten schieben und den Stein, an dem sie befestigt ist, anheben und in einen Winkel bringen, dass man, Gesundheit und Leben riskierend, hinunter auf den zerklüfteten, scharfkantigen Lavaboden klettern kann.

Also saßen wir an unserem ersten Tag auf Vanua Levu herum, starrten auf das berühmte Tauchgebiet *Hole in the Wall,* zu dem wir aber nicht gelangen konnten, weil uns der Abstieg über die Leiter zu gefährlich erschien.

Die Nacht brach herein. Der Markt hatte an diesem Tag schon früh geschlossen, und der Spinat, den wir am Tag zuvor gekauft hatten, erwies sich als irgendein Unkraut, das die Einheimischen gepflückt und zusammengebunden hatten. Das »Gluten«, das Tom der Spaghettisauce beigemischt hatte, um etwas Eiweiß hinzuzufügen, war eingeschrumpelt, sah unappetitlich aus und schmeckte nicht.

Das Leben im Paradies war nicht so wie erwartet.

Die Stromversorgung war halbwegs wiederhergestellt, aber niemand konnte die vernichtete Ernte wiederherstellen. In den ersten paar Tagen funktionierte das Telefon sporadisch. Fröhlich rief ich zu Hause an, während ich aufs Meer hinausblickte. Wir hatten dieses Haus gemietet, weil der Eigentümer angeboten hatte, dass wir seinen Internetzugang nutzen konnten. Ohne Internet bin ich verloren, und wir befanden uns im finalen Produktionsstadium dreier CDs und des nächsten Newsletters.[1]

---

1 Tom Kenyon und Judi Sion verschicken regelmäßig Newsletter mit den neuesten planetaren Botschaften der Hathoren, die anschließend auf ihre amerikanische Website www.TomKenyon.com gestellt werden. Die Hathoren-Botschaften der letzten zehn Jahre liegen auf Deutsch gesammelt in den Büchern *Aufbruch ins höhere Be-*

Der einzige Internetservice befindet sich in Savusavu, beim Savusavu Real Estate, und kostet 35 Cent pro Minute, die teuerste Sache in ganz Fidschi. Der Computer ist langsam und schrullig, mit einer schlechten Tastatur. Außerdem treffen sich dort die Frauen aus ganz Savusavu, um schnatternd den neuesten Klatsch auszutauschen. Kinder tollen herum und setzen sich dir aufs Knie. Manche Kinder ziehen sich einen Stuhl heran und starren dich an, während du die Tastatur bedienst. Die Männer kommen herein, schwadronieren lautstark und wild gestikulierend. Man kann dort keinen klaren Gedanken fassen. Ich versuchte, eine Aufnahme für die CD zu bearbeiten, und am Ende presste ich meine Finger so fest in die Ohren, dass es wehtat. Ich gab auf. Ein Nachmittag kostete mich 72 Dollar, ohne dass ich etwas Nennenswertes zustande brachte.

Der Markt war ein Witz. Ich weiß nicht, warum die Händler überhaupt kamen. Warum nahmen sie sich nicht für den Rest der Saison einfach frei? »Wegen Zyklon geschlossen. Wir öffnen wieder, wenn es in der nächsten Erntesaison etwas zu verkaufen gibt.«

Unsere Ernährungslage wurde kritisch. Wir hatten uns ausgemalt, in Fidschi gesund zu essen – unbelastetes Essen, bestehend aus köstlichem Obst und Gemüse. Doch es gab fast nichts Essbares. Kein Salat. Kein Brokkoli oder anderes Gemüse. Fast kein Obst. Kein Huhn. Kein Fisch.

Es gibt kein Telefon, und deshalb kann man nicht mal eben das Taxi bestellen, das die einzige Transportmöglichkeit in die fünfzehn Kilometer entfernte Kleinstadt ist. Kein Telefon bedeutet kein Internet. Man kann also in unserem Domizil nichts tun. Wir haben kein Auto, und man kann hier nirgendwo eines mieten. Der Fernseher funktioniert nicht. Der Videorekorder funktioniert nicht. Bei den Büchern, die in der Küche im Regal stehen, handelt es sich ausschließlich um Liebesromane und Spionagethriller. So

wusstsein und *Lichtmedizin* vor. Neuere Botschaften finden Sie auf www.AmraVerlag.de, wo Sie sich auch für den deutschen Newsletter anmelden können. – *Die Red.*

etwas mag ich nicht lesen. Es gibt sechs alte Ausgaben von *The Sun*, und drei Ausgaben des *Smithsonian*. Ich hatte sie bereits in den ersten Tagen komplett gelesen. Bei unserer Abreise werde ich in der Lage sein, auswendig aus ihnen zu zitieren.

Es gibt keine tollen Restaurants, für die man sich in Schale werfen könnte, um gut essen zu gehen. Andererseits ist es aber sowieso zu heiß, um sich allzu sehr zu bekleiden.

Da sind also nur wir beide, Tom und ich, umgeben von Palmen. Überall fallen Kokosnüsse herunter. Sie plumpsen aufs Dach und schlagen Dellen in den Erdboden vor dem Schlafzimmerfenster. Nachts umkreisen die Flughunde das Haus und locken uns, hinauszugehen und zu spielen. Wir sitzen in der Hollywoodschaukel auf der Veranda. Meine Beine sind zu kurz und reichen nicht bis zum Boden. Ich halte das eine Ende einer brennenden Moskitospirale in der Hand. Tom schiebt die Schaukel an. Wir tragen Sarongs und fluchen, wenn wir uns richtig anziehen müssen, weil in der Stadt etwas zu erledigen ist.

Irgendwie sind wir dabei, uns von ganz Fidschi ausgerechnet in dieses winzige Stückchen Land zu verlieben. Vielleicht ist es der Wind, der hier weht, am Nagaga Point. Er weht unaufhörlich, aber nicht heftig, sondern beruhigend. Er rauscht in den Palmblättern und mischt sich mit dem Tosen des Ozeans. Nachts hört man gelegentlich Insektenlaute, aber ansonsten ist es vor allem diese beständig wehende Brise, die die Hitze wegweht und meine Gedanken in Bewegung hält.

Fidschi vier

Heute haben wir uns dann doch die Leiter hinuntergewagt und ließen uns von der Schönheit des Riffs bezaubern, solange wir das aushalten konnten, ohne zu tauchen und es unmittelbar zu erleben. Das Meer übt eine zwanghafte Faszination auf mich aus. Ich habe mein College extra ausgewählt, weil es nahe am

Meer liegt. Dabei bin ich keine besonders gute Schwimmerin, so dass ich nie viel Zeit im Meer verbringe. Nun, ehrlich gesagt, ich kenne alle notwendigen Bewegungen genau, und es sieht geradezu professionell aus, wenn ich »so tue«, als könnte ich schwimmen. Aber ich halte dabei die Luft an. Ich bin einfach unfähig, den Kopf ins Wasser einzutauchen und auszuatmen, dann den Kopf wieder hochzunehmen, einzuatmen, und immer so weiter. Sobald ich den Kopf unter Wasser tauche, atme ich ein, unvermeidlich. Bis zum heutigen Tag schockiert es mich jedes Mal, dass ich beim Schwimmen nicht richtig atmen kann und Wasser schlucke. Und so strample ich prustend und spuckend herum. Schmeckt blöd. Sieht blöd aus.

Im Schwimmunterricht am College versuchte ich es mit einer Nasenklammer, aber diese Dinger waren einfach ein schrecklicher Anblick. Ich wollte nicht, dass mich jemand damit sah.

Vom Erzengel Michael erhielt ich einmal eine mögliche Erklärung für mein bizarres Schwimmverhalten. Er sagte: »Du kommst von einem Ort, wo alle Wesen in blauer, reiner flüssiger Liebe schwimmen.« Wer würde das nicht einatmen wollen?

Vor ein paar Jahren brachte mir jemand bei, wie man schnorchelt, und das verschaffte mir einen völlig neuen Zugang zum Meer. Endlich war ich frei. Der Schnorchel war eine Offenbarung für mich, und mit Flossen lässt es sich komfortabel manövrieren. Mit ihnen kann ich unter Wasser fliegen.

Also ließen wir gestern die Leiter hinab und starrten auf die scharfkantige Lava in der Tiefe. Tom ging zuerst. Er trug die Tasche mit unserer Schnorchelausrüstung. Wir passten nur gerade eben durch das Loch in der Plattform. Die Leiter schwankte und knarzte, während wir Sprosse für Sprosse hinabkletterten. Sie hing senkrecht und war erkennbar von Hand gebastelt. Die Sprossen sahen irgendwie angeklebt aus, nicht mit Bolzen gesichert. Ich betete, dass ein Superkleber die Sprossen hielt, die mich hielten. Meine Muskeln sind nicht mehr so stark wie vor dem Unfall. Sie schmerzen stechend und fühlen sich an wie stark beschädigte

Gummibänder, die jeden Moment reißen können. An Land bewege ich mich viel unsicherer als früher.

Die Szenerie ändert sich täglich, je nach Wasserstand. An diesem Tag können wir das Wasser unmittelbar von den Lavafelsen erreichen, was aber eine ziemlich heikle Angelegenheit ist.

Wir waren kaum im Wasser, das an dieser Stelle nur knapp einen Meter tief war, als uns klar wurde, dass es eine Initiation werden würde, in die tiefere und ruhigere Zone des Riffs zu gelangen.

Dass Wasser war zwar nicht tief, verhielt sich aber wie die alte Waschmaschine meiner Mutter. Es rollte und brodelte und zerrte an uns. Als Kind schaute ich zu, wie die Wäsche im Kreis herumgewirbelt und von der Zentrifugalkraft gegen die Wand der Trommel gedrückt wurde. Die Wand dieser Wäschetrommel bestand aus harten Korallen und war lebendig. Ich wollte nicht vom Wasser gegen sie gedrückt werden und wollte ihr nicht ihr Leben nehmen.

Aber ich war das Wäschestück, das gerollt und geschleudert wurde. Ich kämpfte mit dem Ozean. Ich stritt mich mit ihm. Ich weiß, er ist ein Mann. Er hört auf niemanden, und er ist so stark, von brutaler Kraft. Also behandelte ich den Ozean so, wie ich früher Männer behandelt hatte. Ich versuchte, schlauer zu sein als er. Ich ließ ihn in dem Glauben, er hätte mich in seiner Gewalt, doch dann, wenn die Welle vorüber war, nach der Explosion, wich ich aus, während er nicht hinschaute. Wenn er wieder aufwachte, war er wütend und setzte mir erneut nach. Ich ließ es geschehen, zwanzig Meter schleifte er mich mit sich, doch wenn die Welle ausrollte, wich ich wieder aus und kam ein weiteres Stück voran.

Ich sagte mir, dass dies eine Parabel auf das Leben war. War das Schlimmste vorüber, durfte ich mich nicht ausruhen, denn sonst würde ich an Boden verlieren, sozusagen. Ich paddelte und paddelte und blies immer wieder das Wasser heraus, das unvermeidlich in meinen Schnorchel lief, wenn die Wellen über mir zusammenschlugen. Paddeln und blasen. Paddeln und blasen. Gleite mit der Welle und schwimme friedlich. Dann weiche der Strömung aus und paddle wie verrückt. Es war ein Kampf, und am Ende ließ der Ozean mich nur ziehen, weil er wusste, dass mir noch der Rückweg bevorstand, ein erneutes Kräftemessen mit ihm. Er lachte und zog sich auf die andere Seite der Insel zurück.

Die tiefen Teile des Riffs sind ehrfurchtgebietend für uns Menschen. Aber um zu dieser Tiefe zu gelangen, musste ich erst über einen Friedhof aus zerstörten Korallen hinwegschwimmen, wo vor Jahrtausenden Feuer auf Wasser getroffen war.

An den Klippen, wo die Lava zuerst das Meer berührt hatte, gibt es ein erstarrtes Gemisch aus geschmolzenen Korallen und gequirlter Lava. Und auf den sich daran anschließenden ersten etwa achthundert Metern besteht der Meeresboden aus toten Korallen in verschiedenen Stadien des Zerfalls. Winzige Fische in allen Farben schwimmen dort herum.

Dass die Welt unter Wasser auf mich viel faszinierender und aufregender wirkt als die Umgebung, in der ich tagtäglich herumlaufe, liegt vermutlich an ihrem Anderssein, ihrer Fremdartigkeit. Und das, worin ich tagtäglich herumlaufen muss, ermüdet mich – der Schmerz, die Verwirrung, die Entfremdung, die Gier, das Konsumdenken, die Arroganz der Menschheit, das Töten, die Weigerung, mit anderen zu teilen. Warum bringen wir unseren Kindern bei, zu teilen, wenn sie in einer Welt aufwachsen, in der das Teilen gar keine Rolle spielt?

»Es ist genug für alle da«, sagen wir zu ihnen. Aber dann müssen sie ganz andere Regeln lernen, um zu überleben.

Und, weiß Gott, im Meer frisst der größte Fisch alles auf, oder der schlaueste. Es gibt immer einen noch größeren Fisch, und wenn du klug bist, vergisst du nie, über die Schulter zu schauen.

Aber ich liebe die Welt dort unten trotzdem.

Es gibt viel mehr Fische als menschliche Ethnien. Ihre Farben und Markierungen wurden von einem meisterhaften Visagisten und Kostümdesigner gemalt. Manche tragen Lippenstift, Lidschatten und Rouge. Manche zeigen Kriegsbemalung wie Kämpfer aus uralter Zeit. Manche sind Sträflingsfische in schwarzweißen Uniformen. Wie eine ganze Strafkompanie huschen sie vorbei, die ein unsichtbarer Wärter dicht beieinander marschieren lässt.

Das Schnorcheln über einem Korallenriff ist, als schwebte man direkt über Rentiergeweihen. Braune Stämme verzweigen sich zu grünen Ästen, aus denen es violett und manchmal himmelblau herauswächst. Manche Stämme sind weiß mit waldgrünen, himmelblauen oder sogar kürbisgelben Spitzen. Es ist ein ganzer Wald aus Geweihen.

Dann gibt es die »Korallenköpfe«. Manche »Gehirne« haben eine Furche in der Mitte, ganz wie unser Gehirn, und die Hirnlappen sind zimtfarben und violett. Andere Korallen sehen aus wie riesige Backenzähne mit Löchern, in denen sich Fische verstecken.

Gestern sah ich meine erste lebende Molluske, ein riesiges altes Ding, ein brauner und weißer Muskel, der in einer monströsen Schale zitterte, die einen Durchmesser von gut dreißig Zentimetern hatte. Ich schwebte über ihr und starrte auf ihre entblößten Körperpartien. Sie zuckte und bebte ein wenig, zog offenbar in Erwägung, sich in ihre Schale zurückzuziehen. Doch ihre Schale war so uralt und mit Seetang und Schlamm überkrustet, dass sie sich kaum zuklappen ließ, wie eine sich sehr langsam bewegende Zugbrücke. Schließlich kam sie zu dem Schluss, dass ich keine Bedrohung darstellte, und klappte ihre Schale wieder ganz auf, um ihren Geschäften nachzugehen. Eine Ewigkeit lang, wie es schien, lag ich über der Molluske im Wasser und beobachtete sie. Ich versuchte, mir ihre genaue Position am Riff einzuprägen, damit ich sie später Tom zeigen konnte. Aber ich fand sie nicht wieder, so perfekt war sie inmitten der Korallen getarnt.

Könnte ich mein Leben noch einmal leben, würde ich der John Muir des Meeres werden.[2] Ich würde so mitreißend, so voll Liebe über die Schönheit der Riffe schreiben, dass niemand es mehr

---

2 John Muir (1838-1914) war ein in Schottland geborener Universalgelehrter, der sich als Naturwissenschaftler, Entdecker, Schriftsteller, Erfinder, Ingenieur und Geologe betätigte. Im Laufe seines Lebens entwickelte er sich immer mehr zum Naturschützer und nahm dabei viele Ideen der heutigen ökologischen und Tierrechtsbewegung vorweg. – Die Red.

wagte, unachtsam mit ihnen umzugehen. Doch trotz John Muir werden weiterhin Baumriesen gefällt, obwohl die Wälder unsere Grüne Lunge sind.

Fidschi fünf

Mit einer Schüssel Kartoffelbrei setze ich mich mitten in der Nacht an den Computer. Es ist lange her, dass ich auf solche Art aufwachte, und ich weiß um die Gefahren, die es mit sich bringt, in einem dunklen Zimmer zu schreiben. Der leuchtende Monitor wird Insekten anlocken, viele Insekten. Sie werden auf ihm herumkrabbeln, Buchstaben verschnörkeln, so dass ich denke, ich hätte etwas geschrieben, aber sie werden sich weigern, dafür die Verantwortung zu übernehmen. Wie nennt man das, wenn man etwas Unmenschlichem menschliche Eigenschaften zuschreibt? Politik?

Ich schalte das Licht neben mir ein. Wenn ich ihnen etwas anderes anbiete, worauf sie ihre Aufmerksamkeit richten können, werden sie mich vergessen, die hier sitzt und mitten in der Nacht schreibt. Das ist angewandte Politik.

Und so verlassen sie meinen Monitor und schwirren zur neuesten und hellsten Lichtquelle in der Umgebung. Dabei krabbeln sie so dicht an der Glühbirne herum, dass sie bestimmt nichts sehen können.

Das, was mich heute Nacht taub macht, wird »weißes Rauschen« genannt: die Wellen, die sich auf der Lava brechen, der Wind, die Klänge der Nacht, Geschöpfe, die ich noch nie zu Gesicht bekommen habe, singen mir etwas vor.

Zum Frühstück werden wir Hash Browns essen. Zum Lunch wird es Ananas Smoothie geben, zum Abendessen vielleicht Spaghetti. Oder Kohl. Am folgenden Tag könnten wir dann Ananas Smoothie frühstücken, mittags Kohl und abends Kartoffeln essen.

Es ist Zeit, zurück ins Bett zu gehen. Den Insekten ist die Lampe langweilig geworden. Sie interessieren sich wieder dafür, was ich tue.

Fidschi sechs

Die Seesterne hier am Riff sind königsblau. Viele besitzen eine ausgeprägte Persönlichkeit und sind völlig unbescheiden. Überall lassen sie ihre Arme herumbaumeln, schlingen sie wie ein betrunkener Cowboy ganz rücksichtslos um die Hirnlappen einer Koralle: »Hallo, Madam, wollen Sie meine Sporen sehen?«

Sie übersäen den Meeresboden, drapieren sich auf Korallen und tauchen auf, wo man sie am wenigsten erwartet. Unter einem Stein, dort wo man sich festklammert, um dem Brandungssog und der aufkommenden Angst zu widerstehen. Heute fand ich auf dem sandigen Boden ein abgerissenes Seestern-Bein wie eine Sonde, die nach ihrem Mutterschiff sucht. Der Seestern wird ein neues Bein nachwachsen lassen, aber das verlorene Bein wird sich wohl kaum einen neuen Seestern wachsen lassen können. Ich nehme es mit zu unserer Unterkunft, um die wachsende Sammlung auf der Veranda zu ergänzen.

Auf dem Rückweg vom Riff hat es mir der Ozean heute wieder einmal gezeigt, zerrte mich hierhin und dorthin. Ich kämpfte und ließ mich treiben, kämpfte und ließ mich treiben, und dabei dachte ich viel über das Leben nach. Das Leben ist wirklich so. Aber etwas wurde mir sonnenklar: Wenn ich nicht ab und zu den Kopf aus dem Wasser hebe, bekomme ich gar nicht mit, dass ich mich in eine ganz andere Richtung bewege als beabsichtigt. Mehrfach erwischte ich mich dabei, dass ich in Richtung offenes Meer schwamm statt zurück zum Strand, weil ich in den heftig an mir zerrenden Wellen und Strömungen die Orientierung verloren hatte. Das war eine gute Lektion darin, sich immer wieder über eine Situation zu erheben, um aus einer anderen Perspektive seinen Standort zu bestimmen.

Meine Lehrer nennen das: den Ort des Adlers aufsuchen. Sie sagten mir, ein Adler könne nicht über einen Kieselstein hinweglaufen. Am Boden fehlt ihm die visuelle Perspektive. Er muss sich in die Luft schwingen und den Kieselstein von oben betrachten.

Dann kann er auf der anderen Seite des Steins wieder landen. Auf dem Boden erscheint der Stein dem Adler riesig, erst aus der Luft sieht der Vogel ihn im richtigen Größenverhältnis.

Fidschi sieben

Ra stieg aus dem Meer auf, in voller Gestalt, Blut und Licht verströmend. Ich stolperte schlaftrunken nach nebenan und dachte darüber nach, wie viele Jahre es her war, dass ich die Geburt der Sonne miterlebt hatte, noch dazu auf einer tropischen Insel. Ich bin traditionell kein Morgenmensch. Aber das Bett in der Schlafhütte steht so, dass mir die Morgensonne jeden Morgen die Lider öffnet und in mich einströmt. Ich erlebe Ras Aufgang und Untergang hier bewusst mit, denn er steigt sehr auffällig in den Himmel, um am Abend wieder im Meer zu versinken.

Gestern war hier am Riff der bislang erstaunlichste Tag.

Zwei Tage lang hatten wir uns nicht hinausgewagt. An dem einen Tag herrschte große Anspannung. Ich spürte den Zorn des Ozeans. Er jagte mir Angst ein, und obwohl ich, schwimmend, paddelnd und keuchend, nach Kräften versuchte, den Korallenfriedhof hinter mir zu lassen, konnte ich diesmal dem Griff des Ozeans nicht entkommen. Und ich fühlte mich schuldig, als Tom, der sich friedlich mit einem kleinen braunen und violetten Fisch unterhielt, dessen Familie ich bereits gut kannte, dieses Gespräch abbrach, um mit mir zurückzuschwimmen.

Das sind die verwirrenden Momente in heiligen Beziehungen. Ich kam an diesem Tag einfach nicht gegen die Strömung an. Es gelang mir nicht, eine friedvolle Kommunikation herzustellen. Der Ozean siegte an diesem Tag, und ich wusste, dass ich zurückschwimmen musste, bevor mich völlig die Kräfte verließen.

Ich bemerkte zunächst nicht, dass Tom mit mir umgekehrt war. Dabei wollte ich nicht, dass er seine Kommunikation mit den Fischen mir zuliebe abbrach. Aber dann hob ich den Kopf und sah seinen Schnorchel aus dem Wasser ragen. Da war er, schwamm dicht bei mir, kam mit mir zurück. Ich finde es wundervoll, dass er mich begleitete. Er weiß, dass er es nicht hätte tun müssen.

Am nächsten Tag kletterten wir die Leiter hinunter und gingen über die rasiermesserscharfe Lava zu der einzigen – winzigen – Stelle, an der man ins Wasser steigen kann. Aber gewaltige Brecher krachten gegen die Steine und rollten über das Riff. »Heute ist kein guter Tag, um ins Wasser zu gehen.« Mein Magen krampfte sich zusammen und warnte mein Herz. Wieder fühlte ich mich schuldig. Ich zeigte auf die Brandung auf der anderen Seite des Riffs.

Bin ich ein Orakel, das Gefahren vorausahnt? Oder habe ich einfach nur Angst, mich in dunkle Wasser zu wagen? Ich zweifle an der Richtigkeit meiner Entscheidung, aber Tom stimmt mir zu. Also gehen wir zurück über die scharfkantige Lava. Der Wind umtost uns, scheint uns mit seinen Peitschenhieben zu verspotten.

Ein fast voller Mond schwebt zwischen den Palmblättern. Ich gebe ihm die Schuld an der Wut des Ozeans. Es ist nun fast die Zeit der Mondgöttin. Sie steigt auf und schwillt an, und sie ruft alles zu sich, was unter ihrer Macht steht, wozu auch die Gezeiten zählen, und sie erheben sich höher als sonst, um sie willkommen zu heißen.

Und so kam der gestrige Tag. Wir hatten uns zwei Tage lang ausgeruht und Kraft gesammelt. Wir überquerten die Lava und glitten ins Wasser. Zur Sicherheit blieben wir diesmal dichter zusammen. Und wären wir nicht so dicht zusammen geschwommen, hätten wir das folgende Erlebnis nicht teilen können.

Im Meer war es der perfekte Tag. Ich sah meine alten Freunde, die kleinen braunen und violetten Fische mit den leuchtend blauen, violett umringten Augen und dem zartlila Lippenstift. Ich sehe jedes Mal hellere und größere Fische, und noch mehr Neonfische. Aber diese kleinen Burschen, wie Mönche in braunen Kutten, sind wirklich neugierig. Sie starren uns an und huschen nur davon, wenn wir mit dem Finger auf sie zeigen. Wenn man nicht den Finger in ihre Richtung streckt, bleiben sie. Wenn sie vor dem

Zeigefinger flüchten, und wir drehen uns um und schwimmen ein Stück weiter, drehen sie sich ebenfalls um, schwimmen hinter uns her und beobachten uns. Sie umkreisen uns und schauen uns an, Auge in Auge. Das sind die Erleuchteten des Meeres. Ich weiß, dass sie wissen. Und ich weiß, sie wissen, dass ich nicht weiß.

Aber an diesem Tag erwarteten mich nicht nur einer, sondern gleich zwei Bonuspunkte!

Ich entdeckte die Liebenden der See, orange Fische, deren Köpfe mit weißen Bändern geschmückt sind. Sie schweben kreisend zwischen den Tentakeln einer Kreatur, deren Namen ich nicht kenne. Aber wo sie ist, finden sich stets diese orangen Fische, die sich leidenschaftlich an den Tentakeln reiben und sich dabei endlos um sich selbst drehen, wobei die Tentakel sie an Augen, Bauch und Flossen liebkosen. Sie verlieren sich so völlig in diesem zärtlichen Liebesspiel, dass sie mich gar nicht bemerken.

Einmal, als wir ein gewaltiges Korallengehirn umrundeten, dessen Kopfumfang wohl um die zwölf Meter betrug, regnete es rings um uns plötzlich aquamarin leuchtende Fische. Sie schienen vom Himmel ins Wasser gefallen zu sein. Sie schwebten überall, wie aus dem Nichts aufgetaucht, aber von oben, was für Fische nicht gerade einfach ist, da wir ja schließlich dicht unter der Oberfläche schnorchelten. Jedenfalls erzeugten sie die Illusion, von oben auf uns herabzuregnen. Es war ein desorientierendes, sonderbares Gefühl, plötzlich von Hunderten kleiner leuchtender Fische umringt zu sein und begleitet zu werden. Sie huschten keineswegs ziellos durcheinander, sondern schwammen, in einer Art Gedanken-Synchronisation, alle mit uns in die gleiche Richtung. Wir schwebten mit ihnen. Ich wollte unbedingt bei ihnen bleiben. Ich war eine von ihnen.

Und da war ein königsblauer Fisch mit einer riesigen Krone und gelben Punkten. Er verbarg sich rasch, wollte wohl nicht, dass jemand seine Pracht sah oder sie ihm gar raubte.

Gestern fiel es mir schwer, das Riff zu verlassen. Vielleicht wäre ich immer noch dort, wenn diesmal nicht die Reihe an Tom gewesen wäre, rational zu sein. Er riet zur Umkehr. Wären wir nicht so nah beieinander geschwommen, hätte vielleicht keiner von uns die Schlange bemerkt, oder es wäre nur einem dieses Geschenk zuteil geworden.

Die Schlange schlängelte sich, als bewege sie sich über den Boden. Sie schwamm nicht. Sie schlängelte sich durchs Wasser. Gelber Kopf mit schwarzen Streifen. Der Rest des vielleicht einen Meter zwanzig langen Körpers abwechselnd ein weißes und ein schwarzes Band, weiß, schwarz, immer wieder, bis zur Schwanzspitze. Wir beobachteten sie gebannt, bis sie außer Sicht verschwand.

Einmal, in meinen Medizin-Tagen, hatte ich eine Begegnung mit einer Klapperschlange. Ich hätte sie töten können, aber stattdessen ging ich mit ihr spazieren. Wir begleiteten einander vielleicht vierhundert Meter weit, dann verschwand sie unter einem Strauch, und ich ging zurück. Damals hatte nicht viel gefehlt, dann hätte eine von uns der anderen das Leben genommen.

Ich sah etwas vor mir auf der Straße und hielt an. Ich hielt es für einen kaputten Reifen, der auf der unbefestigten Piste herumlag. Statt einfach darüber zu fahren, ließ mich etwas anhalten. Ich kletterte aus dem riesigen Lastwagen, um den kaputten Reifen von der Straße zu entfernen. Ich war allein, in der Wüste von Arizona, meilenweit entfernt von jeder menschlichen Siedlung. Das gab ihr Zeit, sich abwehrbereit zusammenzurollen. Einen Moment starrten wir einander unbewegt an. Statt uns zu töten, machten wir einen gemeinsamen Spaziergang und besprachen die Angelegenheit, diese Klapperschlange und ich.

Wir sprachen über Leben und Tod und die Wahl, die man hat. Ich bat sie um ihre Medizin, und sie bat mich um meine.

Sie schenkte mir die Fähigkeit, zuzubeißen, aber immer vorher zu rasseln. Sie lehrte mich, niemals als Erste anzugreifen, aber dann, wenn ich angegriffen werde, um meine Freiheit zu kämpfen. Früher, vor jenem Spaziergang mit der Klapperschlange, hätte ich mich zusammengerollt und wäre gestorben, statt mein Recht auf Leben zu beanspruchen und zu verteidigen. Doch an jenem Tag in der Wüste fühlte ich, wie die Schlange etwas von ihrer Macht an mich weitergab.

Und ich schenkte ihr Vernunft.

Kennen Sie das Koan mit dem Skorpion? Der Skorpion geht eines Tages am Ufer eines Flusses auf und ab. Er will unbedingt ans andere Ufer gelangen. Zufällig kam eine Schildkröte des Wegs. Der Skorpion bat inständig darum, dass sie ihn auf die andere Seite brachte.

»Warum sollte ich das tun?«, fragte die Schildkröte. »Du bist ein Skorpion. Du würdest mich stechen.«

»In dem Fall müssten wir beide sterben. Das würde ich nicht tun«, sagte der Skorpion.

Also ließ die Schildkröte den Skorpion auf ihren Panzer klettern und schwamm mit ihm durch den Fluss. Als sie das andere Ufer fast erreicht hatten, siegte die Natur des Skorpions über seine Vernunft, und er stach die Schildkröte.

Das Gift wirkte sofort, und während sie beide im Wasser versanken, stöhnte die Schildkröte: »Warum hast du das getan? Jetzt werden wir beide sterben.«

»Weil ich ein Skorpion bin und es zu meinem Wesen gehört, dass ich zusteche«, sagte der Skorpion.

Ich verhielt mich an jenem Tag nicht wie ein typischer Mensch und sie nicht wie eine typische Klapperschlange. Beide transzendierten wir unsere gewohnheitsmäßigen Gefühle, unsere Natur. Und so gingen ihre Leute und meine Leute eine Abmachung ein.

Meine Leute, also meine unmittelbare Familie, würden niemals eine Schlange töten. Und ihre Leute, also ihre Familie, würde niemals jemanden aus meiner Familie töten.

Doch als ich zu nah an diese Schlange heranschwamm und plötzlich das Gefühl hatte, sie könnte wenden und mich angreifen, regte sich für einen Moment Furcht in mir. Ich fragte mich, ob Seeschlangen, vielleicht aufgrund einer Fehde in der Schlangenfamilie, mit Landschlangen abgeschlossene Verträge möglicherweise nicht anerkennen. Aber zum Glück kann man ja rückwärts schwimmen.

Fidschi acht

Ich kannte einmal eine indianische Großmutter. Sie saß jeden Morgen in meinem Schaukelstuhl und kämmte sich ihren langen weißen Zopf. Er war makellos. Ich hatte keine Ahnung, wie sie das mit ihren eigenen Händen schaffte. Wenn ich meine Haare zu einem Zopf binde, ist er verdreht und hängt komisch herunter. Ihr dünner Zopf war immer perfekt. Nachdem ich ihr morgens ein paar Mal zugeschaut hatte, fragte ich sie, ob ich ihr helfen könnte, indem ich vorher ihr Haar bürstete. Sie blickte mich lange an und beurteilte offenbar etwas, das ich damals noch nicht verstand.

Dann sagte sie, dass ich ihr Haar bürsten und es anschließend zu einem Zopf binden dürfte, wenn ich es niemandem erzählte. »Meine anderen Enkelinnen wären sonst alle eifersüchtig«, sagte sie. »Ich habe es noch nie einer von ihnen erlaubt, mein Haar anzurühren.«

Und so nahm ich ihre Bürste und kämmte und kämmte. Ich stellte mir die Prärie vor und lange, dunkle Abende am Lagerfeuer, wo Großmutter und Enkelin sich gegenseitig kämmten.

Als ich mit dem Bürsten fertig war, nahm sie mir die Bürste ab und entfernte gründlich jedes Haar. Dann beugte sie sich zum Holzofen hinüber und öffnete die Tür. Sie warf die ausgekämmten Haare ins Feuer und schloss die Ofentür wieder.

»Gib niemals eine deiner Haarsträhnen aus den Händen, Enkelin«, sagte sie. »Und gib acht, was mit deinen ausgefallenen oder abgeschnittenen Haaren geschieht. Dort, wo du eines deiner Haare zurücklässt, lässt du auch ein Stück deines Herzens zurück, und jemand, der Zauberei praktiziert, kann dir damit großen Schaden zufügen. Oder der Geist eines Ortes kann dich zu sich zurückrufen. Dafür braucht er nur eine Haarsträhne von dir.«

Großmutter ist fortgegangen, aber ich werde ihre Worte nie vergessen. Ich bürste meine Haare seitdem ganz bewusst und vernichte jede ausgekämmte Strähne. Ich lasse meine Haare nicht einfach am Wegrand auf den Boden fallen oder entsorge sie im Mülleimer eines Hotelzimmers. Schließlich weiß man nie, welche Art von Magie das Zimmermädchen praktiziert!

An diesem Morgen kämmte ich auf der Veranda lange mein Haar. Ich streute die losen Haare in den Wind, sah zu, wie sie davonflogen, und lachte.

Ich werde nach Fidschi zurückkehren.

Fidschi neun

Heute Morgen funktioniert das Telefon, das erst gestern endlich repariert worden war, schon wieder nicht. Als es gestern Abend erneut verrückt spielte, rief ich verzweifelt Gopan an. Ich konnte ihn am anderen Ende der Leitung hören, aber er hörte mich nicht. Ich wählte immer wieder, und immer wieder sagten wir beide: »Hallo?«

Wütend und frustriert bereiteten wir uns darauf vor, zu Fuß in die Stadt zu laufen. Wir mussten dringend einkaufen, denn übers Wochenende hatten wir unsere Vorräte aufgebraucht. Doch dann hielt plötzlich ein kleines weißes Auto vor dem Haus. Gott segne Gopan! In der Stadt setzte ich mich beim Savusavu Real Estate an den Computer, um zu arbeiten, während Tom einkaufte. Erschöpft und durchgeschwitzt von der Hitze kam er zurück. Er war kreuz und quer durch die kleine Stadt gelaufen. Keine Kartoffeln. Keine Zwiebeln. Keine Eier. Kein Telefon. Kein Internet. Kein Fernsehen. Keine Filme.

Als wir in unser Quartier zurückkehren, suche ich panisch alle Pflanzen rings um unsere Veranda nach jeder Haarsträhne ab, die ich finden kann.

Originaltitel: »Postcard from Fiji«
Deutsche Erstveröffentlichung

Mit den Krokodilen ringen

Man kann sie heute noch besichtigen. Sie sind sogar eine der ersten Stationen bei Nilkreuzfahrten – die Ruinen eines altägyptischen Tempels namens Kom Ombo. Dort ist die Wohnstätte eines der ältesten ägyptischen Götter – Sobek.

Sobek ist halb Mensch, halb Krokodil. Er steht für unsere ursprünglichsten Gefühle, einschließlich Furcht und Entsetzen. Seine symbolische Botschaft ist hart und schwer zu verdauen: Um das innere Heiligtum der spirituellen Erleuchtung zu erreichen, müssen wir uns unseren dunkelsten Seiten stellen.

Hier in Kom Ombo, im Angesicht des Krokodilgottes, mussten Novizen, die zu Eingeweihten werden wollten, sich einem gefährlichen Übergangsritual unterziehen. Sie mussten in eine mit Wasser gefüllte unterirdische Kammer springen und tief in einen dunklen, trüben Teich tauchen, wo sie unter zwei Öffnungen die richtige wählen mussten. Nicht gerade erleichtert wurde die Aufgabe dadurch, dass in diesem Teich Krokodile lebten – und zwar sehr hungrige.

Die eine der beiden Öffnungen, zu denen sie hinabtauchen mussten, war tiefschwarz, während aus der anderen Licht strömte. Die Novizen mussten sich sekundenschnell entscheiden – ins Licht oder in die Dunkelheit zu schwimmen. Wenn sie die falsche Öffnung wählten, blieb ihnen nicht genug Luft, um es wieder an die Wasseroberfläche zu schaffen.

Dann war es mit allen weiteren Einweihungen vorbei. Falls sie nicht erstickten, fielen sie den Krokodilen zum Opfer.

Mit den beiden Öffnungen verhielt es sich genau umgekehrt, als man erwarten würde. Die lichthelle Öffnung führte in eine Sackgasse. Das dunkle Portal jedoch führte zu einem Kanal, in dem Luft und ein neues Leben auf die Prüflinge warteten. Die zukünftigen Eingeweihten sollten lernen, zwischen wahrem und falschem Licht zu unterscheiden.

* * * *

Daran hat sich nur wenig geändert, außer dass wir heute für eine Initiation nicht mehr zu einem fernen Tempel reisen. Das moderne Leben bietet uns eine Vielzahl von Möglichkeiten, spirituelles Unterscheidungsvermögen zu entwickeln.

Ich denke, wichtig ist hierbei für uns, zu verstehen, dass Sicherheit oder spiritueller Aufstieg nicht immer zwangsläufig daraus resultieren, dass wir dem Licht folgen. Manchmal ist es paradoxerweise so, dass wir sie dann erlangen, wenn wir mutig genug sind, uns auf die Dunkelheit einzulassen. Mit Dunkelheit meine ich nicht das Böse, das häufig damit assoziiert wird, sondern das Unterbewusste (also das, was sich unterhalb des Levels unserer bewussten Aufmerksamkeit befindet). Auf einer anderen Ebene meine ich auch das Dunkle als Pforte zum kollektiven Unbewussten – dem transpersonalen Reservoir des kollektiven Bewusstseins. Und drittens beziehe ich mich auf die Dunkelheit als Portal in den Raum selbst, nicht so sehr den äußeren Raum, obgleich er sicherlich ein Teil davon ist, sondern eher den inneren Raum – den Raum zwischen den subatomaren Teilchen und jenen feinstofflichsten aller Räume, der die Quanten-Quelle, die Mutter, aller Materie ist.

Mit dem Unterbewusstsein habe ich mich schon in vielen Texten beschäftigt, daher will ich hier nicht näher darauf eingehen – nur darauf hinweisen, dass es gut für Sie ist, zu wissen, was im

Keller Ihres Geistes vor sich geht. Selbsterkenntnis verhilft uns zu persönlicher Macht und Stärke, und wenn wir unsere persönlichen Probleme ignorieren oder verdrängen, schaden wir uns damit nur selbst. Im vorliegenden Buch finden Sie einige Artikel, in denen ich meine Gedanken zu diesem Thema darlege.

Hier möchte ich mich auf das konzentrieren, was ich als kollektives Bewusstsein bezeichne. Die weltweiten Ereignisse beunruhigen mich zutiefst. Es hat den Anschein, dass wir als Kollektiv völlig durchdrehen, verrückt geworden sind. Das erinnert mich an eine Bemerkung, die der verstorbene Psychiater Carl Gustav Jung[3] kurz vor seinem Tod machte – die Menschheit, sagte er, muss sich ihrem kollektiven Schatten stellen, oder sie wird sich selbst zerstören.

Wodurch wird unser Hang zur Selbstzerstörung angetrieben? Zum einen hat es zweifellos mit einer Eigenheit der menschlichen Psychologie zu tun, und zum anderen liegt es an unserer Biologie. Es gibt Beweise dafür, dass selbstzerstörerisches Verhalten und Aggressivität in unserer Natur als Säugetiere wurzeln. Bei Pavianen und anderen Affen wurde beobachtet, dass sie ihre Aggressionen gemeinsam in Gruppen ausagieren – sie ziehen förmlich in den Krieg. Auch bei Delfinen kommt es vor, dass sie Artgenossen töten, vor allem Jungtiere. Solche Verhaltensweisen bei Tieren ähneln stark der von Menschen verübten Gewalt.

---

[3] C. G. Jung (1875-1961) war Begründer der analytischen Psychologie. Er ging davon aus, dass das Unbewusste einen weitaus größeren Einfluss auf die bewusste Wahrnehmung hat, als sein Lehrer Sigmund Freud behauptete, und hebt besonders symbolische Ausdrucksmöglichkeiten hervor. Sogenannte Archetypen (oder Energiekomplexe) seien universell vorhandene Urbilder in der Seele aller Menschen, unabhängig von ihrer Geschichte und Kultur. Zu den Archetypen gehören Kind, Krieger, Wanderer, Jugend, Alter, Schatten, Anima und Animus, die Große Mutter und der Abstieg ins Totenreich. Sein wohl berühmtester Patient war der Schriftsteller Hermann Hesse. – *Die Red.*

Dunkelheit in den Tempeln des Lichts

Vor einiger Zeit las ich von einem Angriff, der sich, ausgerechnet, in einem buddhistischen Tempel ereignete. Offenbar war ein Trainer für Persönlichkeitsentwicklung eingeladen worden, dort einen Vortrag zu halten. Als Teil seiner Präsentation stellte er sich vor eine Buddha-Statue und pinkelte. Wer weiß, vielleicht wollte er so die Leute aufwecken, aber der *Sangha* (die spirituelle Gemeinschaft) war zutiefst verärgert. Zornig sprangen einige männliche Mitglieder der Gemeinschaft auf und verprügelten den Mann. Ich weiß nicht, ob *Gautama* (der Buddha) sich bewusst war, was sich da vor seiner Statue abspielte. Und ich weiß nicht, ob er darüber gelacht oder geweint hätte, oder ob es ihn völlig unberührt gelassen hätte. Jedenfalls war es seltsam, dass sich so etwas ausgerechnet in einer buddhistischen Gemeinde ereignete. Schließlich streben Buddhisten doch vor allem danach, anderen fühlenden Wesen kein Leid zuzufügen. Wieso ließen sich diese Männer dennoch zu einer solchen Kurzschlusshandlung gegenüber ihrem Gast hinreißen?

Und wo wir gerade beim Thema sind: Was veranlasst Christen dazu, im Namen Jesu andere Menschen zu ermorden? Ich meine, um Himmels willen, haben sie denn seine Worte nicht gelesen? Würden diese bibelschwingenden Fanatiker die »Frohe Botschaft« wörtlich nehmen, dann sollten sie tun, was der Messias gesagt hat – ihre Nächsten lieben. Ich weiß nicht, wie Sie das sehen, aber für mich heißt das nicht, seinen Nächsten umzubringen.

Fairerweise muss man sagen, dass nicht alle Christen fundamentalistische Hitzköpfe sind. Manche tun ihr Bestes, um ein Leben im Sinne Christi zu führen, und mit ihnen habe ich überhaupt kein Problem. Viele leisten wirklich Wundervolles. Ich denke, die Welt wäre ein besserer Ort, wenn wir alle mehr Nächstenliebe praktizierten.

Aber immer wieder stellt sich mir die Frage, wie es geschehen kann, dass wir Menschen so weit von diesem Pfad abkommen?

Nun, das liegt meines Erachtens zu einem großen Teil an unserem Schatten – unserem verdrängten psychologischen Material. Und das zeigt sich nirgendwo deutlicher als im New Age.

Zwar stimme ich zu, dass das spirituelle Licht ein lebenswichtiger Bestandteil unserer spirituellen Evolution ist, doch auch das Dunkle ist von entscheidender Bedeutung – womit ich, wie schon gesagt, die Tiefen unseres eigenen Bewusstseins meine, die wir nur wenig wahrnehmen oder die wir verdrängen – mit anderen Worten: unser Unterbewusstsein und das Unbewusste.

Das Problem besteht nicht darin, dass wir im Licht leben wollen. Problematisch wird es, wenn wir die Dunkelheit ignorieren. Viele »spirituelle Menschen« verursachen mir Unbehagen. Gemeint sind hier Leute, die sich selbst als spirituell bezeichnen. Es gibt da etwas in ihrem Energiefeld, das mich vorsichtig werden lässt. Ich kann mich in ihrer Gegenwart nicht entspannen, weil die Dunkelheit dieser Leute (ihr verdrängter Schatten) durch alle Ritzen ihrer Persönlichkeit quillt. Und statt selbst die Verantwortung für ihre ungelösten persönlichen Themen zu übernehmen, projizieren sie diese auf andere Menschen. Wenn ich die Wahl hätte, ob ich meine letzten Tage mit einen unbewussten Liebe-und-Licht-New-Ager oder einem Cowboy verbringen möchte, würde ich mich ohne zu zögern für den Cowboy entscheiden (ausgenommen natürlich George W. Bush und seine Bande von Borderline-Soziopathen). Ich wähle den Cowboy, weil man bei diesen Jungs stets ziemlich genau weiß, woran man ist. Aber jemand, der glaubt, ganz Liebe und Licht zu sein, ohne seine eigenen negativen Aspekte erforscht zu haben, spricht, wie die Indianer sagen, mit gespaltener Zunge.

Einerseits geben diese Menschen sich alle Mühe, ein spirituelles Leben zu führen, andererseits sind sie nicht bereit, sich mit eigenen Wesenszügen auseinanderzusetzen, die sie für unspirituell halten. Es fühlt sich sehr unangenehm an, wenn wir in den Spiegel schauen und dabei Spießigkeit, Feigheit, Hass oder Rachgier entdecken – um nur einige unerfreuliche menschliche

Eigenschaften zu nennen. Daher streben manche von uns nach einem spirituellen Ideal und schließen alles andere aus, vor allem wenig schmeichelhafte eigene Wesenszüge. Wenn ein Missverhältnis zwischen einem spirituellen Ideal und der Lebenswirklichkeit besteht, neigen in unserer spirituellen Szene viele Leute dazu, all das, was nicht dem entspricht, wie wir angeblich sein sollen, unter den Teppich zu kehren.

Wir greifen zu einer Art Taschenspielertrick und verbergen geschickt vor uns selbst und unserer Umwelt, dass wir etwas denken und fühlen, das eigentlich tabu sein sollte. In manchen spirituellen Kreisen werden Leute wegen dem, was sie denken und fühlen, verurteilt. Meinungs- und Erfahrungsvielfalt ist in spirituellen und religiösen Gemeinschaften durchaus nicht immer willkommen.

Ja, der Spiegel unserer Selbsterkenntnis kann ein ziemlicher Mistkerl sein! Alle, die schon mit ihren unbewussten Aspekten gerungen haben, werden das bestätigen. Aber solange wir nicht bereit sind, uns unserer inneren Dunkelheit zu stellen und sie zu integrieren, laufen wir Gefahr, uns zu verirren, uns im Licht zu verlieren. Damit meine ich nicht das, was man das echte spirituelle Licht nennen könnte, sondern das falsche Licht, das echt zu sein scheint.

Auf der Suche nach dem einen wahren Weg

Lassen Sie mich näher erläutern, was ich damit meine. Zahlreiche Wege führen zur Gott/Göttin/Erleuchtung, oder wie immer Sie es gern nennen möchten. Manche dieser Wege mögen Ihnen und mir etwas sonderbar erscheinen, vielleicht sogar gespenstisch, aber wenn sie die Leute dorthin bringen, wo sie hinwollen, ohne dass dabei jemand zu Schaden kommt, sehe ich darin kein Problem. Probleme verursacht nur die Spirituelle Gestapo, jene kleinkarierten, engstirnigen Tugendwächter, die in ihrer spirituellen Gemeinschaft auf Schritt und Tritt beobachten, ob sich auch alle nur ja an die jeweiligen Gebote und Verbote halten. Natürlich stellt sich hier zwangsläufig die Frage – wer besaß eigentlich die Dreistigkeit, Regeln darüber aufzustellen, was spirituell ist und was nicht?

Ich kenne Leute, die beten, während sie eine Zigarette rauchen. Für sie ist dieses heilige Ritual genau so wertvoll und bedeutsam wie für andere eine Messe oder eine spirituelle Weihezeremonie.

Einer meiner buddhistischen Freunde arbeitete in einem Zen-Zentrum. Nach der Arbeit ging er mit einem Freund in eine Bar. Eine Frau aus dem *Sangha* (der spirituellen Gemeinschaft) tadelte ihn deswegen. Wie kann, fragte sie, jemand, der in eine Bar geht, ein guter Buddhist sein? Er sei wirklich ein schlechtes Vorbild für die jungen Dharma-Schüler. Mein Freund zeigte ihr freundlich den Finger (metaphorisch ausgedrückt) und ging in die Bar, um andere Arten von spiritueller Erfahrung zu machen.

Ich finde, er hat keinen Grund, sich deswegen schlecht zu fühlen, denn Jesus erging es genauso. Er wurde mindestens einmal gefragt, warum er sich mit Dirnen und Sündern abgebe. Ich weiß nicht mehr, was er auf solche aufdringlichen Fragen antwortete, vermute aber, dass Dirnen und Sünder oft eine viel interessantere und angenehmerer Gesellschaft sind als die Selbstgerechten. Und dabei spielt es keine Rolle, ob die Selbstgerechten fundamentalistische, evangelikale, bibelschwingende Christen sind oder Liebe-und-Licht-Esoteriker. Auf der Skala für Nervigen Spirituellen Unsinn stehen sie alle weit oben. Weil ich nun einmal ein Liberaler bin, sage ich: Lasst die Leute das Große Mysterium so feiern, wie es ihnen gefällt. Ich kann es nur nicht leiden, wenn mir jemand die »allein gültige« Wahrheit zu verkaufen versucht. In dieser Hinsicht stimme ich mit den indischen Aghori-Yogis überein. Diese Leute sind faszinierend und, nach unseren westlichen Maßstäben, wirklich sehr sonderbar, aber ihr Wahnsinn hat Methode.

Aghori sind *Sadhus*, das heißt, sie befinden sich auf Wanderschaft und ihnen gehört nichts, außer den Kleidern, die sie am Leib tragen, und das ist nicht viel; nicht wenige von ihnen laufen nackt herum. Manchmal haben sie eine Bettelschale bei sich, und einige tragen einen Dreizack (als Symbol für die Meisterung der drei *Gunas,* der subtilsten Bewusstseinskräfte). Die Aghori glauben, dass jedes Atom im Universum eine Manifestation Gottes ist. Jedes Staubkorn ist so heilig wie alles andere, also sogar so heilig wie die Marmortempel, in denen die Brahmanen beten.

Aghori schlafen auf Müllhaufen. Sie meditieren auf Leichen, ja, *auf Leichen.* In Indien und vielen hinduistischen Ländern werden Tote öffentlich verbrannt. Während die Leichen darauf warten, auf den Scheiterhaufen des Bestattungsfeuers geworfen zu werden, kommt es oft vor, dass Aghori auf den Toten meditieren. Warum tun sie das?

Bedenken Sie, dass für die Aghori alles heilig ist. Sie sehen das Leben so, wie es ist – als ein ewig sich wandelndes Nebeneinander von Leben und Tod, von Lebenden und Toten.

Ich nehme an, diese Art des Meditierens ist eine Art Schocktherapie, um die große menschliche Illusion zu beseitigen – dass der Tod uns irgendwie verschonen wird. Aber für die Aghori ist das kein Trost; es ist eine Täuschung. Sie reißen die Fassade nieder, mit der wir uns vor dem Erkennen unserer Göttlichkeit und unserer Vergänglichkeit schützen. Alles, was ein Aghori tut, ist eine Form des Gottesdienstes. Doch wenn Ihnen, vielleicht während eines Besuchs in Kalkutta, ein solcher *Sadhu* über den Weg läuft, werden Sie vermutlich glauben, es mit einem Verrückten zu tun zu haben.

Aber Verrücktheit, vor allem ihre spirituelle Variante, ist in hohem Maße relativ. Ohne das philosophische und yogische Fundament der Aghori zu kennen, werden Sie deren äußere Handlungen und Verhaltensweisen nicht verstehen.

Ich erwähne die Aghori hier, um zu verdeutlichen, dass es viele Wege der Selbsterkenntnis gibt. Manche mögen exotischer als andere erscheinen, aber so merkwürdig sie auf Außenstehende wirken, für den, der auf diesem Weg wandelt, scheinen sie völlig sinnvoll zu sein. Sonst würde er ihn gar nicht beschreiten.

Wenn man spirituelle und religiöse Traditionen unvoreingenommenen betrachtet (ohne den Filter übertriebener Andacht und Ehrfurcht), wird es interessant. Nehmen wir zum Beispiel das Christentum. Es handelt sich dabei keineswegs um die homogene Spießer-Religion, für die viele Amerikaner und Europäer es halten. Vielmehr existiert im Christentum eine extreme Vielfalt. Und das, möchte ich hinzufügen, gilt auch für die meisten anderen Religionen. Nehmen Sie die Eucharistie, oder das Abendmahl, wie die Protestanten es nennen.

Im Katholizismus gehört die Eucharistie zu den heiligen Riten der Kirche. Hinter Schönheit und Prunk der katholischen Messe finden wir den eigentlichen Akt des Teilens von Brot und Wein, und dessen Wurzeln führen uns zurück in eine viel ältere Religion – das Heidentum. Sehen Sie, die katholische Kirche glaubt immer noch an das Konzept der Transsubstantiation, was besagt, dass bei der Eucharistie mit Brot und Wein ein alchemistisches Wunder geschieht. Das Brot wird ganz buchstäblich im Bauch dessen, der es verspeist, zum Leib Christi. Und der Wein wird, ebenfalls ganz konkret und wörtlich, zum Blut Christi.

Ist das nicht eine Form von spirituellem Kannibalismus? Auf Nicht-Katholiken in der modernen Welt mag spiritueller Kannibalismus schockierend wirken. Ein Heide hingegen würde dergleichen als zutiefst sinnvoll empfinden.

Manche Protestanten finden die katholische Eucharistie abscheulich. Manche Protestanten halten es für eine Sünde, Wein zu trinken, so wie sie zum Beispiel auch Tanzen für sündig halten. Wenn sie also die rituellen Überbleibsel des heiligen Abendmahles begehen, teilen sie Grapefruitsaft aus, wobei sie aber immer noch das Brot als den Körper Christi und den Grapefruitsaft als sein Blut bezeichnen.

Manche Menschen verehren ihren Gott, indem sie mit Giftschlangen hantieren. Das geht zurück auf eine Aussage in der Bibel, wonach es den Gläubigen nicht schaden wird, wenn sie Schlangen anfassen oder tödliches Gift trinken. Obwohl das sogenannte »snake handling« in manchen US-Bundesstaaten verboten ist, wird es immer noch praktiziert, besonders in einigen Kirchen in den Appalachen. Vielen Katholiken dürfte dieses lebensgefährliche Hantieren mit Giftschlangen sonderbar oder verrückt erscheinen, aber für die Christen, die es praktizieren, macht diese Art der Gottesverehrung mehr Sinn als das Trinken des Blutes Christi und das Verspeisen seines Leibes.

Eine andere christliche Gruppe feiert Gottesdienst, indem sie sich völlig der Macht des Heiligen Geistes hingeben. Ihre spirituelle Ekstase äußert sich darin, dass sie in Zungen reden oder unkontrolliert in den Kirchengängen zucken. Wieder andere Christen beten gemeinsam in der Stille und heben die Stimme nur zu einem Flüstern. Ich ergreife für keine dieser Richtungen Partei. Alle sind willkommen am Tisch des Großen Mysteriums. Ich weise nur darauf hin, dass eine bestimmte Form des Gottesdienstes auf andere Gläubige sonderbar oder gar heidnisch wirken mag. Die Relativität ist nicht nur in der Physik am Werk, sondern auch in Religion und Spiritualität.

Aber wir wollen unsere kurze Betrachtung christlicher religiöser Vielfalt nicht abschließen, ohne einen Blick auf einen faszinierenden Ableger dieser Religion zu werfen – Voodoo. Als christliche Missionare nach Afrika kamen, um den »heidnischen Barbaren« die einzig wahre Religion zu bringen, widerfuhr ihrer makellos reinen christlichen Botschaft eine Transformation, oder eigentlich eine Vermischung. (Nebenbei: Die Missionare wussten nichts davon, dass Jahrhunderte vor der Renaissance die alten Hochkulturen Afrikas Europa entwicklungsmäßig weit in den Schatten gestellt hatten. Aber ich schweife ab.)

Einige der bekehrten Afrikaner (besonders jene, die als Sklaven in die Neue Welt verschifft wurden) verleibten die neue Religion einfach dem Bankettsaal ihrer alten Götter und Göttinnen ein. Sie gaben ihre alte Spiritualität nicht auf, sondern fügten der Party nur ein paar neue Facetten hinzu. So ist Voodoo ein reiches Gemisch aus uralten afrikanischen Gottheiten, ergänzt durch Jesus,

Maria und einige christliche Heilige. In den USA wird Voodoo oft missverstanden. Man assoziiert damit böse Absichten und dunkle Praktiken. Es mag durchaus vorkommen, dass einzelne Voodoo-Priester und -Priesterinnen zweifelhafte Absichten verfolgen, aber das kann man auch über katholische Priester sagen, die buchstäblich mit heruntergelassenen Hosen erwischt wurden. Immerhin haben inzwischen zahlreiche Erwachsene die katholische Kirche verklagt, weil sie in der Kindheit Opfer von sexuellen Übergriffen katholischer Priester wurden.

Auch Hollywood trug seinen Teil zur Dämonisierung des Voodoo bei, weil wir Amerikaner es lieben, uns von exotischen und fremdartigen Ritualen erschrecken zu lassen. In der Tat gilt auch hier, wie bei den Aghori, dass Voodoo auf Außenstehende ziemlich sonderbar wirken dürfte, wenn man seine philosophischen und spirituellen Grundlagen nicht kennt. Zum größten Teil ist Voodoo aber eindeutig positiv, zumindest was seine Absichten angeht. Das ganze Drumherum mag auf den durchschnittlichen Weißen ein bisschen abschreckend wirken, sollte aber nicht davon ablenken, dass Voodoo eine gültige Form der Religion ist.

Eine ähnliche Situation besteht in Südamerika. Die spanischen Konquistadoren brachten katholische Missionare mit. Ganz gemäß ihrer europäischen Geschichte und Strategie rissen die Katholiken die Tempel der Eroberten nieder und bauten ihre Kirchen aus den Steinen und auf den Stätten der früheren Religion. Die Symbole und Gottheiten dieser alten Zivilisationen ließen sich jedoch nicht so schnell auslöschen. Wie beim Voodoo kombinierten auch hier manche indigenen Gruppen die heiligen Personen der neuen Religion mit ihren alten Göttern und Göttinnen. Bis zum heutigen Tag finden sich in Südamerika faszinierende Spielarten des Katholizismus. Aber obwohl diese Gläubigen dem Namen nach katholisch sind, gilt ihre Loyalität nicht dem Papst im Vatikan. Sie gilt einem einzigartigen persönlichen Territorium der Psyche, wo noch immer Mythen lebendig sind und die alten Götter mit den neuen einen außergewöhnlichen Tango der Vielfalt tanzen.

Worauf will ich nun mit diesem Exkurs in die vergleichende Religionswissenschaft hinaus? Zum einen gibt es viele Wege, Gott, oder in manchen Fällen die Göttin, religiös zu verehren. Ich halte es für eine Form von spiritueller Arroganz, nur eine einzelne Religion oder einen einzigen spirituellen Weg gelten zu lassen. Und ich finde es ärgerlich, wenn ein Reisender auf einem dieser Wege jemanden, der auf einem anderen spirituellen Weg unterwegs ist, als Sünder verdammt, der angeblich für immer in der Hölle schmoren müsse. Falls Sie Anhänger oder Anhängerin eines östlichen Wegs sind, könnte Ihre Arroganz darin bestehen zu behaupten, dass ausschließlich Ihre spirituelle Tradition zur Erleuchtung führt.

Der Dunkle Spiegel

In der Großen Halle des Selbst gibt es zwei Spiegel. In dem einen spiegeln sich nur unsere guten Eigenschaften, und wenn wir in diesen Spiegel schauen, sehen wir uns ausschließlich so, wie es unseren spirituellen Idealen entspricht. Es ist gut, von Zeit zu Zeit in diesen Spiegel zu blicken, denn so erkennen wir das Gute, das wir bereits erlangt haben. Aber wenn wir zu lange dieses Spiegelbild betrachten, droht Gefahr. Es handelt sich um eine sehr reale Gefahr, der auf dem spirituellen Weg schon zahllose Menschen erlegen sind. Sie verführt uns zu Selbstsucht und Selbstbeweihräucherung. Wenn wir uns zu lange in diesem Spiegel betrachten, ohne auch in den zweiten Spiegel zu sehen, geraten wir in eine heimtückische psychologische und spirituelle Falle – den Narzissmus.

In der Sage von Narziss geht es um einen jungen Mann, der so betörend schön ist, dass er sich in sein eigenes Spiegelbild verliebt, das er in einem Teich sieht. Er ist so fasziniert und gefesselt von seinem eigenen Spiegelbild, dass er darüber die Beziehungen zu allen anderen Menschen vernachlässigt. Diese Tragödie irregeleiteter Aufmerksamkeit erreicht ihren Höhepunkt, als er angesichts seiner eigenen Schönheit Tränen der Rührung vergießt. Eine der Tränen fällt ins Wasser und stört sein Spiegelbild. Da wird ihm klar, dass seine Liebesaffäre mit ihm selbst eine bloße Illusion ist. Da ist gar kein Gegenüber, das Abbild ist nicht real. Wenn wir uns von unserem eigenen spirituellen Spiegelbild verführen lassen und dadurch blind werden für andere Menschen und die Realitäten der Welt um uns, haben wir uns verirrt. Eine Zeitlang können wir vielleicht in der Heldensage unseres eigenen Selbst schwelgen, die wir uns ausgedacht haben, aber dabei verlieren wir unsere *Seele*. Und leider fügen wir dabei oft den Menschen in unserer Umgebung Schaden zu, weil wir nur noch an uns selbst interessiert sind.

In den zweiten Spiegel zu schauen ist unangenehm, und deshalb weichen die meisten Leute dem aus. Das ist der Dunkle Spiegel. Darin erblicken wir unsere Fehler und Schwächen, unsere übelsten Eigenschaften. Wer möchte schon dort hineinschauen, wenn der schöne Spiegel des Guten gleich daneben steht?

Doch ohne in den Dunklen Spiegel zu blicken, verlieren wir den Kontakt zu lebenswichtigen Informationen über uns selbst – über unser Verhalten, und ebenso über unsere wahren Absichten, die wir vor anderen, aber nicht selten auch vor uns selbst verbergen.

Manchmal offenbart der Dunkle Spiegel sich uns durch das mühsame Streben nach Selbsterkenntnis. Wir ertappen uns dabei, etwas zu denken oder zu tun, von dem wir eigentlich wissen, dass es falsch ist. Obgleich der Spiegel uns einen deutlichen Einblick in unsere fragwürdigen Denk- und Handlungsweisen ermöglicht, kann er uns nicht davon abhalten, auch weiterhin so zu denken und zu handeln. Dazu ist Willenskraft vonnöten. Manche Menschen finden den Blick in den Dunklen Spiegel so verstörend, dass sie es um jeden Preis vermeiden wollen, sich in ihm zu betrachten.

Spieglein, Spieglein an der Wand.

Wer schafft dich weit fort aus meinem Land?

Manchmal erscheint uns der Dunkle Spiegel in Gestalt einer Person, die uns den Spiegel vorhält und unsere negativen Verhaltensweisen offen kritisiert. Jemand, der sich im Labyrinth des Narzissmus verirrt hat, weiß ein solches klares Feedback jedoch nicht zu schätzen. Solche Leute können ausgesprochen feindselig, manchmal sogar gefährlich reagieren, wenn man sie mit dem verdrängten Schatten-Material ihrer Psyche konfrontiert.

Spirituelle und religiöse Lehrer und Gurus sind besonders anfällig für die Versuchung des Narzissmus. Mancher spirituelle Lehrer ist schon von seinem Sockel gestürzt, weil er nicht lange oder tief genug in den Dunklen Spiegel schaute.

Jene von uns, die dem spirituellen Narzissmus erliegen, erkennen gar nicht, was mit ihnen geschieht. Wir sehen nicht, dass wir egozentrisch geworden sind. Es erscheint uns ganz natürlich, dass sich alles um uns drehen soll. Wir fangen an, uns selbst zu beweihräuchern. Und unsere Überheblichkeit wächst wie ein Giftpilz in der Nacht.

Doch ebenso wichtig ist es, dass wir, wenn wir den Mut fassen, in den Dunklen Spiegel zu schauen, es damit nicht übertreiben und besessen werden von dem, was wir da sehen. Die Konfrontation mit der Dunkelheit erfordert ein gewisses Maß an Distanz, wenn wir die Begegnung überleben wollen.

Zwar ist es wesentlich, uns diesem unangenehmen Spiegelbild zu stellen, aber wir benötigen dafür innere Stabilität und Gelassenheit. Das gelingt am besten, wenn wir in beide Spiegel schauen, um ein ausgewogenes Bild zu erhalten.

Krokodile im Sonnenhof

Damit schließt sich der Kreis und führt uns zurück nach Kom Ombo, dem Initiationstempel am Nil. Damals mussten die Prüflinge schlauer sein als die hungrigen Echsen und sekundenschnell wählen, in welches Portal sie hineinschwimmen würden – das Tor des Lichts oder das Tor der Dunkelheit.

Heute müssen wir in der Regel nicht mehr mit Krokodilen schwimmen. Stattdessen müssen wir mit ihnen ringen, und zwar an jenem Ort, den ich den Sonnenhof nenne.

Mit dieser Sonne ist nicht das Zentralgestirn unseres solaren Systems gemeint, von dem alles Leben auf der Erde abhängt. Vielmehr handelt es sich um eine spirituelle Sonne. Sie ist eine Metapher für den Geist selbst, ein uraltes Symbol der Spiritualität, das wir von Kulturen geerbt haben, die der unseren vorausgingen. Dieses Symbol ist tief in unserem kollektiven Bewusstsein und unserem religiösen Streben verankert.

Es würde den Rahmen des vorliegenden Essays sprengen, auf dieses Thema so ausführlich einzugehen, wie ich es mir eigentlich wünschen würde, aber ich halte es für notwendig, es zumindest zu erwähnen.

Zwei wichtige himmlische Symbole für das Bewusstsein haben wir geerbt, und viele Menschen halten sie für antagonistisch. Um welche Symbole handelt es sich? Es sind Sonne und Mond.

Mindestens zweitausend Jahre lang wurde das strahlende Licht der Sonne mit dem Geist und den maskulinen Aspekten des Bewusstseins assoziiert. Der Mond hingegen wurde mit der Erde, dem Weiblichen und der Dunkelheit assoziiert.

Aus verschiedenen Gründen, die viel zu komplex sind, um hier näher auf sie einzugehen, wurde das Licht mit allem assoziiert, was man als gut betrachtete. Tatsächlich streben viele Religionen und New-Age-Philosophien danach, die Welt hinter sich zu lassen und ins Gelobte Land des Ewigen Lichts zu gelangen. Zahlreiche Menschen, die sich auf dem spirituellen Weg befinden, fürchten die Dunkelheit, und doch sind es gerade bestimmte Formen der Dunkelheit, die uns zu höchster Selbsterkenntnis und spiritueller Erleuchtung verhelfen können.

Im Sonnenhof sind wir von Licht umgeben. Scheinbar existiert dort nur Gutes. Aber die Dinge sind nicht, was sie zu sein scheinen. Besser ist es, sich von dem strahlenden Licht nicht zu dem Glauben verleiten zu lassen, wir seien am Ziel unserer Reise angelangt. Die Krokodile warten schon. Sie können viele Gestalten annehmen – Arroganz, spiritueller Stolz, Neid, Ungeduld, um nur einige zu nennen. Am gefährlichsten ist vermutlich Selbstgefälligkeit. Von dieser scheußlichen Kreatur sind schon viele von uns auf dem Weg verschlungen worden.

Es ist eben leider nicht so, dass es nur einen Sonnenhof gibt. Jedes Mal, wenn wir spirituell wachsen und etwas mehr Licht, etwas mehr Weisheit erlangen, führt unser Weg uns in einen neuen Hof. Eine neue Initiation wartet auf uns, und ob wir sie meistern, hängt davon ab, was wir über uns selbst und die Welt gelernt haben.

Ich kann hier leider keine weisen Worte anbieten, denn jeder Mensch muss seine eigene Reise in das Mysterium unternehmen. Wir alle müssen unseren individuellen Weg durch die Labyrinthe finden, mit denen wir auf dieser Reise konfrontiert werden. Zum Abschluss möchte ich aber zumindest ein paar Ratschläge geben. In der Großen Halle des Selbst gibt es zwei Spiegel. Nehmen Sie sich die Zeit, in beide hineinzuschauen. Lassen Sie sich von keinem der beiden verführen. Behalten Sie Ihren gesunden Menschenverstand und ihren Sinn für Humor. Manchmal kann das Lachen Ihr bester Verbündeter während dieses seltsamen und erstaunlichen Abenteuers sein. Möge die Farce mit Ihnen sein. Sie ist wahrhaft kosmisch und größer als alle Vernunft.

Originaltitel: »Wrestling Crocodiles«
Deutsche Erstveröffentlichung

Das unerträgliche Licht der Bewusstheit

Die Ironie des Augenblicks entging mir nicht.

Nur ein oder zwei Stunden zuvor hatte ich das Diamant-Sutra gelesen, ein dem Buddha zugeschriebener Text, in dem er unter anderem die Praxis der sechs Paramita erläutert.

Die Paramita, auch als die sechs Vollkommenheiten bekannt, sind innere Einstellungen oder Verhaltensweisen, die zur Erleuchtung führen. Sie sind ein Leuchtturm, das diamantene Licht des Mahayana-Buddhismus – der als das Große Fahrzeug bezeichnet wird.

Dieser rätselhafte Name bezieht sich darauf, dass man die Erleuchtung nicht nur für sich selbst anstrebt (das wird Hinayna oder Kleines Fahrzeug genannt), sondern für alle fühlenden Wesen.

Das Große Fahrzeug, Mahayana, beruht auf der Erkenntnis, dass wir, bildlich gesprochen, alle im selben Boot sitzen. Wir alle leben im Reich von Samsara, der Illusion. In Samsara sind alle Dinge und Wesen ihrer Natur nach unbeständig, vergänglich und leer. Dies gehört zu den großen Erkenntnissen des Buddha, doch gibt es Hinweise, dass ältere Traditionen schon vor ihm auf diese Erkenntnis stießen – insbesondere die Bön-Religion des alten Tibet.

Die Quantenphysik stimmt mit der Erkenntnis des Buddha überein, zu der er bereits zweitausend Jahre vor der modernen Physik gelangte.

Der Buddha als Weiser und Wissenschaftler

Gestatten Sie mir die Kühnheit, einige Aspekte der Quantenmechanik wie folgt zusammenzufassen: Alle Dinge, die im Universum existieren, sind unbeständig. Für die winzigsten subatomaren Teilchen bis hin zu den größten Quasaren und Galaxien gilt, ebenso wie für Sie und für mich, dass unsere Tage gezählt sind – wobei allerdings die Lebensspanne von Galaxien und anderen Himmelsobjekten in Millionen Jahren gemessen wird, nicht in Jahrzehnten oder Jahrhunderten.

Aus kosmischer Perspektive gleicht die Spanne, in der *wir* entstehen, existieren und vergehen, nicht nur wir alle als Individuen, sondern auch unsere Zivilisationen, dem Wimpernschlag eines kosmischen Auges.

Zu den leidvollen Zuständen in Samsara oder, um einen Begriff aus der Quantenphysik zu gebrauchen, in der »relativen Existenz« gehört es, dass wir und alles, was wir kennen, eines Tages nicht mehr existieren wird. Auf der physikalischen Daseinsebene sind wir alle nicht mehr als oszillierende Muster subatomarer Teilchen, die einen vergänglichen Existenz-Tanz vollführen.

Das ist eines der Grundprinzipien der Quantenmechanik – wobei einige Quantentheoretiker die Natur des Lichts als erstes Grundprinzip der Quantenphysik betrachten. Und ich stimme mit ihnen überein, dass durch die Erforschung des Lichts die Quantenmechanik überhaupt erst entstanden ist. Deswegen bezeichne ich die Unbeständigkeit als eines der Prinzipien der Quantenmechanik – nicht jedoch als deren erstes Prinzip. Ich reite darauf so ausführlich herum für den Fall, dass Physiker unter meinen Leserinnen und Lesern sind.

Ein weiteres Prinzip der Quantenmechanik besagt, dass alle materiellen Objekte hauptsächlich aus Raum bestehen. Buddhisten würden hier von Leere sprechen. Aber die Wissenschaft und der Buddhismus meinen hier grundsätzlich das Gleiche.

Laut manchen Physikern besteht unser Körper zu 99,9 Prozent aus Raum. Die tatsächliche physikalische Materie hat daran nur einen Anteil von einem Zehntel Prozent. Würde man, so besagen diese Schätzungen, die gesamte physikalische Materie, die in unserem Körper enthalten ist, auf einen Haufen schütten, so würde dieser auf eine Nadelspitze passen! Der ganze Rest, aus dem Sie bestehen, ist Raum.

Es wird aber noch seltsamer. Angenommen, Sie könnten auf Atomgröße schrumpfen und den Abstand zwischen den Elektronen und dem Atomkern messen, ergäbe das natürlich sehr kleine Maßzahlen. Könnten Sie nun andererseits den Atomkern so weit vergrößern, dass sein Durchmesser in etwa der Größe eines Menschen entspricht, dann wäre der Abstand zwischen den Elektronen und dem Kern so groß wie ein Fußballfeld. Mit anderen Worten: Atome – die Bausteine, aus denen sich alle materiellen Dinge zusammensetzen – bestehen in erster Linie aus Raum.

Das Wesen des Leidens

Im Diamant-Sutra spricht der Buddha über diese beiden Qualitäten – Unbeständigkeit und Leere – als wesenhafte Merkmale von allem, was existiert. Auch erörtert er das Wesen des Leidens.

Im Prinzip sagt er, dass alles Leiden aus Wünschen und Begehren entsteht – insbesondere dem Wunsch nach sinnlichen Objekten. Sinnliche Objekte können viele Formen annehmen – eine gute Mahlzeit, ein Glas Wein, eine angenehme äußere Umgebung, ein neues Auto, eine neue Geliebte oder das neueste technische Spielzeug. Diese Liste ist endlos, aber entscheidend dabei ist, dass wir, wenn wir etwas sehen, hören, fühlen oder schmecken, das uns wirklich gefällt, gern mehr davon wollen oder uns an das klammern, was wir bereits besitzen.

Doch leider leben wir in einer atomaren Quantenwelt der Unbeständigkeit. Materielle, sinnlich wahrnehmbare Objekte, an denen wir anhaften, werden sich früher oder später wieder in die Quantensuppe (Leere) auflösen, aus der sie kamen. Und dann sind wir nicht mehr in der Lage, sie zu sehen, hören, fühlen oder schmecken.

Diese eine besonders schmackhafte Mahlzeit ist nie wieder wirklich dieselbe. Auch der köstlichste Wein wird irgendwann zu Essig. All die angenehmen Dinge in unserer Umgebung werden eines Tages verschwinden, es ist nur eine Frage der Zeit. Der neue Wagen bekommt Parkschrammen, und irgendwann löst er sich in Rost auf. Die neue Liebesbeziehung wird sich nicht so entwickeln, wie Sie es sich ausmalten, und schließlich wird die rosige Verheißung der Jugend sich unvermeidlich in Alter und Tod verwandeln. Und von den brandneuen Technik-Spielzeugen brauchen wir gar nicht zu reden! Mag die neue Sensation, die Sie sich gekauft haben, auch noch so cool sein. Es dauert nicht lange, dann wird aus dem teuren Kram veralteter Techno-Müll.

Dem Buddha zufolge sind Wünsche und Begierden die Ursache allen Leidens. Doch für uns in der postmodernen Welt, besonders im Westen, ist es vermutlich das hilfreichere Konzept, wenn wir sagen, dass die Ursache allen Leidens nicht Wünsche an sich sind, es ist vielmehr unser *Anhaften* an diese Wünsche.

Bestimmte buddhistische Schulen teilen diese Sichtweise – insbesondere Dzogchen und Vajrayana, die als besonders schnelle Pfade zur Erleuchtung gelten. Bei manchen Übungen des Vajrayana wird der Yogi oder die Yogini sogar dazu angehalten, bestimmte Arten von Begierden mit vollem Bewusstsein zu erleben. Diese Vereinigung der Bewusstheit (oder Bodhicitta, was übersetzt »der Geist unserer Buddha-Natur« bedeutet) mit der unbeständigen und leeren Natur unserer Begierden führt zur Erleuchtung. Jedoch handelt es sich hierbei um einen schwierigen Pfad, auf dem man leicht Selbsttäuschungen unterliegt. Er eignet sich nicht für jeden und erfordert ein hohes Maß an Training, Disziplin und Losgelöstheit.

Ich erwähne diese andere Sicht auf die Ursache allen Leidens, weil bei uns modernen Menschen, vor allem in der westlichen Welt, unsere Wünsche die Triebfedern für einen großen Teil unserer ganzen Kultur sind – ganz besonders für die Wirtschaft. Alle Wünsche und Begierden aufzugeben wäre für viele, wenn nicht sogar die meisten von uns ein großer Sprung. Wenn wir erkennen, dass unser Anhaften an die Wünsche die Wurzel unseres Leidens ist, bietet das jenen, die unfähig sind, alle Wünsche aufzugeben, doch einen Weg, sich nach und nach aus ihren Fesseln zu befreien. Mit anderen Worten, genießt die Welt, aber klammert euch nicht an sie.

Das Dharma einer Irrfahrt

Das alles bringt mich zurück zum Diamant-Sutra und dem Erlebnis, das ich am Anfang dieses Artikels erwähnte. Es ereignete sich ausgerechnet, als ich in Gedanken versunken am Ufer des Roten Meeres saß und einen Cappuccino trank.

Für jene, die mit dem Buddhismus nicht vertraut sind: Mit Dharma ist der Weg des Buddha gemeint. Wenn man Dharma praktiziert, lebt man sein Leben gemäß der eigenen Buddha-Natur (oder Bodhicitta), die sich uns durch Meditationspraxis offenbart. Wer keinen unmittelbaren Kontakt zum eigenen Buddha-Bewusstsein hat, folgt stattdessen äußeren Verhaltensregeln – den Paramita zum Beispiel.

Das ist vergleichbar einem Christen, der die Gebote Jesu befolgt. Man könnte sagen, dass ein solcher Mensch den Weg Christi geht, so wie man über einen Buddhisten sagen kann, dass er den Weg des Buddha geht (Dharma).

Man kann den Dharma leben, aber das vorübergehend vergessen, sozusagen in alte Gewohnheiten zurückfallen, die nicht zur Erleuchtung, sondern zu weiteren Selbsttäuschungen und sinnlichem Anhaften führen. So erging es mir am Rand der Wüste Sinai.

Judi und ich hatten gerade eine Gruppenreise durch Ägypten geleitet, mit fünfzig Teilnehmern. Die Reise war nun vorbei, und auf Empfehlung unseres einheimischen Führers waren wir ans Rote Meer gekommen, um ein bisschen auszuspannen.

Leider hatte die Fahrt von Kairo hierher quälende elf Stunden auf schlechten Straßen gedauert. Mein Sitz in dem Kleinbus war defekt gewesen, so dass ich mit der rechten Schulter immer wieder gegen das Fenster geprallt war. Als wir in Dahab eintrafen, hatte ich fürchterliche Schmerzen.

Der Hotelarzt machte gerade Urlaub, und ich wurde von einem neuen Arzt behandelt, der frisch von der Universität kam, mit einem Abschluss in Pädiatrie. Um eine lange Geschichte kurz zu fassen: Er diagnostizierte meine Verletzungen falsch und verordnete mir schwache Schmerzmittel, um mein Leiden zu lindern. Wochen später, als ich in Spanien endlich eine vernünftige ärztliche Behandlung erhielt, zeigte sich, dass in meinen Schultern Sehnen gerissen und ein Schleimbeutel sowie der Deltamuskel verletzt waren. Als die Notfallmedizinerin in Spanien die Medikamente sah, die man mir in Ägypten gegeben hatte, verdrehte sie die Augen und verordnete starke Schmerzkiller.

Doch zuvor in Ägypten war eine kompetente ärztliche Behandlung noch Zukunftsmusik. Ich litt unter ständigen Schmerzen. Meine Arme waren weitgehend nutzlos, und ich musste mit angewinkelten Ellbogen und beiden Händen essen und trinken.

Schon oft habe ich festgestellt, dass in schwierigen Situationen Humor mein bester Verbündeter ist. Ich stimme mit Mark Twain[4] überein, der einmal schrieb: »Manche Dinge im Leben sind so ernst, dass man nichts tun kann, als über sie zu lachen.« Ich gab mir selbst den Spitznamen Flipper.

Als ich eines Nachmittags im Bett lag, weil Sitzen und Gehen zu schmerzhaft waren, legte ich ein Exemplar des Diamant-Sutra vor mich auf ein Kissen und las die Lehren des Buddha noch einmal.

---

[4] Mark Twain (1835-1910) hieß eigentlich Samuel Langhorne Clemens. Unsterblich sind seine Bücher über Tom Sawyer und Huckleberry Finn. Seit 1891 lebte er neun Jahre in Europa, bereiste Deutschland und traf dort auch Karl May. Er wurde geboren, kurz nachdem der Halleysche Komet sichtbar geworden war, und starb einen Tag nach dessen erneuter Sichtung. – *Die Red.*

Die Paramita sind Juwelen der Erleuchtung, die bereits ein spirituelles Licht ausstrahlen, wenn man sie nur liest. Ich fühlte mich eine Zeitlang in ein numinoses Licht erhoben – in erfüllte geistige Regionen, und meine Schmerzen ließen, während ich den Text las, immer mehr nach.

Ich beschloss, zwei Paramita auszuprobieren, um zu sehen, was sie mir über meinen Kampf mit meinem körperlichen Zustand enthüllen würden. Ich wählte die Paramita der Geduld und die Paramita des Mitgefühls.

Später, in der Abenddämmerung, zog Judi mit ihrer Tochter Adrianne los, um Reisemitbringsel zu kaufen. Ich begleitete sie, um zur Ablenkung von meinen Schmerzen einen Cappuccino zu trinken. Wenn ich länger als ein paar Minuten stand, fuhr ein sengender Schmerz durch meine Arme und Schultern, der mir manchmal fast den Atem raubte. Nur im Sitzen oder Liegen war es einigermaßen auszuhalten.

Also setzte ich mich an einen freien Tisch und schaute übers Meer in Richtung Saudi-Arabien. Der Mond stand hell am Himmel, und sein silbernes Licht schimmerte auf dem dunklen Wasser.

Ich hatte mich für diesen Ort entschieden, weil sich hier außer mir niemand aufhielt. Ich konnte allein dasitzen und mir etwas Zeit erkaufen, bevor ich aufstehen und mit Judi und Adrianne zum Hotel zurückgehen musste.

Als der Kaffee serviert wurde, ging es mir so schlecht, dass die quälenden Nervenschmerzen mir Tränen in die Augen trieben. Solche Schmerzen hatte ich noch nie erlebt. Aber ich entdeckte, dass ich, wenn ich die Tasse langsam mit beiden Händen hochhob, eine Position finden konnte, in der diese Schmerzen nachließen, und in manchen Positionen waren sie fast gar nicht existent. Doch wenn ich die Tasse auch nur zwei Zentimeter aus diesem kleinen Bereich herausbewegte, kehrten die stechenden Schmerzen zurück. Und so saß ich dort, schaute über das Wasser nach Arabien und fand ein wenig Trost in einem warmen Cappuccino.

Zu diesem Zeitpunkt meiner Misere wusste ich noch nicht, ob ich je wieder in der Lage sein würde, meine Arme zu gebrauchen. Ich wusste nicht, ob ich wieder auf der Kristallschale oder dem Klavier spielen oder wenigstens normal essen können würde. Außerdem konnte ich nicht schreiben. Wenn ich versuchte, auf meinem Laptop zu tippen, schossen Schockwellen des Schmerzes durch meine Arme und Schultern. Ich wusste, dass da etwas ganz und gar nicht stimmte, aber wie schlimm es war, vermochte ich nicht zu sagen.

Angesichts dieser Ungewissheit malte ich mir alle möglichen Szenarien eines stark eingeschränkten Lebens als Körperbehinderter aus. Diese Denkspiralen erinnerten mich an ein anderes Mark Twain zugeschriebenes Zitat: »Ich habe ein Leben voller Elend, Schwierigkeiten und Unglück geführt, wobei das meiste davon nur in meiner Fantasie existierte.«

Also gab ich mir alle Mühe, meine Kaffeetasse in jenem kleinen Bewegungsbereich zu halten, in dem keine Schmerzen durch meine Arme jagten, und außerdem bemühte ich mich, gelassen zu bleiben und meiner wachsenden Besorgnis keinen Raum zu geben.

Inmitten dieser Kakofonie meines inneren samsarischen Zirkus (meine persönliche Bezeichnung für Samsara) waren meine Schmerzen für einen Moment verschwunden, jedenfalls mehr oder weniger. Ich freute mich an dem wärmenden sinnlichen Objekt meines Kaffees und dem Mondlicht, das sich auf dem Roten Meer spiegelte. Ich genoss den Augenblick. Und unwillkürlich fing ich an, mich an diese sinnlichen Objekte vor mir und in meinen Händen zu klammern.

Dann wurden meine Tagträumerei und die Erfüllung meiner Wünsche abrupt und rüde unterbrochen. Eine ziemlich dicke Frau setzte sich ausgerechnet an meinen Tisch. Mit einer brennenden Zigarette in der Hand ließ sie sich auf den Stuhl vor mir fallen und versperrte mir die Sicht auf das Meer und den Mond. Sie setzte ihren ungefähr einjährigen Sohn auf die Bank neben sich und zog die nächste Zigarette aus der Packung.

Wie konnte sie es wagen, sich einfach ungefragt an meinen Tisch zu setzen? Wie konnte sie es wagen, mir diesen zwischen meinen Schmerzattacken so erholsamen Augenblick der Ruhe zu ruinieren? Ich wollte, dass sie ging, und zwar sofort.

Kurz gesagt, ich hatte meine Geduld und mein Mitgefühl verloren, und das nur ein oder zwei Stunden, nachdem ich das Diamant-Sutra gelesen hatte.

Dann bemerkte ich die Augen des Jungen. Er saß neben seiner Mutter und blickte zu mir auf. Es war einer dieser sanften, neugierigen Blicke, wie man sie bei kleinen Kindern häufig sieht. Sie tragen noch die Zeichen der anderen Welt, aus der sie kamen, und sind noch nicht vom Leben in dieser geschädigt.

Seine offensichtliche Unschuld erinnerte mich an einen balinesischen Brauch. In einem traditionellen balinesischen Haushalt dürfen Kinder in ihrem ersten Lebensjahr nicht den Boden berühren. Man glaubt, dass sie aus der geistigen Welt kommen und deshalb diese Welt noch zu neu für sie ist. In diesem frühen Alter den Boden zu berühren, wäre ein zu großer Schock für ihre zarten Seelen.

Der Junge mir gegenüber war kein Balinese, aber er schaute mich mit entwaffnender Unschuld an.

Ich spürte, wie sich mein Herz öffnete, aber dann verschloss ich es rasch wieder. Schließlich war ich ja wütend. Seine Mutter hatte mir meinen Augenblick der Freude ruiniert, den ich in einem Meer von Schmerzen erlebte. Ich dachte nicht daran, ihr oder ihrem Jungen so schnell zu vergeben.

Manchmal denke ich über meine damalige Reaktion nach – immer dann, wenn ich mich aus irgendeinem Anlass innerlich verschließe und Liebe oder Mitgefühl zurückhalte.

Plötzlich, ohne ersichtlichen Grund, steckte die Frau ihre zweite Zigarette wieder in die Packung zurück, nahm ihren Sohn und verschwand im Touristengewühl. Der Mond sank herab, bis nur noch ein schmaler Rest silbern hinter einem Berg hervorschimmerte. Meine Tasse barg nur noch wenige Schlucke Kaffee. Die sinnlichen Objekte meiner Begierde gingen zur Neige.

Ich lächelte angesichts der merkwürdigen und bitteren Ironie dieses Augenblicks.

Lebendige Buddhas

Zu den vielen Dingen, die ich am Buddhismus schätze, gehört der zentrale Glaube, dass wir alle lebendige Buddhas sind. Es mag ein Leben oder zehntausend Leben dauern, bis wir unsere Buddha-Natur ganz erkennen. Aber das ändert nichts an der Tatsache, dass wir alle in Wahrheit bereits Buddhas sind. Es ist für uns nur noch nicht die Zeit des vollständigen Erwachens gekommen, der völligen Selbsterkenntnis.

Der Samen einer Eiche ist noch keine Eiche. Aber er trägt in sich das Potenzial, eine zu werden. Vielleicht ist es in diesem Fall eine bessere Metapher, wenn wir sagen, dass eine Kaffeebohne noch kein Kaffeebaum ist und auch noch keine Tasse Kaffee. Aber unter den richtigen Bedingungen und in den Händen einer guten Barista kann sie ihr Potenzial erfüllen und zu einer Tasse Kaffee, einem Cappuccino, einem Latte macchiato oder was auch immer werden. Schließlich gibt es viele Wege, wie Kaffeebohnen zu einem köstlichen Kaffeegetränk werden können. Und zweifellos gibt es viele Wege, wie Menschen ihre Buddha-Natur entfalten können.

Aber bis zum Augenblick der vollen Selbsterkenntnis können wir Dinge tun, die kein Ausdruck unseres angeborenen Buddha-Selbst sind, sondern durch unsere Selbsttäuschungen und Anhaftungen motiviert sind. Als ich dem kleinen Jungen an meinem Tisch meine Liebe und mein Mitgefühl vorenthielt, versäumte ich eine Gelegenheit, Bodhicitta zu teilen.

Für jene, die den Dharma praktizieren, ist es eine wahre Kostbarkeit, Bodhicitta zu teilen. Es ist eine Begegnung mit einem anderen Menschen auf der Ebene von Geist und Herz. Das habe ich in Tibet mit Lamas und Nonnen erlebt, und mit Pilgern in Lhasa.

Ich habe es mit Zen-Roshis erlebt und mit Fremden, die sich selbst niemals als Buddhisten bezeichnet hätten.

Kassiererinnen, die mich anlächelten, wenn ich meine Einkäufe bezahlte, Babys in Einkaufswagen, die mich aus pausbäckigen Gesichtern anschauten, mit Augen, in denen ein einfaches aber tiefgründiges spirituelles Licht leuchtete, andere Autofahrer, die freundlich anhielten, um mich einbiegen zu lassen – all das sind Augenblicke geteilter Güte, eine schlichte, aber bedeutsame Manifestation von Bodhicitta.

Als die Mutter mit dem Jungen um eine Ecke verschwand, erkannte ich, was da eben geschehen war. Mein Anhaften an meine Begierde, an die Zuflucht in einem Meer aus unerbittlichen Schmerzen, hatte mich dazu gebracht, mich an die sinnlichen Objekte dieser Begierde zu klammern – eine Tasse Kaffee und der untergehende Mond. In meinem geistigen Bild war kein Platz gewesen für eine Fremde, die sich vor mich hinsetzte und eine Zigarette rauchte, und den kleinen Jungen, der mich voller Unschuld anschaute. Ich hatte allein sein wollen.

Und so litt ich. Nicht weil die Frau in meinen Raum eingedrungen war, sondern weil ich mich weigerte, mich von meinen Anhaftungen zu lösen. Und in meiner Frustration hatte ich keinen Blick für den kleinen Buddha, der mir da gegenübersaß.

Und dann geschah etwas wirklich Seltsames. Eine einzelne Träne floss aus meinem linken Auge. Und plötzlich fühlte ich mich uralt und sehr, sehr buddhistisch. Es war, als wäre ich zu Avalokiteshvara geworden, dem Buddha des universellen Mitgefühls, der in Tibet als Chenrezig bekannt ist.

Chenrezig wird häufig mit tausend Armen dargestellt. In jeder Hand befindet sich ein Auge, das eine Träne für das Leiden aller in Samsara gefangenen fühlenden Wesen vergießt.

Heute weiß ich, dass ich nicht Chenrezig bin. Schließlich hatte ich gerade einen kleinen Buddha abgewiesen, weil ich durch meine Begierden blind gewesen war. Doch die Vision ging weiter. Ich war nicht länger einfach nur Tom, der mit einer leeren Tasse an einem Cafétisch saß. Ich war Zeuge des Großen Mandalas des Daseins. Für einen Moment hob sich der Schleier, der mich vom Erkennen der tiefen Heiligkeit aller Wesen und Dinge trennte.

Ich vergoss die Träne für den Barista, einen jungen Muslim, der meinen Kaffee zubereitet hatte und ständig nervös die Menge beobachtete, mit unruhig wippendem Fuß.

Ich vergoss die Träne für die Katzen und ihre Jungen, die in den Schatten von Restaurant zu Restaurant schlichen, um etwas Essbares zu ergattern. Und ich vergoss die Träne für mich selbst und für uns alle, die wir blind für jene heiligen Momente sind, wenn ein Buddha, oder wie immer Sie das Göttliche nennen möchten, genau vor uns sitzt.

Und dann wurde der Augenblick völlig unwirklich. Die Luft schien vor Erwartung zu vibrieren, als wäre die Schöpfung, just in diesem Moment, sich ihrer selbst bewusst geworden. Die Farben schienen brillanter, obwohl der Mond jenseits des Wassers irgendwo in Arabien versunken war. Und die sanfte Brise, die vom Roten Meer heranwehte, brachte eine plötzliche und unerwartete Süße.

Im Christentum wird jener Frieden, der größer ist als alle Vernunft, *Gnade* genannt. Im Arabischen nennt man ihn *Baraka*. In Tibet wird der tiefe Brunnen des Friedens *Rigpa* genannt.

Om mani padme hum. Das ist das Mantra des Chenrezig. Es bedeutet: *Heil dem Juwel im Lotos.* Es wird von tibetischen Buddhisten in aller Welt gechantet und in der Meditation verwendet. Das Juwel ist Mitgefühl, und der Lotos ist das Herz. Mögen wir alle, durch die Macht aller Buddhas, das Juwel und den Lotos finden, und mögen wir außerdem alle eine gute Tasse Kaffee finden.

Die sechs Paramita

* *Dana Paramita* – Freigebigkeit, Großzügigkeit, das offene Herz des Soseins. Diese Paramita ähnelt dem, was Christen Wohltätigkeit nennen, aber sie beschränkt sich nicht darauf, den

Armen Geld zu spenden. Dana bedeutet auch losgelöste, nicht anhaftende Großzügigkeit, grenzenlose Offenheit und das, was man bedingungslose Liebe nennen könnte.

- *Sila Paramita* – Tugend, ein tiefer Sinn für ethisches Verhalten.
- *Shanti Paramita* – Geduld und Toleranz anderen gegenüber.
- *Virya Paramita* – Energie, Fleiß und Mut.
- *Dhyana Paramita* – Meditation, Kontemplation, Konzentration und das Aufgehen in die transzendenten Bereiche des Bewusstseins.
- *Prajna* – Transzendentale Weisheit.

Persönliche Gedanken

Für mich liegt das Fundament aller Paramita in Prajna verborgen – der transzendentalen Weisheit. Wenn es uns gelingt, einen Blick auf Prajna zu werfen, erkennen wir, dass alle Phänomene, alles, was existiert, seinem Wesen nach leer und unbeständig ist. Das, was für uns fest und solide aussieht, wird als das erkannt, was es wirklich ist – essenzielle Leere. Wir erkennen, dass die Illusion der Festigkeit ein Trick unseres Nervensystems ist. In Wahrheit gibt es nichts, was wir festhalten könnten. Fügt man zu dieser Leere noch die Erkenntnis der Unbeständigkeit hinzu, ergibt das ein zu Kopf steigendes Gebräu, das im Buddhismus Samsara heißt.

Das könnte in vielen, wenn nicht den meisten von uns ein tiefes Gefühl der Verzweiflung und Hoffnungslosigkeit auslösen, würden diese beiden Erkenntnisse nicht aufgewogen durch zwei andere Qualitäten, die uns durch die transzendente Weisheit (Prajna) geschenkt werden: Glückseligkeit und Licht.

Dieses Licht ist nicht wie das Licht, das wir benötigen, um in einem Buch zu lesen oder die Welt zu betrachten. Vielmehr handelt es sich um das Licht der Bewusstheit selbst. Tibetische Buddhisten nennen es das *Klare Licht*. Wenn wir uns dem Zentrum unseres eigenen Bewusstseins nähern, steigt in uns spontan

Prajna, also transzendente Weisheit auf. Diese Art von Weisheit bringt nicht nur das Licht der Selbstbewusstheit, sondern auch eine Art Glückseligkeit. Im Sanskrit wird dieses Glücklichsein Ananda genannt. Und Yogis und Yoginis sagen, dass das Bewusstsein drei Aspekte besitzt – Sat (Existenz), Chit (Wissen) und Ananda (Glückseligkeit).

Buddhisten ersetzen Chit (Wissen) durch Bodhicitta, das Wissen um die eigene Buddha-Natur.

Durch die den buddhistischen und yogischen Meditationspraktiken innewohnende kraftvolle Wirkung habe ich gelegentlich das strahlende Licht von Prajna gesehen. In solchen Augenblicken dachte ich, dass dieses Licht und Glücksgefühl der Bewusstheit für immer andauern würde. Aber leider war das nicht der Fall.

In diesem Zustand gab es nichts zu besitzen und niemanden, der etwas hätte besitzen können. Das gehört zu den entscheidenden und zentralen Erkenntnissen des Diamant-Sutras. Solche Vorstellungen erscheinen uns seltsam, solange wir in den sinnlichen Erscheinungen und persönlichen Wünschen des Samsara gefangen sind. Doch wenn wir in die transzendente Weisheit, Prajna, eintreten, wird es für uns offensichtlich. Und worin besteht nun diese Einsicht, die sich in Prajna offenbart? Sie besteht darin, dass alle Dinge wirklich und unwirklich zugleich sind. Sie, und wir, sind wie Wolken oder Trugbilder ohne echte Substanz.

In unserem alltäglichen Bewusstseinszustand – der auf unseren Sinneseindrücken beruhenden Bewusstheit – klingt das wie Unsinn. Aus der Perspektive unseres Buddha-Geistes (Bodhicitta oder Prajna, transzendente Weisheit) hingegen ist es offensichtlich. Ich glaube, es ist hilfreich, wenn wir dieses merkwürdige Gegenüber von Realität und Nicht-Realität aus der wenig greifbaren metaphorischen Sprache des Prajna in die Sprache der Quantenphysik übersetzen. Dann sind wir vermutlich besser in der Lage, dieses zentrale Rätsel des Diamant-Sutras zu verstehen.

Nehmen Sie zum Beispiel Ihre Hände. Sie sind offensichtlich real – jedenfalls auf einer bestimmten Gewahrseinsebene. Zum

Beispiel halten sie das Buch, in dem dieser Essay abgedruckt ist. Falls Sie auf einem Computer oder Lesegerät lesen, benutzen Sie Ihre Hand, um die anzeigte Seite zu wechseln. Alles das ist ziemlich real.

Doch folgen Sie mir nun in die mikroskopische und subatomare Welt Ihrer Hände. Hier findet ein wirbelnder Derwisch-Tanz subatomarer Teilchen statt, die im Raum herumschwirren. Und wie schon eingangs erwähnt, gibt es auf der atomaren Ebene der Wirklichkeit weit mehr leeren Raum als feste Materie. Wenn wir tiefer in diesen subatomaren Raum vordringen, scheint dort die Leere weitaus realer zu sein als alles Feste.

Nun müssen wir die Quantenphysik als Führer hinter uns lassen, denn dort gibt es nichts mehr, was gemessen oder quantifiziert werden könnte. Wissenschaft ist aber nur möglich, wenn es etwas zu messen gibt. Dort gibt es nur noch Leere.

Wenn unsere persönliche Bewusstheit in dieser Leere verankert ist (durch Meditation), erscheinen uns die Dinge als illusionär – leer und ohne jede Substanz. Und so geschieht es, dass Ihre Hände, die im einen Augenblick fest und real erscheinen, Ihnen im nächsten, durch die Macht des Prajna oder Bodhicitta, unwirklich vorkommen. Das Diamant-Sutra vertritt den ungewöhnlichen philosophischen Standpunkt, dass die Dinge gleichzeitig wirklich und unwirklich sind, dass sie existieren und nicht existieren. Und in diesem Zustand der Nicht-Dualität gelangen wir zur Erleuchtungserfahrung.

Der andere Grund dafür, dass ich diesen Zustand erhöhter Bewusstheit nicht aufrechterhalten konnte, bestand darin, dass ich die ersten vier Paramita noch nicht gemeistert hatte, durch die Prajna (die transzendente Weisheit) im alltäglichen Leben verankert werden kann. Mit anderen Worten: Durch Meditation oder Dhyana Paramita erhaschte ich vom Berggipfel aus einen Blick auf die unermessliche Weite, aber als es Zeit wurde, wieder ins Tal zurückzukehren und das alltägliche Leben fortzusetzen, vergaß ich die Aussicht vom Gipfel wieder (Prajna).

Die ersten vier Paramita schulen den Geist, so dass er schließlich fähig wird, das Licht und die Weisheit des eigenen Bodhicitta widerzuspiegeln. Diese geistige Schulung betrachtete der Buddha als unverzichtbar für alle Menschen, die nach Selbsterkenntnis streben. Das ist einer der Grundpfeiler des Diamant-Sutras.

Schauen wir uns also diese Paramita näher an, beginnend mit dem vierten – Virya. Virya ist Fleiß und Energie. Sie impliziert auch spirituellen Mut. Alle, die zur Selbstverwirklichung gelangen wollen, müssen diese Qualitäten in sich selbst entdecken oder erschaffen. Samsara wird oft als Fallstrick dargestellt, in dem wir uns verfangen. Es erfordert enorm viel Energie, Fleiß und Mut, diesen Schlingfallen zu entkommen.

Realistischer und weniger metaphorisch formuliert, erfordert es Energie, Fleiß und Mut, unsere eigene Negativität zu transformieren. Und wenn diese dynamische, selbsttransformierende Energie uns nicht angeboren ist, müssen wir sie zunächst kultivieren.

Die dritte Paramita, Shanti, ist durch Geduld und Toleranz anderen gegenüber gekennzeichnet. Auch dies ist eine Methode, den Geist zu schulen, damit er in die Lage versetzt wird, sich dem ihm innewohnenden Bodhicitta zu öffnen. Geduld und Toleranz sind Ausdrucksformen von Prajna, und wenn wir der Selbsterkenntnis nahe sind, bringen wir diese Qualitäten spontan zum Ausdruck. Allerdings bedeutet Shanti nach meiner Erfahrung keineswegs, dass wir uns von anderen ausnutzen oder uns alles gefallen lassen sollten. Dazu gibt es eine alte buddhistische Geschichte, die vermutlich auf hinduistische Wurzeln zurückgeht.

Dieser Legende zufolge wurde ein erleuchteter Yogi im Wald von einer großen Giftschlange angegriffen. Mit Hilfe seiner yogischen Kräfte gelang es ihm, den Angriff abzuwenden, und die Schlange, verblüfft über seine Fähigkeiten, bat darum, seine Schülerin werden zu dürfen. Der Yogi unterwies sie in Shanti, der dritten Paramita, deren Name Frieden bedeutet.

Einige Zeit verging, und der Yogi suchte den Wald wieder auf, um zu sehen, welche Fortschritte seine Schülerin inzwischen gemacht hatte. Der Körper des großen Reptils war von Wunden übersät. Der Guru fragte: »Was, im Namen des Buddha, ist dir geschehen?«

Die Schlange berichtete, dass sie nach ihrer Bekehrung zur Friedfertigkeit den örtlichen Dorfbewohnern keinen Schaden mehr hatte zufügen wollen. Als jene herausfanden, dass die Schlange zur Pazifistin geworden war, machten sie sich einen Spaß daraus, sie zu treten und mit Stöcken auf sie einzuprügeln.

Der Yogi sagte: »Ich habe dir zwar gesagt, dass du die Shanti Paramita praktizieren sollst, aber ich habe dir nicht gesagt, dass du aufhören sollst zu zischen.« Mit anderen Worten: In der Dualität des Samsara müssen wir manchmal für unsere Interessen einstehen, aber das sollten wir tun, ohne anderen Schaden zuzufügen.

Die zweite Paramita, Sila, bedeutet Tugend oder einen tiefen Sinn für ethisches Verhalten. Diese innere Einstellung ist eine Ausdrucksform von Prajna (transzendenter Weisheit) und beruht auf der grundlegenden Erkenntnis, dass wir alle miteinander verbunden sind. Wenn wir aus Prajna heraus handeln, sind wir nicht länger willens, einem anderen Wesen wissentlich Schaden zuzufügen. Aber solange wir von den Illusionen des Samsara geblendet sind, richten wir ständig Schaden an. Die Sila-Paramita ist ein äußerer Kodex von Verhaltensregeln. Wir sollen nicht töten, nicht stehlen oder in anderer Weise schaden. Befinden wir uns im erwachten geistigen Zustand (Prajna), verbieten sich solche Handlungsweisen von selbst. Sind wir nicht in Prajna, sondern in unserem Alltagsbewusstsein, besteht jedoch immer die Gefahr, dass wir andere schädigen. Die Sila Paramita schützt uns vor uns selbst. Sie ist, indem sie uns veranlasst, die Dinge anders zu betrachten, ein Schutzmechanismus, der uns hilft, negatives Karma zu vermeiden.

Die erste Paramita, Dana, ist vollkommene Freigebigkeit und Großzügigkeit, das geöffnete Herz, von manchen als bedingungslose Liebe bezeichnet. Wenn wir in unserer Buddha-Natur (Bodhicitta) ruhen und Zugang zur transzendenten Weisheit (Prajna) haben, sind wir spontan, auf ganz natürliche Weise großherzig. Das ist die Großzügigkeit des Geistes. Sie gehört zu den Erkennungs-merkmalen der beginnenden Erleuchtung.

Wenn wir die sechs Paramita betrachten, kann man sagen, dass die ersten vier Verhaltensregeln darstellen. Die fünfte Paramita ist die Meditationspraxis, durch die sich uns unser angeborenes Bodhicitta offenbart. Und im Zustand der Meditation erhalten wir spontan Zugang zur transzendenten Weisheit.

Ich persönlich habe meine Schwierigkeiten mit den ersten vier Paramita oder, genauer gesagt, mit der Art und Weise, wie sie manchmal praktiziert werden. Bei mehreren Gelegenheiten habe ich über die Zwickmühle geschrieben, in die spirituelle Ideale uns bringen können, weil sie in Wirklichkeit zweischneidige Schwerter sind. Während die fünfte Paramita, Dhyana, die Praxis der Me-ditation ist und Prajna ihre Frucht, sind die ersten vier Paramita geradezu prädestiniert für spirituelle Schwüre – womit gemeint ist, dass wir eine feste Absicht bekunden, sie zu praktizieren.

Das ist an sich eine feine Sache. Schließlich muss man eine Menge Energie und Absicht in die Paramita investieren, um sie als Hilfsmittel auf dem Weg zur Erleuchtung nutzen zu können. Aber wie gehen wir mit uns selbst um, wenn wir es vermasseln, wenn wir es nicht schaffen, uns an unsere Schwüre und Vorsätze zu halten? Bestrafen wir uns dann, machen wir uns selbst fertig, oder akzeptieren wir unser Scheitern einfach als wertvolle Infor-mation über unsere Negativität und versuchen es erneut, ohne uns zu verurteilen?

Was den Buddhismus anfangs so anziehend für mich mach-te, war das scheinbare Fehlen von Schuldgefühlen. Als ich aber Denken und Praxis des Buddhismus in verschiedenen Kulturen studierte, erhoben Schuldgefühle und Scham wieder ihr hässli-ches Haupt. Je nachdem, welcher buddhistischen Schule oder Tradition man folgt, sind Schuldgefühle und Scham mitunter durchaus präsent.

Meines Erachtens nach zählen Schuldgefühle und Scham zu den schädlichsten Geisteshaltungen, von denen die Menschheit jemals befallen wurde. Es handelt sich dabei um nutzlose Emotionen, die uns nicht zu größerer Selbsterkenntnis führen können. Wenn wir uns in ihnen ergehen, bewegen wir uns auf den alten Gleisen der Selbstgeißelung. Unser künftiges Verhalten können wir viel besser verändern, indem wir die Ursachen für unser Verhalten erforschen, statt uns oder andere dafür zu verurteilen und zu verdammen.

Als ich damals am Roten Meer versagte und meiner Absicht zuwiderhandelte, die Paramita der Toleranz (Shanti) und der Großzügigkeit (Dana) zu praktizieren, hätte ich sehr leicht in den Fehler verfallen können, mich selbst dafür zu verurteilen und mir Vorwürfe zu machen.

Glücklicherweise hatte ich aber nicht geschworen, die beiden Paramita um jeden Preis zu praktizieren, sondern lediglich beschlossen, mit ihnen zu experimentieren. Als ich sah, dass es mir nicht gelungen war, befielen mich daher keine Scham und keine Schuldgefühle. Stattdessen wurde mir die bittere Wahrheit meines Anhaftens bewusst. Angesichts meiner starken körperlichen Schmerzen waren diese Wünsche, an die ich mich klammerte, gewiss verständlich. Eine kleine Zuflucht, mehr hatte ich mir nicht erhofft – allein und in Ruhe eine Tasse duftenden Kaffee trinken und dabei den Mond über dem Meer anschauen.

Als ich erkannte, dass ich mir die Gelegenheit hatte entgehen lassen, die Gegenwart des kleinen Buddhas an meinem Tisch wirklich zu erleben, empfand ich keine Schuldgefühle. Stattdessen empfand ich Traurigkeit – jene Traurigkeit, die uns überkommt, wenn uns unsere emotionalen Einschränkungen bewusst werden. Und dann, in einem Augenblick der Gnade, den ich vielleicht meiner jahrelangen Meditationspraxis verdankte, verwandelte sich die Trauer in eine Form von leuchtender Bewusstheit, in der Prajna, die transzendente Weisheit, sich mir für ein paar strahlende Augenblicke offenbarte.

Diese kleine Erkenntnis wendet sich an jene, die mit den Paramita experimentieren möchten. Meine persönliche Erfahrung

bestätigt, dass dies auf jeden Fall die Mühe lohnt. Und ich empfehle allen, die sich auf diesen Weg begeben, das Diamant-Sutra
zu lesen. Warum aus einer Tasse trinken, wenn wir zum Fluss
gehen können?

Originaltitel: »Unbearable Light«
Deutsche Erstveröffentlichung

Synchronizitäten

Vermutlich haben Sie sie auch schon erlebt – diese seltsamen »Zufälle«, hinter denen irgendwie mehr zu stecken scheint als ein bloßer Zufall. Sie lösen in uns ein eigenartiges Gefühl aus, so als befände man sich plötzlich in einer Folge der Fernsehserie *Twilight Zone.*[5]

Ich beobachte und erforsche Synchronizitäten jetzt seit über drei Jahrzehnten. Sie faszinieren mich und fordern mich heraus. Wie viele andere Menschen auch habe ich sie gelegentlich in meinem persönlichen Alltag erlebt. Aber als Psychotherapeut habe ich in meiner Praxis und bei Seminaren noch viel mehr erlebt, vermutlich Hunderte.

Synchronizitäten sind das Resultat einer tiefen Verbundenheit des Bewusstseins mit unser materiellen Welt. Aber diese Verbindung scheint im Widerspruch zu unserem normalen, logischen Verstand zu stehen.

In der Zeit zwischen zwanzig und vierzig fand ich die paradoxe Natur der Synchronizitäten verstörend. Aber inzwischen denke ich nicht mehr, dass die Logik der höchste Gott ist. Manche Dinge

---

5 Eine Kultserie von Rod Serling aus den Jahren 1959-1964, die in den 1980ern und 2002 neu aufgelegt wurde und viele spätere Mystery-Serien wie *Outer Limits* und *Akte X* inspirierte. Seit 1961 lief sie als *Unglaubliche Geschichten* auch in Deutschland. Für einige später berühmte Schauspieler wie Robert Redford, Dennis Hopper, Bruce Willis, Peter Falk und William Shatner bildete sie das Sprungbrett zu einer Hollywood-Karriere. – *Die Red.*

sind weder schwarz noch weiß. Und unsere Ideen darüber, wie das Universum funktioniert, sind einfach nur Ideen.

Ich lernte einmal einen Physiker aus der Schweiz kennen, der mir seine Ansichten über die Wissenschaft und die menschliche Wahrnehmung darlegte. Seine Analogie gefiel mir sehr, und daher gebe ich sie hier weiter. Er sagte, wir seien wie Kinder, die ihren Eltern beim Kartenspielen zusehen. Im Moment spielen sie Canasta, und durch Beobachtung haben wir einige der Regeln herausgefunden. Doch plötzlich wechseln sie das Spiel. Nun pokern sie. Die Regeln haben sich geändert, und wir sind verwirrt. Die Wissenschaft beobachtet das kosmische Kartenspiel und versucht herauszufinden, nach welchen Regeln gespielt wird. Dieser Physiker ist der Auffassung, dass es keine kosmischen Gesetze gibt. Das, was wie ein Gesetz aussieht, kann sich von einer Sekunde zur nächsten ändern, wenn der Spieler das Spiel verändert.

Auf sehr reale Weise haben meine Erfahrungen mit Synchronizitäten für mich »das Spiel« verändert. Zwischen zwanzig und dreißig erlebte ich sie recht häufig. Während ich dann meine Ausbildung als Psychotherapeut absolvierte, geschah das immer seltener. Ich konzentrierte mich auf meine professionelle Karriere, und da war kein Platz für diese merkwürdigen Zufälle. Damals wusste ich noch nicht einmal, dass es ein Wort für sie gab. Als ich meine Privatpraxis aufbaute, war ich sehr zufrieden mit meiner kleinen Version »des Spiels«. Ich richtete es mir in meiner schwarzen und weißen Nische recht gemütlich ein. Ich war Psychotherapeut mit erfolgreicher Privatpraxis. Die Nachfrage war so groß, dass es eine Warteliste gab. Ich fühlte mich sicher, wenn nicht gar selbstzufrieden. Zwar erlebte ich gelegentlich synchronistische Vorfälle, doch meine logische Sicht des Universums brachte das nicht ins Wanken. Aber dann kam Sue (nicht ihr wirklicher Name). Ein anderer Therapeut hatte sie zu mir überwiesen, wegen einer schon lange andauernden Depression und Paranoia.

Feuerteufel

In der ersten Sitzung erzählte mir Sue, dass in ihrer Umgebung oft auf unerklärliche Weise Feuer ausbrächen. Diese unabsichtlichen Feuer-Zwischenfälle belasteten sie sehr, und sie zeigte das typische verschlossene, angespannte Verhalten einer paranoiden Persönlichkeit.

Als dem logischen Denken verhafteter Therapeut ging ich davon aus, dass Sue sich bezüglich dieser Feuer-Erlebnisse täuschte, ermutigte sie aber, weiterzusprechen. Sie berichtete, dass sie im Alter von sieben Jahren unbeabsichtigt ein Feuer ausgelöst hatte, wodurch das Haus ihrer Eltern bis auf die Grundmauern abbrannte. Seitdem hatte sie Angst vor Feuer, besonders vor jenen, die in ihrer Umgebung scheinbar ohne Grund ausbrachen.

Ich ließ in meinem Therapiezimmer stets eine Kerze brennen, als Symbol, das mich an »das Licht der Erkenntnis« erinnern sollte, das ich für meine Klienten und mich selbst anstrebte. Diese Kerze stand auf dem Kaminsims. Während wir weitersprachen, hörte ich aus dieser Ecke meiner Praxis plötzlich ein merkwürdiges Explosionsgeräusch. Zu meinem Schrecken war die Kerze explodiert, und das heiße Wachs hatte sich auf dem Kaminsims verteilt. Ungläubig beobachtete ich, wie ein Strom brennenden Wachses hinunter auf den Holzboden floss. Ich sprang auf und löschte das Feuer. Sue rief: »Ich habe es Ihnen doch gesagt!«

Ich versicherte ihr, dass es sich dabei um einen verrückten Zufall handeln musste. Dass ein Mensch auf diese Weise Brände verursachen könne, sei nicht Bestandteil der Realität. (Heute glaube ich, dass es diese eine allgemeingültige Realität gar nicht gibt. Ich stimme mit Chomsky darin überein, dass es nur Wahrnehmungsrealitäten gibt und dass diese bei jedem Menschen einzigartig sind.[6] Doch damals war ich überzeugt, es gäbe diese eine,

---

6 Avram Noam Chomsky (geb. 1928) ist emeritierter Professor für Linguistik am MIT und gilt als der bedeutendste US-amerikanische Sprachwissenschaftler der Gegenwart. Ihm zufolge besteht der Geist aus einer Ansammlung zusammenwirkender

allgemeingültige Realität, an der sich alle Dinge messen ließen.) Bewaffnet mit der selbstgefälligen Überzeugung, die Dinge auf die einzig richtige Art wahrzunehmen, versicherte ich Sue, dass ich ihr helfen könnte, ihre Schuldgefühle bezüglich des Brandunglücks in ihrer Kindheit zu überwinden und sich von der Selbsttäuschung zu befreien, sie könne unabsichtlich Brände auslösen.

Wir vereinbarten einen neuen Termin in der folgenden Woche.

Während wir in der zweiten Sitzung über die Einzelheiten des Feuers in ihrem Elternhaus sprachen, hörte ich draußen Sirenen. Ich schaute aus dem Fenster. Vor einem Haus auf der anderen Straßenseite stoppten Feuerwehrautos. Es hatte Feuer gefangen!

Ich versicherte meiner verstörten Klientin, dass es sich hier zwar, zugegebenermaßen, um einen sehr, sehr bizarren Zufall handele, aber dennoch zweifelsohne um einen Zufall. Es könne einfach kein logischer Zusammenhang dazu bestehen, dass sie mir gerade von einem Feuer in ihrer Kindheit erzählt habe, bei dem, wie sie glaube, durch ihre Schuld ihr Elternhaus abgebrannt sei. Ich erklärte ihr, wie sie über Tagebuchschreiben Verbindung mit dem von Schuldgefühlen geplagten Kind in ihr aufnehmen konnte, und bat sie, diese Tagebucheinträge zu unserem nächsten Termin mitzubringen. Diesen Termin vereinbarten wir wiederum für die folgende Woche.

Während der nächsten Tage sagte ich mir immer wieder, dass meine therapeutische Vorgehensweise bei dieser Klientin richtig sei. Hierfür sprach der überwiegende Teil der psychotherapeutischen Theorie ganz eindeutig. Die therapeutische Aufgabe war klar: Sue das unterdrückte Kindheitstrauma noch einmal durchleben zu lassen und darüber zu sprechen, damit die in ihrer Psyche blockierte Energie freigesetzt und der Konflikt aus dem Unterbewusstsein ins Bewusstsein geholt wurde. Auf diese Weise würde

---

spezialisierter Subsysteme, die nur eingeschränkt miteinander kommunizieren. Optische Täuschungen zum Beispiel lassen sich nicht abschalten, selbst dann nicht, wenn man wisse, dass es sich um Illusionen handle. Er betrachtet sich als libertärer Sozialist, wandte sich von Anfang an gegen den Vietnamkrieg und wurde auch als Kritiker des Kapitalismus und der Globalisierung weltbekannt. – *Die Red.*

sie sich von den Schuldgefühlen befreien. Auch beabsichtigte ich, sie in Bezug auf das Feuer weiter zu desensibilisieren. Ich würde erneut eine Kerze anzünden, um ihr zu demonstrieren, wie felsenfest ich überzeugt war, dass es sich bei Sues Überzeugung, sie könne auf nicht-physikalische, also unwissenschaftliche Weise Feuer auslösen, um eine Selbsttäuschung handelte.

Als unser dritter Termin bevorstand, war ich etwas nervös. Ich zündete die Kerze an und setzte mich. Wir sprachen über Sues Gefühle bezüglich ihrer Kindheit und die beiden Vorfälle in den vergangenen Sitzungen. Das wühlte Sue sehr auf, und gemeinsam gelang es uns, zu einigen sehr tiefen Gefühlen vorzudringen. Ich spürte, dass wir einen therapeutischen Augenblick erreicht hatten. Ich führte sie in einen leichten Hypnosezustand, in dem sie sich das Kindheitserlebnis noch einmal vergegenwärtigen konnte.

Die Sitzung war fast vorüber. Weder in meiner Praxis noch auf der anderen Straßenseite war ein Feuer ausgebrochen. Gerade wollte ich Sue triumphierend auf diesen Umstand hinweisen, als - und ich schwöre bei Gott, dass es wahr ist - genau vor meiner Praxis ein nagelneuer Lieferwagen Feuer fing. Er hatte vor der Kreuzung, an der sich meine Praxis befand, angehalten und ging einfach in Flammen auf!

Verstört suchte ich nach tröstenden Worten, und mir fiel nur ein, dass das Feuer sich offenbar etwas von uns wegbewegt hatte, was vielleicht darauf hindeutete, dass wir Fortschritte machten. Das sagte ich ihr dann auch.

Wieder vereinbarten wir einen Termin in der nächsten Woche, bei dem dann eine sehr nervöse Klientin auf einen sehr nervösen Therapeuten traf. Aber nichts geschah. Und auch danach ereignete sich nie wieder etwas Vergleichbares. Durch unsere therapeutische Arbeit in diesen vier Wochen wurde bei Sue ein Stigma transformiert, das sie seit ihrer Kindheit verfolgt hatte, und damit endete das sonderbare Poltergeist-Phänomen in Sues Umgebung.

Meine Arbeit mit Sue war also erfolgreich verlaufen, aber ich fühlte mich unbehaglich. Mein logischer Verstand war mit dem

Erlebten überfordert. Konnte ein menschliches Bewusstsein tatsächlich spontane Feuer erschaffen? Ich sagte mir immer wieder, dass so etwas unmöglich war, dass es sich um bizarre Zufälle gehandelt haben musste.

Trotz meiner Versuche, mich selbst zu beruhigen, verschwand mein Unbehagen nicht. Während meiner Berufsausbildung war niemals auch nur ansatzweise erwähnt worden, dass sich während des therapeutischen Prozesses solche Dinge ereignen konnten. Ich besaß einfach keinen fachlichen Bezugsrahmen für derartig bizarre Vorkommnisse.

Während der folgenden Monate wurden mir immer wieder Klienten überwiesen, die sich in merkwürdigen psychischen Zwickmühlen befanden. Bei der therapeutischen Arbeit mit diesen Menschen war es häufig erforderlich, dass wir uns auf transpersonales Terrain begaben. Zum Beispiel ließ sich ein akutes psychisches Problem nur auflösen, indem wir es bis in ein »scheinbares« früheres Leben zurückverfolgten. Ich sage scheinbar, weil es sich wissenschaftlich unmöglich beweisen lässt, ob ein Erlebnis aus einem echten früheren Leben erinnert wird oder es sich lediglich um eine vom Unterbewusstsein erschaffene Metapher handelt. Übrigens habe ich festgestellt, dass es gar nicht so sehr darauf ankommt, ob eine Erinnerung aus einem früheren Leben echt ist, solange sie das psychische Verhalten in der Gegenwart verändert. Wie meine Großmutter zu sagen pflegte: »Grau ist alle Theorie.« Aber zurück in meine damalige Praxis: Sonderbare Zufälle sprossen rings um mich hervor wie Pilze im Frühling.

Dann ereignete sich ein Zufall, der mir gewaltig an die Nerven ging.

Die innere Eidechse

Seit einiger Zeit hatte ich einen ständig wiederkehrenden Traum, in dem ich in einen Hinterhalt geriet. Eine riesige Eidechse mit einer Uzi-Maschinenpistole lauerte mir im Gebüsch auf und wollte mich ermorden, wenn ich das Haus verließ. Wochenlang wiederholte sich dieser Traum fast in jeder Nacht. Er war so verstörend und lebhaft, dass ich begonnen hatte, ein Traumjournal zu schreiben, in dem ich imaginäre Gespräche mit der mörderischen Eidechse führte. Auf die Einzelheiten will ich hier nicht näher eingehen, weil sie in keinem Zusammenhang zum Thema dieses Artikels stehen, aber es war eine Menge Energie involviert, wie Sie sich denken können.

Eines Nachts führte ich einen imaginären Dialog mit der Traumgestalt und schrieb ihn in mein Journal. Es war ein für mich damals sehr emotionales Gespräch. Ich hatte dem Wesen, das mir nach dem Leben trachtete, den Namen Liz gegeben – als Abkürzung für »Lizard«, das englische Wort für Eidechse.

Da klingelte das Telefon. Ich weiß noch, dass ich auf die Uhr schaute. Es war kurz vor drei Uhr morgens. Ich nahm den Hörer ab. Es rauschte und knisterte in der Leitung, aber die Stimme am anderen Ende war klar zu verstehen.

»Ist Liz da?«, fragte sie.

»Ja«, erwiderte ich, »und ich wünschte, er würde verschwinden!«

Ich legte auf, von Panik erfüllt. Ich meine, wie wahrscheinlich war es, dass jemand, der eine Person namens Liz sprechen wollte, versehentlich ausgerechnet meine Nummer wählte, während ich mit einer Traumgestalt namens Liz einen Dialog führte?

Eines Tages stieß ich auf die Werke des Schweizer Psychiaters Carl Gustav Jung. Hier fand ich einen Bezugsrahmen für diese sonderbaren, bizarren Erlebnisse. In seinen Büchern beschrieb Jung genau das, was ich auch erlebt hatte. Er hatte sogar ein Wort dafür – Synchronizitäten. Sie waren für ihn Anzeichen, dass im Unterbewusstsein etwas Machtvolles in Bewegung geriet. War diese Bewegung stark genug, konnte sie sich sogar auf die äußere Umwelt auswirken.

Jung führte seine Theorie der Synchronizität zurück auf ein sehr merkwürdiges Erlebnis während einer Therapiesitzung. Der

Patient beschrieb einen bewegenden und lebhaften Traum, in dem es um eine Hummel ging.

Es war mitten im Winter, und draußen türmte sich der Schnee. Plötzlich hörten Jung und sein Patient ein leises Klopfen an der vereisten Fensterscheibe. Als sie nachschauten, entdeckten sie, dass das Geräusch von einer Hummel verursacht wurde!

Ein derartiger Zufall ist grotesk unwahrscheinlich. Wie konnte eine Hummel, die, was an sich schon nahezu unmöglich erscheint, mitten im Winter herumflog, dann auch noch gegen das Fenster eines Zimmers fliegen, in dem gerade ein Patient von einem Hummel-Traum berichtet?

Ich war fasziniert. Carl Gustav Jung wurde mein ständiger Begleiter. Ich las alles von ihm, was ich in die Hände bekam. Und etwas sehr Sonderbares geschah. Je mehr Aufmerksamkeit ich den Synchronizitäten widmete, desto öfter schienen sie sich zu ereignen.

Synchronizitäten lösen stets ein sonderbares Gefühl aus. Ich vermute, dass das an der plötzlichen Übereinstimmung zwischen unserer inneren Erfahrung und der Außenwelt liegt. Für einen kurzen Moment scheinen unsere zwei Welten, innere und äußere, auf außerordentliche Weise verbunden.

Manchmal können Synchronizitäten lustig sein. Bei einem Seminar auf Hawaii lernte ein junger Mann (nennen wir ihn Joe) die Macht synchronistischer Ereignisse auf sehr amüsante Weise kennen.

Schildkröte

Joe war zum ersten Mal auf Hawaii und hatte seine Liebe für das Schnorcheln entdeckt. Bei jeder sich bietenden Gelegenheit nahm er seine Schnorchelausrüstung und ging am Strand in der Nähe des Hotels ins Wasser. Nun schwammen während des ganzen Seminars zufällig zahlreiche Meeresschildkröten in Strandnähe herum. Ich kann das bestätigen, denn ich schnorchele ebenfalls gern und besuchte sie, so oft ich konnte. Manche Leute schwimmen gern mit Delfinen, aber ich bevorzuge Schildkröten. Mit ihnen kann ich geschwindigkeitsmäßig gut mithalten. Dicht neben einer hundertjährigen Meeresschildkröte zu schwimmen ist ein aufregendes Erlebnis. Ich erinnere mich, dass ich über eine Stunde lang mit einer von ihnen schwamm. Ihr Gesicht sah aus wie Yoda aus *Krieg der Sterne*. Wenn sie mich ansah, fühlte ich mich wie ein Vierjähriger. Die Welt war wieder in einen wundervollen, magischen Ort verwandelt.

Am letzten Tag des Seminars schwamm Joe noch einmal mit dem Schnorchel hinaus. Zu seiner Enttäuschung waren alle Schildkröten verschwunden. Doch Joe erinnerte sich daran, was er in dem Seminar über Manifestation gelernt hatte.

Das Geheimnis der Manifestation

In dem Seminar hatten wir die Auswirkungen von Emotionen erkundet, vor allem im Zusammenhang mit der Manifestation von Wünschen. Dazu hatten wir eine Übung durchgeführt, bei der wir imaginierten, dass wir das fühlten, was wir in unserem Leben manifestieren wollten. Der Schlüssel bestand darin, so spezifisch wie möglich zu sein und möglichst intensiv die Emotionen zu fühlen, die für uns mit der Erfüllung unseres Wunsches verbunden waren.

Diese beiden Aspekte (Genauigkeit und Emotion) sind machtvolle Helfer bei der Manifestation unserer Wünsche. M = G + E.

Dabei möglichst spezifisch und genau zu sein heißt, sich die Details vor dem inneren Auge so klar wie möglich auszumalen. Und dann ... erzeugt man die dazu passenden positiven Emotionen. Stellen Sie sich vor, wie Sie sich fühlen, wenn ihr Wunsch sich verwirklicht, und zwar so, als wäre er bereits Realität. Der nächste Schritt besteht darin, Vision und Gefühle wieder loszulassen. Damit haben Sie einen Elektromagneten aktiviert. Er wird nun Situationen in Ihr Leben ziehen, die Ihnen bei der Verwirklichung Ihrer Vision helfen werden. Aber Sie dürfen sich nicht an diesen mentalen Magneten festklammern. Lösen Sie sich von dem Wunsch, und lassen Sie sich überraschen. Widmen Sie sich dann den Dingen, die Sie für nötig erachten, um Ihren Wunsch zu manifestieren. Es reicht in der Regel nicht, sich die Erfüllung einfach nur vorzustellen. Sie müssen konkret etwas dafür tun. Aber der »mentale Magnet«, den Sie erschaffen haben, wird bewirken, dass die Manifestation schneller und müheloser erfolgt.

Hier ist aber eine Warnung angebracht: Überlegen Sie gut, was Sie erschaffen wollen. Vergewissern Sie sich, dass niemand dadurch geschädigt wird, auch Sie selbst nicht.

Aber kehren wir zu Joe und den verschwundenen Schildkröten zurück.

Er schwebte im Wasser, schloss die Augen und erinnerte sich, was es für ein Gefühl gewesen war, mit seinen neuen Freunden zu schwimmen. Später erzählte er mir, dieses Gefühl sei so intensiv gewesen, dass er nicht mehr sagen konnte, ob es real oder nur imaginiert war. Er sagte, er hätte aus ganzem Herzen nach den Schildkröten gerufen und sei dann einfach noch eine Weile durchs Wasser geschwebt. Dann öffnete er die Augen, um zum Hotelstrand zurückzuschwimmen. Zu seiner Verblüffung und großen Freude waren die Schildkröten zurückgekehrt! Sie schwammen überall um ihn herum im Meer. Glücklich schwamm Joe mit ihnen, so lange es seine Zeit erlaubte.

Joe empfand dieses synchronistische Erlebnis als außerordentlich, aber die Geschichte nahm noch eine faszinierende Wendung.

Joe ging auf sein Zimmer und packte seine Sachen, um aufs Festland zurückzufliegen. Als er im Hotel auscheckte, begegnete er einem alten Freund aus der Kindheit, den er aus den Augen verloren hatte. Sie waren damals die besten Kameraden gewesen und freuten sich beide sehr über das Wiedersehen.

Und nun raten Sie, wie der Spitzname dieses Freundes lautete – Schildkröte!

Synchronizitäten und der Tod

Im Lauf der Jahre habe ich immer wieder beobachtet, dass Synchronizitäten oft beim Tod eines Menschen oder während psychischer Prozesse auftreten, bei denen eine Person durch eine todesähnliche Erfahrung geht.

Eine solche, sehr sonderbare Synchronizität erlebte ich beim Tod meiner Mutter. Ich hatte in der Nacht einen Anruf von der Hospizschwester erhalten, die mir mitteilte, dass meine Mutter im Sterben lag. Nach einer fünfstündigen Fahrt traf ich am späten Nachmittag im Haus meiner Eltern ein.

Mein Vater und mein Bruder sahen fern. Ich betrat das Zimmer meiner Mutter.

Die Hospizschwester nickte mir zu und ging hinaus.

Meine Mutter war kaum noch bei Bewusstsein, aber sie erkannte mich. Sie bat mich, eine Besorgung für sie zu machen, was mir seltsam erschien, aber ich ging und kaufte das Gewünschte für sie ein.

Als ich zurückkehrte, sahen mein Vater und mein Bruder immer noch fern. Beide fürchteten sich vor dem Tod, und diese Verleugnung trieb sie dazu, sich vor den Fernseher zu flüchten, statt meiner Mutter in ihren letzten Augenblicken beizustehen. Ich blieb kurz stehen, weil ich wissen wollte, was sie sich anschauten. Es war eine dieser kitschigen täglichen Seifenopern, und die Hauptfiguren taten gerade was? Sie standen in einem Krankenhauszimmer am Bett eines sterbenden Familienmitglieds!

Als ich das Zimmer meiner Mutter betrat, war sie eben gestorben. Eine Zeitlang machte ich mir Vorwürfe, nicht bei ihr gewesen zu sein, als sie von uns ging, aber dann fand ich heraus, dass dies häufig vorkommt. Sterbende entscheiden sich oft dafür, dann zu gehen, wenn die Menschen, die ihnen etwas bedeuten, gerade nicht im Zimmer sind.

Schrödingers Katze und die Quanten-Ungewissheit

Als ich vier Jahre alt war, schenkten meine Eltern mir einen Springteufel zu Weihnachten. Ich war begeistert. Stundenlang drehte ich an der Kurbel. Immer wieder ertönte das Kinderlied *Pop Goes the Weasel*. Beim letzten Ton klappte der Deckel auf, und ein kleiner Clown sprang heraus.

Ich finde, dass Synchronizitäten damit viel Ähnlichkeit haben, oder vielleicht eher mit einer Kreuzung aus Springteufel und Schrödingers Katze.

Fans der Quantenphysik kennen sicherlich Schrödingers samtpfötige Freundin. Es handelte sich nicht um eine reale Katze. Sie existierte lediglich in der Fantasie des Physikers, der sie für ein Gedankenexperiment benutzte. Damals schlug er sich mit einer Schwierigkeit der Quantentheorie herum – der Ungewissheit. Das Problem mit der Quantenmechanik besteht darin, dass man niemals etwas mit Sicherheit vorhersagen kann. Es gibt lediglich Wahrscheinlichkeiten, ob etwas geschieht oder nicht. Einstein war darüber so irritiert, dass er schrieb: »Gott würfelt nicht!«

Im Versuch, das Unerklärliche zu erklären, erdachte Schrödinger eine imaginäre Kiste. In der Quantenphysik ist vieles nur imaginär, da wir keine Möglichkeit haben, etwas real zu betrachten, das so winzig ist.

Stellen Sie sich also vor, eine Katze säße in einer versiegelten Kiste. Nun wird in der Kiste Gift aus einer Kapsel freigesetzt. Nach dem Quantenmodell lässt sich nicht vorhersagen, ob die Katze tot oder lebendig ist. Nur wenn man die Kiste öffnet und nachschaut, kollabieren alle Wahrscheinlichkeiten zu einer einzigen Realität – einer entweder lebendigen oder toten Katze.

Nun weiß ich nicht, warum Schrödinger sich ein solches für die Katze potenziell tödliches Experiment ausdachte. Warum kann man nicht etwas Katzenminze in die imaginäre Kiste legen und nachschauen, ob die Katze damit gespielt hat oder nicht? Ich wüsste nicht, dass ihm jemals jemand diese Frage stellte, also werden wir es wohl nie erfahren.

Aber jedenfalls sieht man, dass Schrödingers Bewusstsein, wie auch Ihres und meines, genau wie Schrödingers Katzenkiste ist. In Schrödingers Unterbewusstsein müssen Hunderte von Möglichkeiten herumgeschwirrt sein. Eine Katze in einer Kiste; ein Hund in einer Kiste; oder vielleicht eine Schildkröte in einer Kiste! Das Gedankenexperiment hätte auch darin bestehen können, ob die Katze schläft oder wach ist, was doch viel netter gewesen wäre als zu sehen, ob sie lebt oder dem Gifttod zum Opfer fiel.

Wie dem auch sei, so ist unser Denken nun einmal. Man kann nicht vorhersagen, was darin vor sich geht, bis etwas nach außen dringt! Sicher haben Sie schon bemerkt, dass Sie manchmal Dinge denken, die auch für Sie selbst überraschend sind. Das liegt möglicherweise daran, dass auch unser Denken ein Quantenereignis ist.

Nun handelt es sich bei Quantenereignissen um sehr kleine Dinge. Um den Gesetzen der Quantenmechanik zu unterliegen, muss etwas kleiner als ein Vierhundertstel Zentimeter sein.

Derart kleine Objekte, also Atomteilchen und dergleichen, besitzen so wenig Masse (Gewicht), dass sie von der Schwerkraft nicht so beeinflusst werden wie größere Dinge.

Ein beiläufiger Blick auf die Neurophysiologie verrät uns, dass unsere Neurotransmitter und Neuropeptide sich ganz klar im Größenbereich der Quantenmechanik befinden. Diese molekularen Kreaturen sind verantwortlich für unser Denken und Fühlen sowie zahlreiche andere biologische Funktionen. Und, raten Sie mal, man kann ihr Verhalten nicht vorhersagen. Man kann nur Wahrscheinlichkeiten schätzen.

Es gibt unendliche Möglichkeiten, in welche Richtung ein Gedanke sich entwickeln kann. Aber erst, wenn er wie ein Springteufel in unser Wachbewusstsein hüpft, können wir mit Sicherheit sagen, wohin wir ihn lenken. Davor ist alles offen. Es gibt keine Gewissheit.

Kehren wir nun wieder zur Springteufel-Theorie der Synchronizitäten zurück. Man dreht und dreht an der Kurbel, und dann springt der Clown plötzlich heraus.

Ich gebe zu, das ist eine sehr eigenartige Metapher für unsere Psyche, aber es gibt in der Tat Parallelen. Wenn etwas anfängt, sich in unserer Psyche zu drehen, etwas, das mit viel emotionaler Energie aufgeladen ist, können interessante Dinge geschehen. Es ist so ähnlich, wie wenn wir an der Kurbel der Springteufel-Kiste drehen. Wenn wir lange genug kurbeln (Energie aufbauen), springt etwas heraus. Dieses »Etwas« kann viele Formen annehmen. Manchmal ist es vertraut, manchmal überraschend.

Wenn wir beispielsweise wütend sind, schreien wir vielleicht herum oder schlagen auf etwas ein, oder wir schlucken die Wut herunter. Aber diese Energie muss irgendwohin. Energie kann nicht zerstört werden. Sie ändert nur ihre Form.

Wenn unsere mentale/emotionale Energie stark genug ist, kann sie auf unsere äußere Umwelt einwirken. Ich vermute, dass genau das bei Synchronizitäten geschieht.

Mit Mitte zwanzig befand ich mich bereits fest auf dem spirituellen Pfad und war, politisch korrekt, zum Vegetarier geworden. Ich war mit Freunden essen gegangen und bestellte mir einen »spirituell erleuchteten« veganischen Salat.

Doch in Wahrheit hungerte mein Körper nach Proteinen. Ich erinnere mich noch, dass ich in Gedanken die Bestellung änderte, als die Kellnerin unseren Tisch verließ. In meinem Kopf hörte ich eine Stimme schreien: »Hör nicht auf diesen vegetarischen Dummkopf! Ich will einen Cheeseburger mit Fritten.« Aber das sagte ich natürlich nicht laut.

Als die Kellnerin uns das Essen servierte, stellte sie einen Burger mit Fritten vor mir auf den Tisch. Meine Freunde waren fassungslos. Sie erinnerten sich genau, dass ich einen vegetarischen Salat bestellt hatte.

Die Kellnerin schüttelte ungläubig den Kopf. »Ich könnte schwören, dass Sie einen Cheeseburger bestellt haben«, sagte sie.

»Ist schon in Ordnung«, entgegnete ich. Ich verspeiste den Burger, und er war das Beste, was ich seit Monaten gegessen hatte.

Das mag ein sonderbares Beispiel für eine Synchronizität sein, aber es sind alle nötigen Elemente vorhanden. In meiner Psyche war eine Menge mentale/emotionale Energie »angekurbelt« worden. Irgendwie hatte die Kellnerin sich auf meinen wahren Wunsch »eingestimmt«, den ich vor meinen Freunden und mir selbst verborgen hatte. Als sie mit unserer Bestellung zurückkehrte, hüpfte das Springteufelchen aus der Kiste, und sie stellte das Objekt meiner Begierde vor mich hin. Das ist wirklich Quantenmechanik in Aktion!

Und ich habe den Verdacht, dass wir alle rings um uns her Synchronizitäten erschaffen, ob wir uns dessen bewusst sind oder nicht.

Ich schreibe diesen Essay, weil ich glaube, dass wir alle in Zukunft noch mehr Synchronizität erleben werden, sowohl individuell als auch kollektiv. Es wird uns sicherlich helfen, wenn wir uns klarmachen, dass Synchronizitäten eine Funktion des Bewusstseins sind. Sie existieren in jener Unterwelt, wo Geist und Materie sich treffen, und sie sind Indikatoren für die erstaunlichen Kräfte, die wir in uns tragen.

Die Herausforderung besteht darin, Synchronizitäten richtig zu deuten.

Deutung und Selbsttäuschung

Es gibt noch etwas, das man bei Synchronizitäten immer wieder beobachten kann. Sie bedeuten nicht notwendigerweise das, was sie für uns zu bedeuten scheinen. Es handelt sich einfach um parallel stattfindende Vorfälle. Es geschieht etwas in der Außenwelt, bei dem es eine Parallele zu etwas in unserer Innenwelt gibt. Sie sind ein Zeichen dafür, dass in der Psyche eine tiefgehende Bewegung stattfindet.

Ich erinnere mich an eine Frau, die eine Synchronizität fehlinterpretierte, was dazu führte, dass sie allein in der Wüste strandete. Sie war zu dieser Zeit intensiv auf dem »UFO-Trip« und sehnte sich danach, von einem »Mutterschiff« abgeholt zu werden. Wochenlang gab sie sich Fantasien darüber hin, dass sie hinaus in die Wüste fahren und dort abgeholt werden würde. Ich glaube, damals lief gerade der Film *Unheimliche Begegnung der dritten Art* in den Kinos, und vielleicht gab das ihrer regen Imagination zusätzlich Nahrung. Wie dem auch sei, als sie eines Nachts ihre sehnsüchtigen Gebete »nach Hause zu den Plejaden« sandte, sah sie eine Sternschnuppe am Himmel. Sie »wusste«, dass es sich dabei um eine Nachricht von ihren galaktischen Brüdern und Schwestern handelte. Sie waren gekommen, um sie abzuholen.

Manche würden das, was sie sah, ein Zeichen nennen, aber meiner Ansicht nach erscheinen Zeichen einfach so, ohne jeden Bezug zu dem, was wir gerade denken. Mit anderen Worten: Sie schickte ein inbrünstiges Gebet hinaus ins Universum, und in diesem Moment tauchte die Sternschnuppe auf. Es handelt sich also um eine Synchronizität.

Die Frau kündigte ihre Arbeit und verkaufte ihren Besitz. Sie behielt nur etwas Kleidung und ihren Ford Pinto. Damit fuhr sie aus North Carolina in die Wüste von New Mexico und wartete auf ihr Rendezvous.

Doch das Mutterschiff kam nicht. So weit ich weiß, wartete sie mehrere Wochen, bis ihr Essen, Wasser und Geld ausging. Sie kehrte mittellos und arbeitslos nach Hause zurück, und ihre Freunde glaubten, sie sei verrückt geworden.

Sie hatte die Synchronizität falsch gedeutet. Und genau darin liegt die Gefahr bei diesen Schöpfungen unseres Geistes. Nur, weil Synchronizitäten sich »spirituell« bedeutsam anfühlen und oft eindrucksvoll sind, sollten wir keine voreiligen Schlüsse ziehen, was ihre Bedeutung betrifft.

Die ganze Sache wird aber noch dadurch verkompliziert, dass Synchronizitäten manchmal wirklich eine Botschaft unseres tieferen Selbst sind. In solchen Augenblicken sind sie wie ein Wink des Schicksals, und es hängt eine Menge davon ab, ob wir darauf hören oder nicht – nur gilt das eben nicht immer.

Gaunereien

Vor einigen Jahren war ich von einem bekannten Persönlichkeitstrainer als Co-Trainer angeheuert worden. Einerseits war er sehr begabt und hat das Leben zahlreicher Menschen transformiert. Aber er war auch ein ziemlicher Gauner. Je mehr Einblick ich in seine Geschäftspraktiken erhielt, desto deutlicher zeigte sich das.

Zu einem dieser Trainings waren etwa neunzig Menschen aus aller Welt zusammengekommen, um sich von ihm schulen zu lassen. Er hatte das Training mit dem Versprechen beworben, er würde Klangmuster vorstellen, mit denen sich das Gehirn positiv beeinflussen ließ. Er behauptete, Töne entdeckt zu haben, mit denen sich gezielt bestimmte Zonen im Gehirn stimulieren ließen. Die Teilnehmer bestanden zur Hälfte aus Laien, zur anderen Hälfte aus professionellen Therapeuten. Ich genoss es sehr, eine so motivierte Gruppe zu unterrichten. Das Seminar machte mir also große Freude.

Dann geschahen einige seltsame Dinge. Das kam bei diesem Lehrer immer wieder vor. Ich hatte bei ihm selbst und seinen Mitarbeitern schon bei früheren Gelegenheiten einen gewissen Mangel an Integrität bemerkt, hatte diese Vorfälle aber jedes Mal verdrängt.

Diesmal jedoch war es allzu offenkundig. An einem Abend hielt eine Neurophysiologin einen Gastvortrag. Sie war eine außergewöhnliche Frau, deren Fachwissen und Weisheit mich sehr beeindruckten und inspirierten. Zufällig hielt ich mich gerade im Vorführraum auf, als sie einem der Angestellten des Trainers ein Video übergab. Es war ein Film über ihre neuesten Forschungen auf dem Gebiet der feinstofflichen Energie. Sie sagte ihm unmissverständlich, dass dieses Video nur vorgeführt, aber auf keinen Fall kopiert werden durfte.

Sobald sie den Raum verlassen hatte, schob der Techniker eine leere Kassette in den Rekorder und fing an, eine High-Speed-Kopie ihres Videos zu erstellen. »JD (die Initialen des Persönlichkeitstrainers) wird sich freuen, wenn er das in die Hände bekommt!«

Ich beugte mich vor und schaltete den Rekorder ab. »Nein«, sagte ich. Ich war von meiner eigenen Handlung überrascht, da ich mich in solchen Situationen normalerweise nicht einmischte.

Nach dem Vortrag sprach JD mich an und bat mich, abends noch zu ihm nach Hause zu kommen. »Weshalb denn?«, fragte ich unschuldig.

»Ich möchte, dass Sie mir helfen herauszufinden, welche Teile des Gehirns durch diese Klänge beeinflusst werden!«

Ich lehnte ab. Die ganze Nacht verbrachte ich in einer Art intellektuellem inneren Aufruhr. Ich fühlte mich verantwortlich für die Teilnehmer des Seminars. Sie waren hierher gekommen, um von uns zu lernen. Nein, sagte ich mir, ich bin nur Teil des Teams – die Verantwortung ruht auf JDs Schultern, nicht auf meinen. Außerdem wurde ich wirklich gut bezahlt. Also war es wohl besser, den Mund zu halten und einfach meinen Teil der Arbeit möglichst gut zu erledigen.

Im Rückblick sehe ich, dass meine Schwierigkeiten mit JD sich schon seit mehreren Monaten aufgebaut hatten. Bei jedem Training, an dem ich mitwirkte, gab es neue unredliche Machenschaften. Ich näherte mich unausweichlich einer Krise – einem dieser Momente der Entscheidung, die dem Leben eine neue Richtung geben.

Die Synchronizität ereignete sich am folgenden Tag. JD beschloss, ein Gruppen-Rebirthing in kaltem Wasser durchzuführen, was, nach meiner bescheidenen Meinung, eine völlig verrückte Idee war. Aber JD glaubte daran, dass es wichtig sei, Menschen bis an ihre Grenzen zu bringen.

Rebirthing ist ein Prozess zirkulärer Atmung, der, wenn er richtig durchgeführt wird, transformierend sein und zu tiefen Einsichten führen kann. Wird er falsch durchgeführt, kann er schädlich sein. Nun, typischerweise wird Rebirthing zunächst außerhalb des Wassers durchgeführt. Wenn der Übende sich an den Atmungsprozess und die damit einhergehenden intensiven Phänomene gewöhnt hat, begibt man sich in warmes Wasser. In manchen Fällen geht man mit dem Übenden auch sofort ins warme Wasser. Rebirthing in kaltem Wasser jedoch ist eine sehr intensive Erfahrung. In dieser Gruppe von neunzig Teilnehmern gab es meines Wissens nur eine einzige Person mit Rebirthing-Erfahrung. Und im Mitarbeiterstab war ich der einzige zertifizierte Rebirther. Nicht einmal JD selbst hatte viel Erfahrung mit dieser Methode. Von den anderen Mitarbeitern hatten nur zwei überhaupt schon ein Rebirthing mitgemacht, und das auch nur ein oder zwei Mal.

Nun war der Hotel-Pool bis zum Rand mit Menschen in Badeanzügen gefüllt. Jemand stützte den Kopf der Person, die das Rebirthing durchlebte, so dass sie wie eine Boje im Wasser schwebte. Der Tag war bedeckt und kühl, und das Wasser dadurch noch kälter als sonst. Ich war besorgt, sagte mir aber, dass JD der Chef war und die Verantwortung trug. Also führte ich das Programm durch.

Als ich dieses Meer aus Körpern sah, die versuchten, mit einem mangelhaft geplanten Erlebnis klarzukommen, sagte ich mir, dass das Ganze heller Wahnsinn war.

Wieder erfasste mich großes Unbehagen angesichts der ungenügenden Sicherheitsvorkehrungen. Aber ich beruhigte mich damit, dass ich ja nur zum Team gehörte und nicht die Verantwortung trug. Die hatte JD.

Dann bemerkte ich eine Frau, die neben mir schwamm. Sie war Ende fünfzig, und man sah ihr deutlich an, dass die Sache ihr ganz und gar nicht geheuer war. Sie sagte zu mir, dass sie Angst hätte, fügte aber hinzu: »Wenn Tom Kenyon dabei ist, weiß ich, dass schon alles seine Richtigkeit hat.«

Ich war zutiefst erstaunt über das Timing. Und in diesem Moment wusste ich, dass es Zeit war, meinem Mentor Lebewohl zu sagen. Das war das letzte Training, bei dem ich mitwirkte.

Abschließende Gedanken

Was folgern wir nun aus alledem? Wie sollen wir mit Synchronizitäten umgehen, und wie können wir ergründen, was sie bedeuten?

Zunächst einmal ist Bedeutung immer etwas Subjektives. Unser Gehirn analysiert ständig Ereignisse und verleiht ihnen eine Bedeutung, auch wenn sie eigentlich bedeutungslos sind. So sind Gehirne nun einmal, jedenfalls der denkende Teil in ihnen.

Aufgrund meiner langjährigen Erfahrung mit Synchronizitäten glaube ich, dass sie nicht notwendigerweise Bedeutung oder Sinn haben. Was an Bedeutung in ihnen steckt, hängt letztlich davon ab, wie wir sie interpretieren.

Ich behandelte sie inzwischen eher wie Ausrufezeichen. Sie sind ein Zeichen, dass in unserem Unterbewusstsein gerade etwas Großes vor sich geht. Wenn eine Synchronizität auftritt, richte ich daher meine Aufmerksamkeit nach innen. Ich versuche herauszufinden, was sich gerade in meiner Psyche »bewegt«. Diese Fragestellung bringt mir wesentlich mehr als der Versuch, die Bedeutung der Synchronizität an sich zu ergründen.

Synchronizitäten sind ein bisschen wie die Schnabeltiere, die in Australien im Wasser herumschwimmen. Diese niedlichen Beuteltiere vereinen die Merkmale zweier unterschiedlicher Tiergattungen. Sie besitzen flache Schwänze wie Biber und ein Fell. Sie sind warmblütig wie Säugetiere, aber sie legen Eier wie Reptilien. In ihnen treffen sich also zwei Welten – das Reich der Reptilien und das der Säugetiere.

Auch Synchronizitäten entstehen durch die Verbindung zweier Welten – unsere Welt der Gedanken und Gefühle verschmilzt mit der Welt äußerer Ereignisse.

Zu Beginn des 21. Jahrhunderts enthüllten uns Quantenphysik, Biologie und Psychologie ein bemerkenswertes inneres Terrain. Man hat entdeckt, dass unsere Psyche unsere Biologie widerspiegelt und die Quanten-Ungewissheit unserer subatomaren Wurzeln.

Unser Bewusstsein, unser Denken und Fühlen, ist aus Sternenstaub gemacht. Und das meine ich nicht nur poetisch. Die Myriaden subatomaren Teilchen, die mit großer Ungewissheit in der Quantensuppe des Universums herumwirbeln, wurden in einem feurigen Anfang geboren, den wir uns nur in unserer Fantasie ausmalen können.

Im Schmiedefeuer des Kosmos wurden Geist und Materie zusammengeschweißt. Wie das vor sich ging, beginnen wir erst jetzt allmählich zu verstehen. Für jene von uns, die die Rätsel von Geist und Materie ergründen wollen, sind Synchronizitäten Gold wert. Was Sie mit ihnen anfangen, wie Sie sie deuten, bleibt Ihnen überlassen. Aber kostbar wie Gold sind sie auf jeden Fall.

Originaltitel: »Synchronicities«
Deutsche Erstveröffentlichung

Zu Gast im Haus der Fülle

Eine Botschaft der Hathoren

Wenn Menschengruppen Energie »entsenden«, entsteht ein energetisches Dilemma. Teilweise ist dieses Dilemma auf die Tendenz emotionaler Energien zurückzuführen, sich in solchen Situationen zu zerstreuen.

Zunächst sollte gesagt werden, dass man einer anderen Person niemals Energie »senden« sollte, ohne vorher eine eindeutige Erlaubnis von dieser Person erhalten zu haben. Tut man es doch, verletzt man damit den freien Willen des anderen.

Wenn sich Gruppen von Individuen versammeln, entsteht aus der Summe der Absichten der Einzelpersonen eine *dritte Kraft*. Die Stärke dieser dritten Kraft hängt von der individuellen Klarheit und Fähigkeit der Einzelpersonen ab. Gute Absichten allein sind nicht ausreichend. Um erfolgreich Energie zu entsenden, ist eine Form von emotionaler und energetischer Meisterschaft erforderlich. Die Schwierigkeiten, die entstehen, wenn sich Gruppen versammeln, um Energie zu entsenden, entstehen also zum Teil auch dadurch, dass die dritte Kraft in den meisten Fällen beeinträchtigt ist.

Stellt euch das folgendermaßen vor: Jede Person ist ein Sender, und das Signal, das sie aussendet, entspringt der emotionalen Energie dieser Person und der geistigen Klarheit hinter der zugrundeliegenden Absicht.

Wenn ihr gleichzeitig Absicht und Energie aufbringt, habt ihr Schöpfungskraft.

Wenn aber eines dieser beiden Elemente ins Wanken gerät, nimmt diese Kraft ab. Sie verringert sich. Unserer Erfahrung nach sind die meisten Menschen nicht dazu in der Lage, für einen nennenswerten Zeitraum einen einzelnen Gedanken oder ein einzelnes Gefühl aufzubringen. Sicherlich haben sie das Potenzial dazu, aber ein Potenzial zu haben bedeutet nicht automatisch, eine Fähigkeit zu besitzen. Wenn sich eine Menschengruppe versammelt, um eine Energie zu erzeugen und zu entsenden, wird dabei unserer Erfahrung nach bisweilen der freie Wille von anderen verletzt, weil niemand daran gedacht hat, eine Erlaubnis einzuholen. In ihrem narzisstischen Irrglauben denken sie, dass das Gefühl, ihr Handeln wäre angemessen, ausreichen würde. Und selbst wenn der Empfänger der Energie seine Erlaubnis erteilt hat, sind die meisten Gruppierungen nicht dazu in der Lage, eine nennenswerte dritte Kraft entstehen zu lassen. Das ist auf die Diskrepanz zwischen der Klarheit der Absicht und die Klarheit der Gefühle zurückzuführen.

Den Wunsch von Individuen, sich zusammenzutun, um eine dritte Kraft zu erzeugen, mit der man etwas bewegen kann, verstehen wir natürlich als einen Akt guter Absicht. Doch etwas zu *sein* ist weitaus besser, als etwas zu entsenden.

Wenn Individuen ihre Absicht in ihrem eigenen Leben fortentwickeln, hat das also eine stärkere energetische Wirkung, als wenn sie sich mit anderen Menschen zu einer Gruppe zusammentun. Denn wenn ihr in einem bestimmten Bewusstseinsbereich lebt, strahlt ihr diesen ganz von selbst ab, was dann direkte Auswirkungen auf die Welt hat. Wenn ihr voller Freude lebt, wenn ihr den Weg zu eurem persönlichen Glück findet, dann wirkt sich das auf die Menschen in eurer Umgebung aus. Ein solcher Zustand verbreitet auf natürliche, organische Weise Freude in der Welt, und das ist weitaus besser, als sich mit anderen zu versammeln, um »Freude« in irgendeinen Teil der

Welt oder zu einer Person, die eurer Meinung nach freudlos ist, zu entsenden.

Im Zuge unserer Arbeit haben wir manchmal Menschen, die zusammengekommen waren, dazu veranlasst, einen einheitlichen seelisch-körperlichen Zustand anzunehmen. Für gewöhnlich bezeichnen wir dies als einen Zustand der Wertschätzung oder Dankbarkeit. Situationsabhängig haben wir Gruppen von Individuen hin und wieder gebeten, Wertschätzung und Dankbarkeit zur Erde zu entsenden. Aber das ist etwas anderes, als einer Person oder Personengruppe Energie zu schicken. Beim erstgenannten Vorgang drückt ihr Dankbarkeit und Wertschätzung gegenüber der Erde aus, weil sie euch das Geschenk des Lebens gemacht hat – weil sie euch die Möglichkeit gibt, eine materielle Form anzunehmen und auf einem Planeten zu existieren, auf dem Leben gedeihen kann. Doch Wertschätzung und Dankbarkeit an die Erde zu »entsenden« ist etwas ganz anderes, als etwas oder jemandem Energie aufzuzwingen. Denn dabei handelt es sich um eine Gabe an dieses großartige Wesen, um eine Ehrung.

Das ist etwas ganz anderes, als »Heilenergie« an die Erde zu entsenden. Die Erde braucht eure Heilenergie nicht.

Für die Erde ist es wichtig, dass ihr bewusst auf diesem Planeten lebt. Dass ihr begreift, dass ihr zu Gast seid in ihrem *Haus der Fülle*. Und dass ihr sie durch eure Lebensweise und die Entscheidungen, die ihr trefft, ehrt. Eure Heilung braucht sie nicht. Der Aufstieg gelingt ihr ganz von allein, mit Hilfe anderer kosmischer Körper. Was sie brauchen könnte, sind ein bisschen Wertschätzung und dass ihr zeigt, dass ihr bewusst lebt.

Auch in dieser Hinsicht verstehen wir das Bedürfnis der Individuen, inmitten dieser gewaltigen Unermesslichkeit etwas zu tun. Ihr durchlauft Veränderungen, die so unüberschaubar sind, dass ein Individuum schnell das Gefühl bekommen kann, winzig klein zu sein und keinen Beitrag leisten zu können. Und dann mag es so scheinen, als wäre es eine gute Idee, sich zu Gruppen zusammenzuschließen, um eine bestimmte Eigenschaft, eine Energie oder ein Gefühl zu entsenden.

Doch wir möchten euch einen anderen Weg vorschlagen: *Werdet zu dem, was ihr euch für diese Erde und eure Beziehungen zu anderen wünscht.*

Originaltitel: »Sending Energy to Heal the Earth«
Erstmals auf Deutsch in dem Buch »Neue Zeit«

Der Mythos,
der Held und die Lüge

Das Konzept einer lebendigen Mythologie fasziniert mich seit vielen Jahren, seit ich in meinem Studium auf Carl Gustav Jungs Arbeit mit den Archetypen stieß. Die Idee lebendiger Mythen ist vielen Menschen in unserer materialistischen Gesellschaft fremd. Für die meisten von uns sind Mythen Fantasiegeschichten aus einer anderen Zeit, die für das moderne Leben wenig bedeuten. Ein Mythos wird aber in den Tiefen der Psyche geschmiedet. Er ist lebendig und mit psychischer Kraft aufgeladen. Wenn lebendige Mythen auch nur in den unterirdischen Pfaden unseres Unbewussten existieren, so können sie doch unsere Außenwelt auf sehr direkte Weise beeinflussen.

Diese mythologische Welt lebt weitgehend unsichtbar im schattenhaften Nebel unserer Unterwelt. Aber dann und wann durchbrechen die Mythen unseren Schleier der Selbstvergessenheit und springen mitten hinein in unsere Alltagswelt. Der junge Mann, der bei einem Fußballspiel auf das Tor zustürmt, die Menge, die von Massenhysterie erfasst wird – sie wurden plötzlich in den Mythos des Helden hineinversetzt. Die Mutter, die ihr Kind aus einer Gefahr rettet, wird für einen Moment zur Heldin.

Es liegt große Kraft in den Mythen, und jede Gesellschaft weiß das instinktiv. In Zeiten nationaler Krisen, beispielsweise im Kriegsfall, besetzen Nationen sich selbst schnell für die Heldenrolle. Jeder, der gegen sie ist, wird zum Schurken erklärt. Und in einer Kultur, die in den Faschismus abgleitet, werden Menschen allein deshalb zu Schurken erklärt, weil sie intelligente Fragen bezüglich der nationalen Politik und den kulturellen Werten stellen. Dieses Muster lässt sich in der Menschheitsgeschichte bis zum Überdruss beobachten. Und die derzeitige globale Krise macht da keine Ausnahme.

Aber wie schwierig die Weltlage auch erscheinen mag, sie wird letztlich durch die spirituellen, psychischen und ökonomischen Entscheidungen genährt, die wir alle individuell treffen. Wenn die Menschen individuell andere Entscheidungen treffen, werden sich auch die globalen Verhältnisse wandeln. Daher möchte ich mich in diesem Essay mit dem Individuum beschäftigen.

Der Pfad, den wir dafür beschreiten müssen, ist lang und sonderbar. Wir werden durch Landstriche der Psychose und anderer geistiger Erkrankungen ebenso reisen wie durch Regionen brillanter Kreativität und spiritueller Erleuchtung. Hoffentlich gelangen wir auf diesem Weg zu einigen Erkenntnissen, die uns bei der Bewältigung unseres Lebens helfen. Und vielleicht können die Erfahrungen anderer uns helfen, die außerordentlichen psychischen und spirituellen Herausforderungen der heutigen Zeit zu bewältigen.

Lassen Sie uns also beginnen.

Die Madonna

Vor mittlerweile schon recht langer Zeit erhielt ich einen verzweifelten Anruf eines kalifornischen Kollegen. Er flehte mich förmlich an, eine Frau zu behandeln, die nach der Teilnahme an einem seiner neuntägigen Intensivseminare einen psychotischen Zusammenbruch erlitten hatte. Sie lebte mit ihrem Mann im südlichen Florida, und beide wollten mich dringend aufsuchen. Sie hatte sich von dem Zwischenfall noch nicht wieder erholt, wie ihr Mann sagte. Und ihre Familie hatte durchblicken lassen, dass sie meinen

Kollegen und sein Institut verklagen würden, wenn sich ihr Zustand nicht rasch besserte.

Ich richtete es so ein, dass das Paar mich an einem Samstagmorgen in meiner damaligen Praxis in Chapel Hill, North Carolina, aufsuchen konnte. In den ersten zwei Stunden tat ich nichts weiter als mitzuschreiben, was geschehen war.

Man sagt, dass die Wahrheit sonderbarer als jede Fiktion ist, und in diesem Fall traf das zweifellos zu.

Midge (nicht ihr wirklicher Name) hatte an einem neuntägigen Selbstfindungs-Intensivseminar meines Kollegen teilgenommen. Nach einer intensiven psychoakustischen Gehirnstimulation kam es bei ihr zu einer machtvollen mystischen Erfahrung.

Am achten Tag spürte sie die deutliche Gegenwart Marias, der Mutter Jesu, die Midge mit ihrer Liebe umhüllte. Dann, am letzten Tag, fühlte sie, dass sie selbst sich in dieses liebevolle Energiefeld hinein ausdehnte. Midge löste sich auf, und Maria, die Madonna, nahm ihren Platz ein.

In diesem Zustand der Glückseligkeit ging sie umher und segnete die Anwesenden. Manche Leute erlebten in ihrer Gegenwart sogar Heilungen. Das wurde mir später von meinem kalifornischen Kollegen bestätigt.

Immer noch in einem Zustand ekstatischer Glückseligkeit wurde Midge, alias die Madonna, mit dem Taxi zum Flughafen gebracht, um ihre Heimreise anzutreten. Sie beschloss, sich an einem Kiosk im Terminal etwas Lektüre für den langen Flug zu kaufen. Vom Titelblatt des *Rolling Stone* blickten sie die Augen Madonnas an.

In ihrem hochsuggestiven Geisteszustand wechselte Midge erneut ihre Identität und wurde von der Jungfrau Maria zur Rock-Queen. Sie war nun nicht mehr die Mutter Jesu, sondern ein inkognito reisender Rockstar.

Ohne weitere Zwischenfälle ging sie an Bord des Flugzeugs. Aber in etwa zehntausend Metern Höhe sah sie plötzlich Dämonen auf dem Flügel. Sie zog einen ihrer hochhackigen Schuhe aus und versuchte, damit das Kabinenfenster einzuschlagen. Das Kabinenpersonal musste sie fesseln, worauf sie die Leute verfluchte und schrie, sie müsse unbedingt hinaus auf den Flügel, um das Flugzeug vor Dämonen zu schützen.

Nach der Landung wurde Midge von der Polizei in die nächstgelegene Psychiatrie gebracht. Dort musste sie mehrere Wochen bleiben, bis ihre Halluzinationen durch Medikamente zum Verschwinden gebracht worden waren.

Als sie mich aufsuchte, war sie seit einem Monat symptomfrei, aber ihr Mann berichtete, sie sei nervös und kaum wiederzuerkennen.

Bei ihrem dritten Besuch wirkte Midge sehr erregt. Als ich fragte, was sie denn habe, gestand sie eine Tat, die sie zehn Jahre zuvor begangen hatte. Die Familie ihres Mannes hatte ein Möbelgeschäft besessen, und man erwartete von ihr, dass sie dort als Angestellte arbeitete. Sie hasste diese Arbeit und konnte ihre Kollegen nicht leiden, die alle aus der großen Verwandtschaft ihres Mannes kamen. Eines Nachts schlich sie in den Laden und zündete ihn an. Er brannte bis auf die Grundmauern ab. Die Familie beschloss, ihn nicht wieder aufzubauen. Irgendwie war es Midge gelungen, die Tat zu verheimlichen, aber die Schuldgefühle quälten sie seit zehn Jahren. Ich weiß noch, dass ihr Mann mit offenem Mund dasaß, als er ihr Geständnis hörte. Er beruhigte sich aber erstaunlich schnell wieder.

Bei ihrem letzten Besuch wirkte Midge sehr entspannt. Wie es schien, hatten sie und ihr Mann sich bezüglich der Brandstiftung ausgesöhnt. Bei einem Kontrolltermin einige Monate später zeigte sich, dass bei Midge keine erneuten psychotischen Schübe aufgetreten waren. Die Sache war offenbar endgültig ausgestanden.

Die Macht der Mythen

Aus transpersonaler Sicht kann man sagen, dass Midge im Anfangsstadium ihres Zustandes die mythologischen und archetypischen Bereiche ihres Bewusstseins betreten hatte. Wenn Menschen sich mit Meditation oder Mentaltraining befassen, sind mystische Erlebnisse nicht ungewöhnlich. Dabei treten Gefühle intensiver Glückseligkeit und Ekstase ebenso auf wie eine veränderte Raum- und Zeitwahrnehmung. Dies weist auf eindeutige Veränderungen in der Gehirnchemie und -physiologie hin. Die Physiologie des Gehirns ist wie ein Spiegel unseres Geistes. Sie spiegelt wider, was in unserem Geist geschieht. Und umgekehrt gilt, dass Veränderungen in der Physiologie mit Veränderungen unserer Wahrnehmung und unseres Erlebens einhergehen. Aus dieser Perspektive kann man viele uralte spirituelle Praktiken als »Low-Tech-Methoden« betrachten, die dazu dienten, die Gehirnphysiologie zu beeinflussen und damit eine Veränderung von Wahrnehmung und Erfahrung herbeizuführen.

Letztlich glaube ich, dass die Mythologie ein natürlicher Bestandteil unseres Seins ist. Wenn ein Mensch tief genug ins innere Terrain seines Geistes vordringt, wird er zwangsläufig auf mystische oder archetypische Wesen treffen. Bestimmte Formen innerer Arbeit und manche Arten von Gehirnstimulation öffnen das Tor zu dieser mythologischen Innenwelt. Ich denke, so geschah es auch bei Midge.

Bei ihrem Kontakt mit der Madonna handelte es sich um einen authentischen Kontakt mit dem mythologischen Seinsbereich – in diesem Fall in Gestalt einer liebevollen universalen weiblichen Präsenz. Da aber Midge ein schwaches Identitätsgefühl hatte, ein wenig gefestigtes Ego, war sie nicht in der Lage, einen gesunden Kontakt mit der mystischen Welt herzustellen, sondern wurde von ihr verschlungen. Wenn wir uns der mythologischen Dimension nähern, ist das eine sehr reale Gefahr. Die Archetypen wirken auf uns überlebensgroß und verfügen häufig über eine so starke Energie oder Präsenz, dass man leicht völlig in ihren Bann gerät. Daher empfiehlt es sich, nur dann Kontakt mit der mythologischen Welt aufzunehmen, wenn man mit beiden Beinen fest auf dem Boden steht, also gut geerdet ist.

Bei Midge wurde die ganze Sache noch dadurch verkompliziert, dass sie ein dunkles Geheimnis verbarg, das seit über zehn Jahren an ihr zehrte. Die Schuldgefühle und seelischen Konflikte bezüglich der Brandstiftung brachen hervor wie ein auftauchender Wal, als ihre persönliche Identität sich aufgelöst hatte.

Der Umstand, dass Midge erneut ihre Identität wechselte, als sie einen Artikel über den Rock-Star Madonna las, weist auf ihre generelle psychologische Instabilität und ein unzureichend gefestigtes Ego hin.

Der Begriff »Ego« besitzt in der Psychologie eine andere Bedeutung als in manchen spirituellen Kreisen. Aus psychologischer Sicht ist das Ego einfach das Selbstgefühl. Es ist unser zentraler Referenzpunkt und von entscheidender Bedeutung für unser psychisches Wohlbefinden.

Als Psychotherapeut finde ich es hochgradig destruktiv und gefährlich, wenn im Namen der Spiritualität das Ego verteufelt wird. Ich erlebe das ständig, und es beeinträchtigt bei vielen die psychische Gesundheit.

Nicht das Ego an sich ist das Problem. Das Ego ist einfach nur unser individuelles Identitätsgefühl. Hätte Midge über ein intaktes Ego verfügt, wäre sie vermutlich nie in der Psychiatrie gelandet. Aber weil es ihr an einem stark ausgeprägten Selbstgefühl fehlte, war sie extrem anfällig dafür, von der mythologischen Welt absorbiert zu werden. Der Wechsel ihrer Identität war zwar eine Befreiung aus ihrem psychischen Gefängnis, aber leider hatte sie sich diese Freilassung noch nicht verdient, weil sie ihre Schuldgefühle bezüglich der Brandstiftung noch nicht aufgearbeitet hatte. Und die Psyche fordert stets, dass für innere Gerechtigkeit gesorgt wird. Erst als sie ihrem Mann die Tat gestand und er ihr verzieh, konnte sie ihr Leben neu aufbauen.

Aber ihre Schwierigkeiten wurden so wenig von ihrem Ego verursacht, wie die Temperaturanzeige in Ihrem Auto verantwortlich für das zu heiße Kühlwasser ist. Beides sind Mechanismen. Und das Ego ist ein Mechanismus des Bewusstseins (des Geistes), das nur einem Zweck dient – mit einem Gefühl persönlicher Identität durch die unzähligen Erfahrungen des Lebens zu navigieren.

Hätte Midge über eine starke Ego-Identität verfügt, wäre ihr Kontakt mit Maria anders verlaufen. Sie hätte dann den Segen, der einem durch den Kontakt mit solchen Wesenheiten zuteil wird, empfangen können, ohne dass dadurch ihre persönlichen Konflikte verzerrt worden wären. Ein starkes Ego hätte bewirkt, dass Midge nach der Begegnung mit Maria wieder zu ihrem normalen Selbstgefühl zurückgekehrt wäre. Aber da ihr ein solches Ego fehlte, gab es keine Kraft, die sie wieder in ihre psychologische Mitte zurückholte.

Wenn wir den psychischen Zustand von Mystikern während ihrer ekstatischen Erfahrungen betrachten, wird das deutlich. Liest man die Berichte der heiligen Teresa von Ávila und anderer Mystikerinnen und Mystiker, zeigt sich, dass sie völlig von ihren mystischen Begegnungen absorbiert wurden. Bei Teresa verschwand das Selbstgefühl während ihrer Aufenthalte in den himmlischen Gefilden völlig. Erst mit ihrer Rückkehr zur Erde gewann sie auch ihr Selbstgefühl zurück.

Vergleichen wir das mit den Berichten von Yogis und Yoginis über den Samadhi-Zustand (die yogische Trance), sehen wir eine deutliche Übereinstimmung. Bei den intensiveren Formen des Samadhi kommt es zu einem völligen Verlust des Selbst. Es gibt nur noch reines Bewusstsein ohne Objektbezug, das heißt nichts außer der Erfahrung selbst. Dies geht mit Gefühlen der Ekstase und Glückseligkeit einher. Im Sanskrit wird dieser Zustand *Satchitananda* genannt: *Sat* bedeutet Existenz, *Chit* bedeutet Bewusstsein und *Ananda* bedeutet Glückseligkeit. Aus yogischer Perspektive besteht die wahre Natur allen Daseins aus Bewusstsein und Glückseligkeit.

Als junger Mann in den Zwanzigern führte ich eine Reihe von persönlichen Experimenten durch, bei denen ich die mystischen Techniken zahlreicher religiöser Traditionen erforschte. Dazu gehörten Hinduismus, Buddhismus, Taoismus und esoterisches Christentum. Diese Experimente brachten alle das gleiche Resultat hervor: einen vorübergehenden Verlust des Selbstgefühls und die Ausdehnung des Selbst in ein Feld der Ekstase und Glückseligkeit.

Doch nicht nur Bewusstheit und Glückseligkeit sind Teil unserer Natur, sondern auch die psychischen Konflikte, die wir geerbt und/oder selbst erzeugt haben. Midges Psyche war während all der Jahre gestört gewesen, von Schuldgefühlen heimgesucht, die durch ihre Tat und das feige Vertuschen derselben ausgelöst wurden. Nach der Auflösung ihrer Selbst-Identität beim Kontakt mit der mythologischen Welt der Archetypen drang der Konflikt in Gestalt der von ihr halluzinierten Dämonen an die Oberfläche. Nachdem sie ihrem Mann ihr Verbrechen gestanden hatte und er ihr verzieh, konnte sie zu neuer psychischer Stabilität finden und wieder ein normales Leben führen.

König Artus und Sir Lancelot

Seine Mutter rief in dem Wellnesscenter an, in dem ich arbeitete, und bat mich, ihren zwanzigjährigen Sohn zu behandeln. Er war stationär in der Psychiatrie untergebracht, wo, wie sie sagte, nichts unternommen wurde, um ihm zu helfen. Man hatte bei ihm eine Psychose diagnostiziert, und trotz starker Medikamente schlief er sehr schlecht. Ich sagte, ich würde ihn nur behandeln, wenn ich bei Bedarf andere Therapeuten hinzuziehen dürfte. Damit war sie einverstanden.

Als ich Don (nicht sein richtiger Name) aufsuchte, litt er noch immer unter starken Schlafstörungen. Er schlief nie länger als ein bis zwei Stunden durch, was bedeutete, dass er nicht in die tiefen Ruhezyklen gelangte, die für körperliches und psychisches Wohlbefinden unverzichtbar sind. Weder er noch seine Mutter wollten, dass er Medikamente nahm, also zog ich einen Akupunkteur aus unserem Team hinzu. Vor jeder Therapiesitzung erhielt Don eine

Akupunkturbehandlung. Manchmal kehrte ich diese Reihenfolge um, aber die Aufgabe war immer gleich: ihn zu entspannen.

Nach ein paar Sitzungen besserten sich die Schlafstörungen, und nach ein paar Wochen schlief er ohne Medikamente sechs Stunden durch. Mit dieser Verbesserung seines Nachtschlafs verschwanden viele seiner Symptome.

Die Inhalte seiner Therapie aber sind es, die ich auch heute, nach so vielen Jahren, höchst interessant finde.

Dons Probleme begannen, als er Speed gemischt mit einem Halluzinogen nahm. Er geriet in einen manischen Zustand, in dem er hyperaktiv und extrem kreativ war. Diese Phase großer Kreativität – er war Künstler – hielt mehrere Wochen an, nachdem die Wirkung der Drogen bereits lange abgeklungen war. Dann zeigten sich bei ihm Halluzinationen, verbunden mit dissozialem Verhalten. Er wusch sich nicht mehr und wurde zur Gefahr für sich selbst.

Doch Dons inneres Erleben unterschied sich stark von dem Bild, das er nach außen bot. In seinem Inneren war Don ins Reich der Mythologie abgedriftet und in König Artus verwandelt worden. Er befand sich auf der edlen Suche nach dem Gral. Momentan war er damit beschäftigt, seine Ritter ausfindig zu machen. Sie waren in alle Winde verstreut, und seine Aufgabe bestand darin, sie zurück zur Tafelrunde zu bringen. Dann, und nur dann, würde er endlich ausruhen können.

Bei unserem ersten Termin redete Don auf sehr gekünstelte Weise, wie ein schlechter Shakespeare-Mime. Es war offensichtlich, dass er sich tatsächlich für den sagenhaften König Artus hielt.

Ich erinnere mich noch sehr gut an *den* Augenblick. Damit meine ich jenen Moment in der Therapie, wenn der Klient den Therapeuten als Verbündeten erkennt und akzeptiert. Ich hatte Dons endlosem Monolog darüber zugehört, wie schwer es war, seine Ritter zu finden. Dann beschloss ich, einen Versuch zu wagen. Ich beugte mich im Stuhl vor, und in einem ähnlich gestelzten Ton wie Don sagte ich: »Ich bin hier, um Euch zu dienen, mein König.« Er schaute mir in die Augen und erwiderte:

»Sir Lancelot ... Ihr seid es ... Ihr seid es wirklich!« Dann brach er weinend zusammen.

Ich versicherte ihm, dass ich tatsächlich gekommen war, um ihn zu beschützen und ihn sicher aus der Gefahr zu geleiten. Wir gaben uns die Hände und schmiedeten eine Art Bündnis – er, ein junger Mann, der sich im mythologischen Ozean verloren hatte, und ich, ein älterer Verbündeter, erfahren in der Kunst zwischenmenschlicher Beziehungen, der ihm die Hand reichte, um ihn aus dem mythologischen Sturm hinauszuführen. Von diesem Moment an entwickelte unsere therapeutische Arbeit zutiefst archetypische Züge. In diesen sechs Wochen mit Don lernte ich mehr über die Macht der archetypischen Welt als in meinem gesamten Studium.

Ich begann, mich förmlich auf unsere Sitzungen zu freuen, denn Don erwies sich als überaus klug und geistreich. Wenn er im Therapiezimmer auf und ab ging, flossen ihm die Weisheiten förmlich von der Zunge. Seine komplexen Erklärungen über die Wirkungszusammenhänge von Bewusstsein und Universum waren brillant und faszinierend.

Aber es gab Probleme. Bei aller Brillanz litt er immer noch sehr, und sein Gesicht spiegelte seine täglichen und nächtlichen Auseinandersetzungen wider.

Don war gefangen im klassischen mythologischen Kampf, in dem ein Prinz zum rechtmäßigen Herrscher seines eigenen psychischen Königreiches wird. Bei den meisten Menschen findet dieser Kampf ausschließlich auf unterbewusster Ebene statt und wird nur sehr selten in die Außenwelt getragen – etwa wenn ein Sohn Nein zu seiner Mutter oder seinem Vater sagt.

Don jedoch war völlig in die Mythologie abgedriftet und trug den Konflikt in seinem bewussten Verhalten nach außen. Auf symbolischer Ebene stand Dons Suche nach seinen verschwundenen Rittern für die Suche nach den verleugneten Teilen seines Selbst, die in der Kindheit unterdrückt worden waren. Daher bestand ein Teil unserer Therapie darin, elterliche Konflikte mit seinem dominanten und fordernden Vater aufzuarbeiten. Als wir uns diesem Thema zuwandten, tauchte Don allmählich aus der mythologischen Realität auf und nahm wieder am menschlichen Leben um ihn herum teil. Das hatte aber auch ein paar Nachteile.

Seine extreme Geistesschärfe und Eloquenz wurden reduziert. Er war nicht mehr so hyperaktiv und geistreich wie während seiner mythologischen Phase. Dafür konnte er nachts wieder schlafen, und sein Appetit kehrte zurück. Er wurde wieder arbeitsfähig und machte seine Angehörigen nicht länger verrückt.

Seit Don habe ich noch mit vielen anderen Klienten gearbeitet, die sich wie er in der Welt der Mythologie verirrt hatten – mit desorientierenden, manchmal aber auch erheiternden Auswirkungen.

Ich glaube, dass alle, die sich absichtlich – das heißt durch spirituelle Techniken – oder unabsichtlich – also in spirituellen Notsituationen – ins Reich der Mythen begeben, vor einer ähnlichen Aufgabe stehen.

Das Ziel besteht darin, nicht in diesem Reich zu bleiben, auch wenn das überaus verlockend erscheinen mag. Vielmehr gilt es, diese Einsichten und Energien auf die menschliche Ebene mitzubringen, damit sie uns selbst und unserem *Sangha*, unserer spirituellen Gemeinschaft, nützlich werden. Dann befinden wir uns im Gleichgewicht. Mit einem Fuß im Himmel und mit dem anderen fest auf dem Boden, wie mein taoistischer Lehrer immer zu mir sagte.

Übrigens ist es bei Don seither nie wieder zu einem psychotischen Schub gekommen. Er nahm seine Arbeit als Künstler wieder auf und erzielt damit schöne Erfolge.

Mythos und Held

Die meisten von uns werden nie solche extremen psychischen Konflikte durchmachen wie Midge oder Don, aber dennoch hat es einen großen Einfluss auf unser Leben, wie wir mit den mythologischen Aspekten unseres Seins umgehen.

Das gilt besonders in spirituellen Kreisen, wo ein subtiler oder manchmal auch gar nicht subtiler Druck ausgeübt wird, die Welt auf ganz bestimmte Weise zu sehen und ganz bestimmte Verhaltensregeln einzuhalten. Zum Beispiel versuchen viele Menschen, die bestrebt sind, ein spirituelles Leben zu führen, sich um jeden Preis friedfertig zu verhalten. Ihr ganzer Lebensstil kreist um *Ahimsa* – Gewaltlosigkeit gegenüber allen Lebewesen. Eine solche Ethik führt unvermeidlich zu starken psychischen Spannungen.

Zum einen ist unser Geist ein Gemisch aus vielen miteinander in Konflikt stehenden psychischen Kräften. In zwischenmenschlichen Beziehungen entstehen immer wieder natürliche Aggressionen. Mit natürlicher Aggression meine ich einfach eine angemessene Reaktion darauf, dass eine andere Person unsere Grenzen verletzt. Wenn jemand, der *Ahimsa* praktiziert, entdeckt, dass ihm etwas gestohlen wurde oder dass üble Gerüchte über ihn verbreitet werden, ist Wut eine gesunde und natürliche Reaktion. Daran ist überhaupt nichts auszusetzen. Ob diese Wut sich destruktiv auswirkt, hängt allein davon ab, wie wir mit ihr umgehen.

Für einen Menschen, der *Ahimsa* (Gewaltlosigkeit) praktiziert, kann dies aber zum Problem werden, wenn er sich allzu sehr mit der mythologischen Identität der Gewaltlosigkeit identifiziert – damit, ein spirituelles Wesen zu sein, das niemals in irgendeiner Weise Schaden verursacht. Sich einzugestehen, dass man einem anderen Menschen gern den Hals umdrehen oder ihm zumindest ein paar deftige Kraftausdrücke an den Kopf werfen möchte, kann dann ziemlich verstörend sein. Den eigenen Wunsch nach Gewalt zu akzeptieren, auch wenn es sich dabei nur um Gedanken handelt, ist aber unerlässlich für spirituelle Reife und eine authentische spirituelle Entwicklung.

Dennoch ziehen es manche Menschen vor, die natürliche Aggression, die gelegentlich in ihnen aufsteigt, zu ignorieren und zu verdrängen. Sie versuchen, sie unter den Teppich zu kehren. Sie tun so, als hätten sie diese Gefühle nicht. Sie klammern sich an das mythologische Ideal einer spirituellen Person, die immun gegen menschliche Selbsttäuschungen und immer liebevoll ist.

Ich bezweifle, dass es solche Personen überhaupt gibt, oder wenn, dann nur in unserer Fantasie, aber darum geht es gar nicht. Der Punkt ist, dass das Leugnen von Gefühlen – im Namen der Spiritualität – nicht nur unehrlich sich selbst und anderen gegenüber ist, sondern auch echtem spirituellem Wachstum im Weg steht, gar nicht zu reden davon, wie schädlich es sich auf die psychische Gesundheit auswirkt.

In der Tat ist es verdienstvoll, spirituelle Meisterschaft und Geisteshaltungen wie *Ahimsa* anzustreben. Benutzt man dieses Ideal aber dazu, Teile der eigenen Persönlichkeit zu verleugnen, sei es die eigene natürliche Aggression oder auch nur »negative Gedanken«, bringt man sich in eine schwierige Lage. Das hat mit dem Paradox des Helden oder der Heldin zu tun.

Sehen Sie, das Reich der Mythen ist überlebensgroß. Es ist die Domäne der Götter und Göttinnen. Man trifft dort auf Titanen und gewaltige Energien, im Vergleich zu denen Menschen zwergenhaft erscheinen. Wenn wir zu einem dieser hochenergetischen Wesen aus dem Reich der Archetypen und Mythen in Kontakt treten, erfüllt uns das häufig mit großer Energie.

Diese Dosis spiritueller Kraft kann stärkend und inspirierend wirken, und für alle, die sich auf dem spirituellen Pfad der Selbst-Evolution befinden, ist sie sogar unentbehrlich. Wenn wir uns aber übermäßig mit der Mythologie identifizieren, unter Ausschluss anderer Teile unseres Selbst, befinden wir uns in einem Zustand der Verleugnung, und das kann katastrophale Folgen nach sich ziehen.

Das ist wirklich ironisch. Sagen wir, jemand lässt sich von der spirituellen Präsenz und Kraft eines großen Lehrers inspirieren, etwa von Jesus Christus oder dem Buddha. Die Entscheidung, wie ein solcher Lehrer im Bewusstsein aufwärts zu streben, ist wirklich ein heroischer Akt.

Durch diese Entscheidung werden Menschen zu spirituellen Helden und Heldinnen.

Sich heroisch zu fühlen ist eine Sache. Gleichzeitig in der *Welt* zu leben ist eine andere. Und genau hier können Schwierigkeiten auftauchen. Wer sich im Übermaß mit dem Helden oder der Heldin identifiziert, wird die eigenen nicht so heroischen Gedanken und Gefühle als problematisch empfinden.

Wie schon gesagt existiert in uns allen ständig ein Gemisch aus unterschiedlichen Gedanken und Gefühlen. Will eine Person die ganze Zeit über spirituell heldenhaft sein, ist sie gezwungen, als unspirituell (was immer das ist) empfundene Gedanken und Gefühle zu leugnen.

Hier ist es wohl angebracht, konkreter zu werden. Vor vielen Jahren, als ich noch am Anfang meiner bewussten spirituellen Arbeit stand, suchte ich einen tibetischen Lama auf. Jemand hatte mir gesagt, dass es üblich ist, ein Geschenk mitzubringen, wenn man eine solche Persönlichkeit besucht. Von spirituellen Gefühlen erfüllt, kaufte ich einen schönen Korb und füllte ihn mit exotischen Früchten und farbiger Seide. Als der Augenblick kam, dem Lama mein Präsent zu überreichen, war mein Herz voll von Liebe und Glückseligkeit.

Er betrachtete das Geschenk, nickte, schnitt eine Frucht auf und verteilte die Stücke unter der kleinen Gruppe, die sich bei ihm versammelt hatte. Ich war bestürzt. Meine Liebesgefühle schwanden, und der Heißluftballon meiner Glückseligkeit fiel in sich zusammen. Wie konnte er meine Geschenke einfach weiterreichen? Und wieso war ein Kopfnicken der einzige Dank? Hatte er mich nicht erkannt? Vielleicht lag eine Verwechslung vor. Als von den die Runde machenden Früchten auch ein Stück Mango zu mir gelangte, und ich es einen Moment in der Hand hielt, erkannte ich meine Selbsttäuschung.

Ich hatte ihm das Geschenk nicht aus Wertschätzung und Ehrerbietung überreicht, sondern stolz und voller Erwartung. Meine übermäßige Identifikation mit dem Ideal des spirituellen Schülers hatte meine Bewusstheit überschattet. Ich war blind für meinen spirituellen Narzissmus gewesen. Spiritueller Narzissmus, für jene, die mit diesem Begriff nicht vertraut sind, bedeutet, dass wir uns selbst für etwas Besonderes halten, für wichtiger als andere Wesen.

Ungefähr zu dieser Zeit erlebte ich ein jähes Erwachen, das aber nicht durch einen spirituellen Lehrer ausgelöst wurde, sondern durch einen Freund. Ich wohnte damals mit einer Schar anderer Studenten in einem alten, baufälligen Haus, in dem jeder von uns sich ein Zimmer genommen hatte. Irgendwie ergab es sich, dass ich in das riesige Esszimmer zog, oder vielleicht war es der Ballsaal gewesen. Jedenfalls war es ein enormes Zimmer mit hoher Decke. In einer Ecke stellte ich einen kleinen Altar auf, den ich mit Bildern von christlichen, buddhistischen und hinduistischen Heiligen schmückte. Davor legte ich einen kleinen Gebetsteppich, auf dem ich meditierte und Yoga übte. Diesen Bereich hielt ich makellos sauber und ordentlich.

In eine andere Ecke dieses Raumes hatte ich meine Matratze gelegt. Bücherstapel, Essensreste und ein Haufen schmutziger Wäsche verunstalteten den Schlafbereich. Staubflocken schwebten umher wie Kumuluswolken.

Eines Tages holte mich ein befreundeter Student ab, mit dem ich ein Konzert besuchen wollte. Er klopfte an meine Tür, und ich bat ihn herein. Er war zum ersten Mal bei mir und schaute sich um. Er sagte nur vier Worte: »Wer ist dein Mitbewohner?«

Ich war verblüfft. Plötzlich sah ich mein Zimmer mit anderen Augen. In der einen Ecke hatte sich ein zukünftiger Heiliger eingerichtet. In der anderen hauste ein schlampiger Chaot. Beide waren ein Teil von mir, und ich glaube, ich verbrachte die nächsten zwanzig Jahre meines Lebens mit dem Versuch, die beiden irgendwie unter einen Hut zu bringen.

Ich erwähne diese Geschichte erstens, um Sie zum Lachen zu bringen, und zweitens, weil es sich um ein wundervolles, wenn auch für mich peinliches Beispiel dafür handelt, wie Verleugnung funktioniert. Ich hatte in meinem Zimmer und meiner Psyche zwei Zonen eingerichtet – die eine war heilig und die andere weltlich. Wenn ich mich in der heiligen Zone aufhielt, hatte ich spirituelle Gefühle und ignorierte den Chaoten in der anderen Zimmerecke. Tatsächlich fanden viele Schlachten zwischen dem Chaoten und dem Heiligen-Anwärter statt. Der spirituelle Teil von mir wollte morgens um fünf Uhr aufstehen, weil er irgendwo gelesen hatte, dass das für Yogis die beste Zeit war, um zu meditieren. Der Chaot dagegen schaffte es kaum, rechtzeitig für die Neun-Uhr-Seminare an der Uni aufzustehen. Dieser ständige Kampf zog sich über Jahre hin. Inzwischen ist es so, dass ich aufstehe, wenn ich aufstehe, und meditiere, wenn ich meditiere. Der Krieg zwischen Heiligem und Chaot hat weitgehend aufgehört. Zum Teil liegt das, glaube ich, daran, dass ich schließlich kapitulierte und den Chaoten heiligsprach.

Uns spirituelle Ideale zu setzen ist nicht ungefährlich. Wir geraten in Versuchung, uns von unseren schlechten Gedanken und Gefühlen innerlich zu distanzieren (wobei mit »schlecht« alles gemeint ist, was nicht unserem Ideal entspricht). Wenn wir diesen fatalen Fehler machen, erzeugen wir damit eine innere Polarisierung.

Dann geschieht etwas sehr Sonderbares. Wir leben eine Lüge.

Das wollten wir eigentlich gar nicht. Eigentlich strebten wir nach Wahrheit. Wir hatten beschlossen, ein spirituelles Leben zu führen, ein spiritueller Held oder eine spirituelle Heldin zu sein. Doch dann machten wir den fatalen Fehler, uns mit dem Idealbild dieses spirituellen Heldentums zu identifizieren.

Und diese unglückliche Entscheidung bewirkt, dass wir nicht länger ein spirituelles Leben führen. Stattdessen leben wir das *Bild* eines spirituellen Lebens – und das ist ein großer Unterschied.

Denn nun fühlen wir uns durch negative Gedanken und Gefühle gestört. Das macht die negativen Gedanken und Gefühle erst recht zu einem Problem. Es ist nun einmal so, dass sie sich in unserem Geist immer wieder manifestieren. Das gehört zum Leben dazu. Aber wie dunkle Wolken ziehen sie auch wieder vorüber und lösen sich in der Leere auf (wie übrigens alles andere auch). Statt sie also einfach zu akzeptieren und durch unseren Geist ziehen zu lassen, fühlen wir uns belästigt, wenn uns Gedanken oder Gefühle befallen, die wir für unspirituell halten. Damit bereiten wir den Boden für das schwierigste psychische Phänomen – den Schatten.

Der Schatten ist jener Teil unseres Unterbewusstseins, den wir nicht bewusst anschauen möchten. Wir tun so, als gäbe es ihn gar nicht – meistens, weil wir das, was wir dorthin verdrängt haben, nicht akzeptieren wollen. Hier kann aber etwas noch Heimtückischeres geschehen. Wenn wir unsere Negativität, also alles, was nicht unserem spirituellen Idealbild von uns selbst entspricht, nicht akzeptieren wollen, beginnen wir oft, sie zu bekämpfen.

Wir dämonisieren das, was wir nicht akzeptieren wollen. Dann werden wir alles tun, um die Negativität zu verbergen und zu unterdrücken. Wenn der psychische Konflikt in uns stark genug wird, fangen wir an, andere Menschen zu attackieren, die unseres Erachtens unserem spirituellen Ideal zuwiderhandeln. Dann haben wir einen spirituellen Faschismus hervorgebracht, und das ist der Boden, auf dem Hexenverfolgung und Inquisition gedeihen.

Glauben Sie nur nicht, dass wir im 21. Jahrhundert immun gegen solchen kulturellen Irrsinn wären. Die Abendnachrichten sind voller Hinweise darauf, dass sich eine neue Welle von kulturellem, politischem und spirituellem Faschismus auf der Welt ausbreitet. Wie wir alle gegenseitig miteinander umgehen, aber auch mit den mythologischen Kräften in uns, wird darüber entscheiden, wie groß und zerstörerisch diese Welle ausfallen wird.

Kurz vor seinem Tod sagte Carl Gustav Jung, die Menschheit müsse sich ihrem Schatten stellen und Frieden mit ihm schließen. Wenn wir diese große psychische und spirituelle Aufgabe nicht bewältigen, werden unsere Schatten uns vernichten.

Ich denke, wir alle sollten damit so umgehen wie Gene Kelly,[7] der sang: »Ich und mein Schatten ... Wir spazieren zusammen durch die

---

7   Eugene Curran »Gene« Kelly (1912-1996) war ein amerikanischer Tänzer, Schauspieler, Sänger, Regisseur, Produzent und Choreograf. Er spielte in fast fünfzig Hollywood-Filmen mit. Legendär ist sein Tanz mit dem Regenschirm in dem von ihm auch mitinszenierten Kultfilm *Singin' In The Rain*, aus dem Tom Kenyon zitiert. Dieses Musical brachte ihm 1952 einen Ehrenoscar für seine Vielseitigkeit ein. Er ließ sich noch am Tag seines Todes einäschern. – *Die Red.*

Straßen.« Ich sage das, weil es sehr viel besser ist, sich einer Sache bewusst zu sein, statt so zu tun, als existiere sie nicht.

Und vielleicht ist es an der Zeit, uns selbst und die Welt aus einer größeren spirituellen Perspektive zu betrachten. Unsere Zukunft könnte davon abhängen.

Eine kurze Praxisübung: Den Schatten akzeptieren

Ich hoffe, Ihnen hier einen raschen und einfachen Weg zu zeigen, wie Sie Schatten-Material in Ihr bewusstes Selbst integrieren können. Diese Methode wird *Selbstintegration* genannt. Sie anzuwenden lohnt sich aus vielen Gründen. Zum einen ermöglicht sie Ihnen, die innere Polarisierung zu vermeiden – also keine inneren Kämpfe mehr auszufechten. Zum anderen immunisiert sie gegen die kollektive Welle des spirituellen Faschismus (was sehr gut ist). Drittens steigern Sie Ihr Energieniveau, weil Sie bislang unterdrückte Teile Ihres Selbst befreien. Denken Sie daran, dass es Energie kostet, wenn Sie etwas in Ihrer Psyche verdrängen.

Hier folgen nun einige Punkte, auf die ich Sie aufmerksam machen möchte, ehe wir uns näher mit der Methode der *Selbstintegration* befassen.

Erstens verdichtet sich unterdrücktes Schatten-Material oft so, dass es Züge einer Wesenheit oder Entität annehmen kann. Es ist möglich, mit dem eigenen Schatten-Material zu kommunizieren, als handele es sich um ein bewusstes Wesen.

Zweitens bedeutet, den eigenen Schatten zu akzeptieren, nicht notwendigerweise, dass wir auch sein Verhalten akzeptieren. Wenn Sie zum Beispiel mit dem Rauchen aufhören wollen, bedeutet die Akzeptanz Ihres Schatten-Materials, das für Ihren Tabakkonsum verantwortlich ist, keineswegs, dass Sie das Rauchen akzeptieren. Es bedeutet aber, dass Sie den Teil in Ihnen akzeptieren, der gern rauchen möchte.

Um bei diesem Beispiel zu bleiben: Die Leute rauchen aus vielen Gründen. Manche verwenden den Rauch als rituelle Opfergabe an den Geist, wie bei den Zeremonien der Indianer. Andere rauchen, um Gefühle zu unterdrücken. Es kommt immer auf Ihre Absichten an. Menschen, die Ärger oder Nervosität unterdrücken wollen, kann das Rauchen »helfen«, weil es die kleinen Blutgefäße verengt. Wird der Blutfluss reduziert, lässt die Nervosität vorübergehend nach. Nehmen wir an, Sie gehören zu diesen Leuten. Dann müssen Sie zwei Dinge unterscheiden: a) das tatsächliche Rauchen und b) den Wunsch zu rauchen. Der Wunsch, sich eine Zigarette anzustecken, kommt aus einem Teil von Ihnen, der sich unwohl fühlt, wenn bestimmte Gefühle an die Oberfläche dringen. Dieser Teil gibt sich alle Mühe, diese Gefühle unten im Schattenbereich zu halten, fernab vom Licht der Selbsterkenntnis. Und er tut das, weil Sie irgendwann beschlossen haben, diese Gefühle zu verleugnen. Der Teil, der Sie zum Rauchen treibt, ist also gar nicht der Schuldige. Er bemüht sich nur, das zu tun, was Sie von ihm wollen. Mit anderen Worten: Wie bizarr ein Verhalten auch sein mag, der Teil, der für dieses Verhalten verantwortlich ist, versucht nur, für Ihre Bedürfnisse zu sorgen.

Diese Persönlichkeits-Teile führen eine Art psychisches Eigenleben. Ihr Wunsch ist es, als Aspekt von uns akzeptiert zu werden, und sie fürchten, dass wir sie ablehnen.

Es gibt für die Paranoia, die diese Wesensteile zeigen, gute Gründe. Wir neigen dazu, sie abstoßend zu finden, obwohl sie nur tun, was wir ihnen aufgetragen haben, nämlich bestimmte Gedanken und Gefühle zu unterdrücken.

In uns existiert eine tiefsitzende Angst, wir wären, wenn wir einen psychischen Teil von uns akzeptieren, an dessen Verhalten gebunden. In Wahrheit wird, wenn wir diesen Teil als einen Aspekt unserer Persönlichkeit akzeptieren, psychische Energie freigesetzt, durch die sich unsere Bewusstheit erweitert. Das erhöht die Wahrscheinlichkeit, dass wir künftig bessere und kreativere Entscheidungen treffen. Wenn wir durch Selbstakzeptanz ein psychisches Teilselbst integrieren, kommt es vermutlich zur spontanen Ausschüttung von Endorphinen und anderen Neurotransmittern, die mit Wohlbefinden in Zusammenhang stehen.

Hinweis: Das ist eine theoretische Beobachtung, die ich im Laufe der Jahre bei der Anwendung der Selbstintegration gemacht habe. Bislang weiß ich von keinen wissenschaftlichen Studien, die dies beweisen. Aber wenn die Leute diese Methode anwenden, berichten sie stets, dass sie sich hinterher wohler und heiler fühlen. Ich vermute daher, dass entsprechende physiologische Veränderungen stattfinden. Zukünftige Forschungen werden diese Hypothese bestätigen oder widerlegen. Doch was auch immer die Ursache sein mag, die Übenden fühlen sich nach der Anwendung der Methode wohler und besser in Kontakt zu sich selbst.

Die Methode der Selbstintegration

Der ideale Zeitpunkt zur Anwendung der Methode ist, wenn sich unangenehme Gefühle bemerkbar machen. Man kann sie aber auch jederzeit anwenden, wenn man ein bestimmtes Verhalten verändern möchte.

Die Methode besteht aus mehreren Schritten.

Was sie von anderen selbsttherapeutischen Übungen unterscheidet, ist, dass es nicht um Inhalte geht. Wir interessieren uns nicht dafür, warum wir »es« tun, oder welche Geschichte »es« hat. Wir erkennen einfach jenen Teil, der für »es« verantwortlich ist, als Aspekt unseres Selbst an. Das dient dem alleinigen Zweck, eine Brücke der Bewusstheit zwischen dem Unterbewusstsein und den bewussten Schichten unseres Geistes zu bauen, damit wir insgesamt psychisch bewusster werden.

1. Wenn Sie sich erregt oder nervös fühlen, stellen Sie fest, wo in Ihrem Körper Sie den Teil von Ihnen lokalisieren können, der diese Empfindungen verursacht. Das mag Ihnen seltsam erscheinen, aber ein solcher abgelehnter Persönlichkeits-Teil lässt

sich stets irgendwo im Körper lokalisieren. Manchmal, aber viel seltener, kommt es vor, dass Sie diesen Teil in dem Energiefeld spüren, das Ihren Körper umgibt. Dieser Bereich wird sich anders anfühlen als Ihr übriger Körper. Wenn sehr viel emotionale Energie involviert ist, wird er sich drastisch anders anfühlen. Ist die Energie schwächer, werden auch die Empfindungen weniger ausgeprägt sein. Aber in dem Körperbereich, wo dieser Teil angesiedelt ist, werden Sie immer eine besondere körperliche Empfindung spüren.

2. Konzentrieren Sie sich nun einfach auf diesen Bereich Ihres Körpers und sagen Sie ihm (still in Gedanken), dass Sie ihn als Aspekt Ihres Selbst akzeptieren. Das ist alles. Es wird eine Reaktion in der Sprache der Gefühle erfolgen. Mit anderen Worten: Wenn dieser Persönlichkeitsteil Ihnen glaubt, werden Sie spüren, dass diese Stelle im Körper sich entspannt, dass sich dort etwas löst oder integriert. Aber Sie müssen es wirklich ernst meinen. Täuschungsmanöver funktionieren nicht. Diese abgelehnten Wesensteile wissen, wenn Sie sie anlügen oder ihnen etwas vormachen, und das mögen sie nicht. Um es noch einmal zu betonen: Sie sagen dem Teil nicht, dass Sie sein Verhalten akzeptieren. Sie sagen einfach, dass Sie ihn akzeptieren. Er existiert, ob Ihnen das gefällt oder nicht. Und Sie erkennen einfach seine Existenz an und dass er ein Teil von Ihnen ist.

3. Manchmal gefällt es anderen Persönlichkeits-Teilen nicht, wenn Sie einen Teil akzeptieren, der Ihnen Probleme macht. Diese anderen Teile haben Ihre eigenen Strategien, um den *Status quo* aufrechtzuerhalten. Manche Teile mögen einfach keine Veränderungen. Andere möchten nicht, dass Sie psychisch gesünder werden. Allmählich klingt das, als gäbe es in Ihnen einen ganzen Zirkus, nicht wahr? Und genau so ist es! Und nicht nur bei Ihnen, sondern bei allen. Und wer ist verantwortlich dafür, ob es eine gute Vorstellung gibt, bei der alle Teile mehr oder weniger fruchtbar zusammenarbeiten, oder ob Chaos herrscht? Der Zirkusdirektor. Und natürlich sind Sie der Direktor Ihres eigenen Zirkus. Einige

Ihrer Persönlichkeits-Teile sind Clowns, einige sind mutige Trapez-künstler, einige arbeiten als Dompteure mit wilden Tieren, einige sind Taschendiebe, die im Schatten der Zuschauertribünen herum-schleichen. Es gibt dort drinnen eine ganze Menagerie. Und wenn Sie ein Zirkusmitglied anerkennen, werden Sie sich auch noch um andere kümmern müssen. Die Strategie dabei ist wirklich einfach. Was immer sich in Ihnen regt, sagen Sie ihm, dass Sie es als einen Teil von sich akzeptieren. Ich kenne Leute, die mit bis zu neun Persönlichkeits-Teilen arbeiten mussten, ehe sie endlich ein Gefühl der Erlösung und Integration erreichten.

Die Methode bewirkt, dass Sie sich als Gesamtselbst heiler und integrierter fühlen werden, weil Sie Teile akzeptieren, die Sie frü-her abgelehnt haben. Wie schon gesagt, steigert sie außerdem Ihre psychische Energie und Bewusstheit.

Probleme werden durch diese Methode normalerweise nicht gelöst, aber wenn Sie über mehr psychische Energie und Bewusst-heit verfügen, werden Ihre Probleme weniger problematisch sein.

Wenn wir uns selbst heiler und integrierter machen, indem wir Teile unseres Selbst aus den Schatten des Unterbewussten holen, ist das eine heilige Handlung. *Heilig ist das, was heilt.*

Ich stimme mit Carl Gustav Jung überein, dass es zwingend notwendig ist, unseren kollektiven Schatten zu akzeptieren und zu integrieren. Diese psychische Herausforderung gehört sicher zum Heiligsten und Heilsamsten, was wir gegenwärtig tun kön-nen. Möge das Licht Ihrer eigenen Erleuchtung und das Mitgefühl Ihres Herzens Sie bei Ihrem Streben nach Ganzheit leiten.

Originaltitel: »Myth, Heroes and Lies«
Deutsche Erstveröffentlichung

Der Übergang ins holographische Universum

Es wiegt etwa 1.400 Gramm und ist doch so dicht strukturiert, dass es mehr Verbindungen enthält als das bekannte Universum Sterne. Wenn es etwas gibt, das man magisch nennen kann, dann dieses Mikro-Universum. Es steuert simultan eine so gewaltige Anzahl von Aufgaben, dass es die leistungsfähigsten Computer weit in den Schatten stellt. Es beugt Licht zu erkennbaren Bildern und übersetzt Töne in Sprache und Bedeutung. Und in einer außergewöhnlichen, magischen Transformation verwandelt es biologische Vorgänge in geistige Erfahrungen. Dieser Zauberer ist, natürlich ... *unser Gehirn.*

Es gilt unter Gehirnforschern als gesicherte Erkenntnis, dass wir nur einen kleinen Teil des gewaltigen Potenzials unseres Gehirns tatsächlich nutzen. Vergleichsweise ist das, als würden wir mit einer hochmodernen digitalen Filmkamera nur Standbilder machen.

Für diese alles andere als optimale Nutzung unserer Fähigkeiten gibt es mehrere Gründe. Zum einen liegt es an unserer Erziehung.

Erziehung zum Mangeldenken

Unsere heutigen Schulkonzepte stammen zu einem großen Teil noch aus dem Industriezeitalter – Lesen, Schreiben und

Rechnen stehen im Mittelpunkt. Leider bereitet diese Art der Schulbildung Kinder nicht auf die Anforderungen des 21. Jahrhunderts vor, und sie stimuliert auch nicht die ungenutzten Potenziale des Gehirns. Unser Gehirn aktiviert neue Gehirnzellen nur, wenn es durch Umweltreize stimuliert wird – Reize, die von innen oder von außen kommen können.

Wissenschaftliche Forschungen haben ergeben, dass die kritische Zeit für die Gehirnentwicklung die ersten zwei Lebensjahre sind, gefolgt von einer zweiten Phase, die fünf Jahre dauert. Dennoch überlassen wir Kinder in der entscheidenden Formungsphase ihres Nervensystems weitgehend sich selbst.

Danach werden die Kinder einem veralteten Bildungssystem überantwortet, das Neugierde unterdrückt und zu eigenständigem Denken alles andere als ermutigt. Die meisten von uns sind das Produkt dieser sogenannten »Bildung«. Und was ist das Resultat? Wir nutzen lediglich *zehn Prozent* unseres Gehirnpotenzials.

Es gibt aber noch einen anderen Grund, warum wir die potenziellen Fähigkeiten unseres Gehirns so wenig nutzen.

Das Corpus callosum

Neurologisch ist unser Gehirn in zwei Hälften geteilt. Man kann durchaus sagen, dass in unserem Kopf zwei Gehirne existieren. Diese zwei Gehirne erleben die Welt auf sehr unterschiedliche Weise. Der eine Teil des Gehirns kann sprechen, der andere ist stumm.

Die linke Hemisphäre ist – bei den meisten Menschen – verbal orientiert. Sie spricht. Sie erschafft und interpretiert Sprache. Diese außerordentliche Fähigkeit sitzt in zwei dicht gepackten Neuronen-Arealen im Neocortex. Diese Areale befinden sich normalerweise auf der linken Kopfseite in der Nähe des Ohres. Werden sie geschädigt, kann der Mensch seine Fähigkeit einbüßen, zu sprechen und/oder Sprache zu verstehen.

Die linke Hälfte des Gehirns nimmt die Welt logisch und strukturiert wahr. Sie mag es, wenn alles seine Ordnung hat.

Die rechte Seite des Neocortex hat eine andere Sicht der Dinge. Zum einen kann sie nicht sprechen. Zum anderen ist sie nicht besonders logisch. Dafür kann sie gut mit Paradoxien umgehen, mit der Grauzone der Erfahrung. Sie hat auch kein Problem damit, wenn Dinge nicht in logischer zeitlicher Abfolge geschehen. Sie kann die verborgenen Muster hinter Dingen erkennen, die fehl am Platz zu sein scheinen.

Wenn unser Gehirn normal funktioniert, besteht ein gewisses Maß an Koordination zwischen unserer linken und rechten Gehirnhälfte. Dass wir aus diesen beiden Wahrnehmungswelten eine gemeinsame Welt der Wahrnehmung schaffen können, verdanken wir einem dicken Band aus Nervenfasern im zentralen Areal des Gehirns. Dieses Band ist das sogenannte *Corpus callosum*. Je mehr neurologische Verbindungen es im *Corpus callosum* gibt, desto besser funktioniert, so wird vermutet, die Kommunikation zwischen der rechten und linken Hemisphäre. Und die Koordination zwischen den beiden Hemisphären ermöglicht es uns, gleichzeitig kognitiv und intuitiv zu denken.

Es gibt sehr pragmatische Gründe dafür, beide Seiten des Gehirns zu benutzen. In den 1960er Jahren entdeckte ein Angestellter eines Schweizer Uhrenherstellers eine neue Art, die Zeit anzuzeigen – die Digitaluhr. Aufgeregt zeigte er die Entdeckung seinen Vorgesetzten. Doch sie wollten nichts davon wissen. »Das ist keine Uhr«, sagten sie. »Es hat ja gar keine beweglichen Teile.« Ihr Tunnelblick wurde durch die Dominanz der linken Hemisphäre verursacht. Sie konnten nicht über den Tellerrand hinausschauen. Die Digitaluhr entsprach nicht ihren gewohnten Seh- und Denkmustern. Eine kleine Firma namens Texas Instruments erwarb das Patent, und der Rest ist Geschichte. Die Schweiz ist seitdem nicht mehr führend in der Uhrenindustrie.

Mit unserer künftig immer komplexer werdenden Welt zurechtzukommen wird uns nur gelingen, wenn wir mehr Intelligenz und Kreativität entwickeln.

Seit den 1980er Jahren interessiere ich mich dafür, wie sich durch Klänge und veränderte Bewusstheitszustände unsere Gehirnaktivität und Intelligenz steigern lässt. Im Rahmen der von mir gegründeten »Acoustic Brain Research« produzierte ich sogar eine Serie von Audiokassetten, die ich Mind Gymnastiks nannte. Hunderte von Menschen benutzen sie bis heute, um die Gehirnleistung zu steigern.[8]

Bei meinen Forschungen über alternative Bewusstseinszustände zur Erhöhung von Intelligenz und Kreativität, stellte ich erstaunt fest, wie sehr sich die Erfahrungen der Leute ähnelten. Viele Teilnehmer berichteten über ein größeres Gefühl der Verbundenheit mit dem Leben insgesamt. Manche benutzten sogar die Formulierung »das Netzwerk des Lebens«, als wären alle Wesen irgendwie verbunden, auf eine Weise, die sich logisch nicht erklären ließ. Zu solchen Erkenntnissen gelangten im Lauf der Geschichte auch viele Mystiker und »Erforscher des Geistes« sowie Angehörige indigener Kulturen. Wenn man die von diesen Erforschern des Geistes hinterlassenen Schriften liest, wird das deutlich.

Die mystische Beschreibung der Verbundenheit allen Lebens hat eine lange Geschichte, die viele Jahrtausende zurückreicht. Die Wissenschaft wurde dagegen erst in den letzten dreißig oder vierzig Jahren auf dieses Phänomen der Verbundenheit aufmerksam. Es zeigt sich in Gestalt der Holographie, weshalb man auch vom holographischen Universum spricht.

Das Rätsel der Holographie

Heute sind Hologramme ziemlich verbreitet, aber in den 1970ern, als ich in San Francisco mein erstes Hologramm betrachtete, waren sie noch sehr selten. Ich erinnere mich, wie ich

---

8   Diese Kassetten-Edition ist längst nicht mehr lieferbar. Tom Kenyons aktuelles deutsches Hörprogramm finden Sie auf www.AmraVerlag.de. Jede CD ist dort mit jedem einzelnen Stück angespielt. – *Die Red.*

in diesen kleinen Raum in der Kunstgalerie *Haight Holo* ging und kaum fassen konnte, was ich dort sah. Die Fotos schienen aus ihren Rahmen herauszutreten und in der Luft zu schweben. Als ich um diese merkwürdigen Erscheinungen herumging, erblickte ich Dinge, die bei einem normalen Foto niemals sichtbar gewesen wären. Fasziniert beschäftigte ich mich mit der Physik hinter den Hologrammen.

Eine aufregend unlogische Welt tat sich für mich auf. So bizarr das scheinen mag, man kann ein beliebiges Stück aus einem Hologramm herausschneiden, und das gesamte Hologramm ist dann in diesem Stück sichtbar! Wie, um alles in der Welt, ist das möglich?

Hologramme werden hergestellt, indem man Filmmaterial mit Lasern bestrahlt. Laserstrahlen bestehen aus kohärentem Licht. Alle Photonen sind sauber aufgereiht. Das unterscheidet sich stark vom alltäglichen Licht, bei dem die Photonen weit weniger geordnet sind. Man könnte sagen, dass beim alltäglichen Licht jedes Photon auf seinen eigenen Trommler hört. In Lasern gibt es nur einen Trommler, und alle Photonen folgen seinem Rhythmus und der von ihm vorgegebenen Richtung.

Die Methode, mit der Hologramme erzeugt werden, ist für uns hier nicht von Bedeutung, also werde ich darauf nicht näher eingehen. Außerdem interessieren die meisten Leute sich ohnehin nicht dafür. Ihnen macht es einfach nur Spaß, sich die seltsamen Fotos anzuschauen.

Wie ich schon sagte, kann man ein beliebiges Stück aus einem Hologramm heraustrennen und sieht in diesem winzigen Stück dann wiederum das gesamte Hologramm. Jedes Fragment eines Hologramms enthält das gesamte Bild. Anders ausgedrückt kann man sagen, dass der Makrokosmos des Fotos im Mikrokosmos jedes einzelnen Teiles enthalten ist.

Mystiker beschreiben ganz ähnliche Erfahrungen. Menschen, die einen tiefen veränderten Bewusstseinszustand erreichen, erleben oft eine universelle Verbundenheit, und zwar unabhängig vom religiösen oder philosophischen Dogma oder Kontext, den der Einzelne jeweils bevorzugt.

Eine Begegnung im Park

Ich erinnere mich, dass ich als junger Mann in den Zwanzigern ein unerwartetes Erlebnis mit dem holographischen Universum hatte. Damals spazierte ich in der Abenddämmerung durch einen Park. Ein Gefühl tiefer Ruhe erfüllte mich. Bis zum heutigen Tag habe ich keine Ahnung, wodurch die Erfahrung ausgelöst wurde. Ich hatte für eines meiner Seminare an der Universität gelernt und beschlossen, mir etwas die Beine zu vertreten.

Ich stieg auf einen kleinen Hügel und schaute von dort zur Straße hinunter, wo ein Fluss aus Autos langsam vorbeiströmte. Mit ihren leuchtenden Scheinwerfern sahen sie aus wie ein vorwärts kriechender Weihnachtsbaum.

Plötzlich konnte ich die Fahrer in den Autos auf eine Weise fühlen, die der Logik widersprach. Ich fühlte ihre Hoffnungen, ihre Wünsche, ihre Ängste. Viele fuhren von der Arbeit nach Hause. Einige würden zu Hause allein sein, andere wurden von ihren Familien erwartet. Diese enorm erweiterte Wahrnehmung berührte mich zutiefst. Auch bemerkte ich, dass die Luft von einer sonderbaren Energie erfüllt zu sein schien.

Damals waren solche Erfahrungen neu für mich, und ich hatte noch keine Worte, um sie zu beschreiben. Aber es fühlte sich wie Liebe an. Es fühlte sich an, als strahlten alle Atome dieser Welt vor Liebe und als versuchte diese Liebe auf unbegreifliche Weise, alle Lebewesen zu erreichen und zu berühren. Sie berührte mich, die fremden Menschen, die in ihren Autos nach Hause fuhren, die Vögel in den Bäumen, sogar die Mäuse im Gras und die Grillen, die in der Dämmerung zirpten.

Diese Erfahrung dauerte ungefähr eine Stunde an. Dann verblasste das Gefühl der Verbundenheit allmählich. Ich ging nach

Hause zurück, immer noch mit diesem Gefühl der Ruhe, aus dem heraus sich das Erlebnis entwickelt hatte. Doch gleichzeitig dachte ich intensiv nach. War es denn wirklich denkbar, dass so etwas wie Liebe in jedem Atom des Universums wohnte?

Als ich gerade darüber nachdachte, gelangte ich an eine eigenartige Schwelle. Ich blieb in der Dunkelheit unter dem großen Ast einer Eiche stehen. Auf der anderen Seite des Baumes war alles ins Licht einer Straßenlaterne getaucht.

Ich stand in der Dunkelheit, und auf der anderen Seite war das Licht. Es fühlte sich unheimlich an, als würden die mystische Welt und diese Welt sich für einen Moment begegnen. Als ich aus der Dunkelheit ins Licht trat, hörte ich deutlich, wie eine Stimme zu mir sagte: »Du kannst niemals zurück.« Ich war fassungslos. Ich blickte umher, denn die Stimme hatte so real geklungen, als stünde jemand in meiner Nähe. Aber da war niemand. Schweigend ging ich nach Hause.

Inzwischen weiß ich, dass diese sonderbare allumfassende Liebe *ganz real* ist. Die alten Griechen nannten sie Agape, göttliche Liebe. Sie wird in jedem Winkel des Universums ständig auf alle Wesen ausgestrahlt. Und jene, die Augen haben zu sehen, können sie sehen. Wer Ohren hat zu hören, der kann sie hören. Doch die meisten von uns dringen niemals zu den tieferen Bewusstheitsstadien vor, in denen man sie unmittelbar erfahren kann.

Um nicht missverstanden zu werden: Dieser letzte Absatz ist meine Meinung, die auf über dreißigjähriger persönlicher Erfahrung mit veränderten Bewusstseinszuständen beruht. Es ist meine Erfahrung und mein Glaube als Bewusstseinsforscher. Aber es ist nur ein Glaube. Zwar wird er von anderen Argonauten des Geistes geteilt, aber keineswegs handelt es sich um eine wissenschaftliche Tatsache, ja nicht einmal um eine Prämisse. Es gibt keine Möglichkeit, Liebe zu messen, doch für die Wissenschaft ist Messbarkeit das entscheidende Kriterium. Ohne Quantifizierung kann es keine wissenschaftliche Untersuchung geben.

Ich gehe darauf so ausführlich ein, weil ich mich hier auf schwierigem Terrain bewege. Ich versuche, eine Brücke zwischen Wissenschaft und Mystik zu bauen. Ich bin überzeugt, dass Wissenschaft und Mystik sich eines Tages vereinen werden, doch weil die Methoden dieser beiden Wege so verschieden sind, geht dies nur, wenn wir sie auf neue Weise einander annähern.

Aber auch wenn wir noch nicht wissen, wie die Synthese aus Wissenschaft und Mystik letztlich aussehen wird, gibt es bereits ein gemeinsames Territorium.

Mein oben beschriebenes Erlebnis war eine klassische mystische Erfahrung. Praktizierende buchstäblich aller spirituellen Traditionen haben schon von solchen Erfahrungen berichtet. Auch wenn die Beschreibungen sich oft ziemlich unterscheiden, sind die Erkenntnisse, zu denen alle diese Traditionen gelangen, stets die gleichen – es besteht eine wesenhafte Verbundenheit zwischen Leben und Kosmos. Wie diese Verbundenheit gedeutet wird, variiert je nach spiritueller Tradition, aber die Verbundenheit wird bei allen Formen mystischer Erfahrung erlebt.

In seinem großartigen Buch *Das holographische Universum* untersucht Michael Talbot, ob es für diese mystische Erfahrung eine wissenschaftliche Grundlage gibt.[9] Ich empfehle es allen zur Lektüre, die an diesen Dingen interessiert sind. Wenn die Theorie sich als richtig erweist, sind wir alle Teil des universalen Hologramms, jeder von uns ein unverzichtbares Teilchen des kosmischen Puzzles. Und nicht nur das: Weil wir von Natur aus holographisch sind, befindet sich der gesamte Kosmos in uns. Das wiederum ist eine der fundamentalen Lehren der meisten

---

9 Zur Erklärung seines holografischen Modells der Wirklichkeit, das Reisen in einem Superhologramm ebenso anschaulich macht wie die Existenz von Parallelwelten, einer Zeitlosen Zeit und der Traumzeit, bedient sich der Autor beispielsweise neurophysiologischer Theorien von Karl Pribram und kosmologischer Modelle von David Bohm. Auch parapsychologische Phänomene werden in diesem erkenntnistheoretischen Sachbuch-Klassiker streng wissenschaftlich und doch leicht verständlich nachvollziehbar; leider wurde die deutsche Ausgabe seit 1994 nicht mehr nachgedruckt. – *Die Red.*

Ewigen Philosophien und mystischen Traditionen. Auf eine un-erklärliche Weise tragen wir den Kosmos in uns. Und wenn wir unser eigenes Bewusstsein erkunden, führt uns das unweigerlich in die kosmischen Bereiche der Existenz. Wir sind wie Möbius-bänder. Auf der einen Seite des Bandes sind wir isolierte, indi-vidualisierte menschliche Primaten. Doch gleichzeitig existieren wir auch auf der anderen Seite des Bandes, und auf jener Seite sind wir Teil des Ganzen. Wir sind *eins* mit allem Leben und dem gesamten Kosmos in uns.

Unserem gewohnten Denken erscheint das unlogisch. Doch in veränderten Bewusstseinszuständen können wir unsere Zehen in eine andere Welt eintauchen, eine außerordentlich paradoxe Welt.

Aufgrund meiner intensiven Arbeit auf dem Gebiet der Ge-hirnforschung bin ich zu der Ansicht gelangt, dass viele mystische Erfahrungen – auch das Gefühl der Verbundenheit – durch Ver-änderungen im Gehirn ausgelöst werden.

Vor vielen Jahren begann ich, bei Versuchspersonen EEGs schreiben zu lassen, die sich *Wave Form* anhörten, eine von mir für Acoustic Brain Research produzierte Aufnahme.[10] Viele die-ser Personen berichteten, dass sich, während sie den Klängen lauschten, intensive außergewöhnliche Erlebnisse einstellten, zu denen das Gefühl zu schweben ebenso zählte wie Reisen durch den Weltraum und ein Gefühl der Verbundenheit mit allen Din-gen. Solche Erfahrungen überraschten mich nicht, faszinierend war aber, wo das Gehirn eine Reaktion zeigte. Es handelte sich um den Scheitelpunkt des Kopfes. Dort fand ein massiver An-stieg von Thetawellen statt, mehr als in jedem anderen Gehir-nareal. An dieser Stelle wird im Yoga das Kronenchakra lokali-siert, manchmal auch tausendblättriger Lotos genannt. Dieses Chakra assoziiert man mit transpersonalen und universellen Bewusstseinszuständen.

---

10 *Wave Form I* und *Wave Form II* sind zwei Aufnahmen mit Thetafrequenzen, die beim Hörer innere Spannungen abbauen und das Herz öffnen. Die CDs und mp3-Downloads sind nur auf www.TomKenyon.com erhältlich. – *Die Red.*

Das war faszinierend. In den folgenden Jahren widmete ich einen Teil meiner Zeit der Frage, ob sich eine solche Reaktion des Gehirns mit wissenschaftlicher Zuverlässigkeit reproduzieren ließ. Schließlich gelangte ich zu dem Schluss, dass diese Reaktionen Teil größerer Musterbildungen im Gehirn sind, die zur Psychologie und den Werten der jeweiligen Person in Bezug stehen. Mit anderen Worten: Während manche Versuchspersonen beim Hören von *Wave Form* aufregende Reisen durchs Universum erlebten, bewirkten die Klänge bei anderen lediglich eine tiefe Entspannung. Und manche schliefen einfach ein!

Ich erinnere mich an einen Herzspezialisten, der sich *Wave Form* zum ersten Mal anhörte. Seine Mitarbeiter hatten ihm empfohlen, die Aufnahme selbst auszuprobieren, weil sie überlegten, sie im Stress-Management-Programm für ihre Patienten zu verwenden. Der skeptische Mediziner sich Kopfhörer auf und lehnte sich in seinem Chefsessel zurück. Er berichtete, dass ihn die Klänge anfangs gelangweilt hätten. Dann sei er halb eingedöst, ohne richtig einzuschlafen. Plötzlich hörte er laut und deutlich eine Lokomotive. Er sagte sich, dass doch unmöglich eine Lokomotive durch seine Praxis rollen könne, und öffnete die Augen. Zu seiner Verblüffung entpuppte sich das, was er für den Lärm der Lokomotive gehalten hatte, als sein eigenes Schnarchen!

Bei praktisch allen Personen, die *Wave Form* anhörten, zeigte sich, dass sich durch die Klänge tiefe veränderte Bewusstseinszustände hervorrufen lassen, was jedoch in diesen Zuständen erlebt wurde, war individuell verschieden.

Ein anderes Mysterium der Gehirnfunktion geriet in den Fokus der Aufmerksamkeit, als der Mediziner Andrew Newberg sein Buch *Der gedachte Gott* veröffentlichte.[11] Mit Hilfe modernster neu-

---

11 Andrew Newberg, geboren 1966 in Philadelphia, ist Professor für Radiologie am Institut für Nuklearmedizin und Dozent für Religionswissenschaft an der Universität von Pennsylvania/USA. Gemeinsam mit Eugene d'Aquili und Vince Rause schrieb er das Buch *Der gedachte Gott*, zuletzt 2008 auf Deutsch bei Piper. Es bringt eine wissenschaftliche Erklärung für spirituelle Erfahrungen. Allerdings

rologischer Messgeräte gelang es Newberg, im Gehirn ein Areal zu identifizieren, das offenbar für die mystische Erfahrung von entscheidender Bedeutung ist. Er und seine Mitarbeiter untersuchten die Gehirnaktivität Meditierender. Zu den Versuchspersonen zählten christliche Mystiker, Yogis, Buddhisten und andere. Newberg sammelte Meditierende, wie manche Leute Baseballkarten sammeln. Jede Versuchsperson musste, wenn sie einen Zustand tiefster Meditation erreicht hatte, dies signalisieren, indem sie auf einen Knopf drückte.

Bei der Messung der Gehirnaktivität zeigte sich bei allen Meditierenden eine Gemeinsamkeit. Wenn sie sich in tiefer Meditation befanden, reagierte bei allen das gleiche Gehirnareal, unabhängig davon, um welche spirituelle Tradition und Meditationsmethode es sich handelte.

Dieses Areal war stets das Orientierungsareal, ein neurologisches Zentrum, das für unsere Orientierung im Raum zuständig ist. Wenn wir beispielsweise durch ein Zimmer gehen, koordiniert das Orientierungsareal die Sinneseindrücke, damit wir nicht gegen Hindernisse stoßen. In solchen Momenten ist dieses Areal stark damit beschäftigt, Sinnessignale weiterzuleiten. Seine Zellen sind sehr aktiv.

In der Meditation schlief das Orientierungsareal förmlich ein! Seine Zellen verarbeiteten keine Sinneseindrücke mehr. Es war, mit anderen Worten, nicht mit der Wahrnehmung des äußeren Raumes beschäftigt.

Ich vermute, dass die deutliche Veränderung im Orientierungsareal auf eine Verlagerung der Aufmerksamkeit zurückzuführen ist. Meditation ist ein Prozess, bei dem die Aufmerksamkeit dem inneren Raum zugewandt wird. Dabei lässt man die Wahrnehmung des äußeren Raumes hinter sich. Das, was übrig bleibt, sind Erfahrungen aus der Quelle des inneren Raumes – dem Geist.

---

halten die Autoren sich offen, ob die sogenannte »Erleuchtung« eine Selbsttäuschung des Gehirns ist oder dadurch nicht doch ein Tor zu einer transzendentalen Welt aufgeschoben wird. – *Die Red.*

Wie ich bereits erwähnte, wird in verschiedenen mystischen Traditionen übereinstimmend von Verbundenheits-Erfahrungen berichtet. Solche Gefühle gehen oft mit Veränderungen der räumlichen Wahrnehmung einher.

Das Phänomen, dass das holographische Universum (oder die mystische Verbundenheit) erlebt wird, scheint eng mit einer Veränderung der räumlichen Wahrnehmung verknüpft zu sein – und auch die Zeit wird anders erlebt.

Meditierende berichten übereinstimmend, dass sich während ihrer inneren Reisen die Zeitwahrnehmung enorm verändert. Eine Klientin erlebte beispielsweise Geburt, Entwicklung und Tod des Universums, begleitet von einem Gefühl endloser Zeit. Als sie die Augen öffnete und auf die Uhr schaute, waren nur fünfzehn Minuten vergangen.

In tiefer Meditation treten faszinierende und außergewöhnliche Wahrnehmungen auf. Dazu zählt die Wahrnehmung von nichtkörperlichen Intelligenzen, die manchmal Energiewesen genannt werden.

In der westlichen Kultur hält man dergleichen für Unsinn, und in gewisser Weise sind diese Wesen zwar nicht unsinnig, aber außer-sinnlich. Mit unseren fünf Sinnen können wir sie nicht wahrnehmen. Eher kann man sagen, dass sie unmittelbar über die inneren Sinne unseres Geistes wahrgenommen werden.

In vielen Kulturen und spirituellen Traditionen werden diese ungewöhnlichen Wesen erwähnt. In den indigenen Kulturen gilt es als Tatsache, dass sie existieren und man mit ihnen interagieren kann.

Viele Christen glauben an Engel, und auch dabei handelt es sich um Energiewesen. Ich selbst hatte im Laufe der Jahre so viele Erlebnisse mit Engeln, dass sie für mich zu einem ganz normalen Bestandteil der Realität geworden sind. Nun scheint es vom holographischen Universum und dem Gefühl der Verbundenheit ein ziemlicher Sprung zu sein, wenn plötzlich von körperlosen Wesen die Rede ist. Und in der Tat kann man Verbundenheit erleben, ohne jemals einem dieser Wesen zu begegnen.

Die CD Infinite Pool

Jedenfalls war es ein Energiewesen, das eines Tages in meiner Meditation auftauchte und mir sagte,
es wäre möglich, durch Klänge die
Evolution des holographischen
Gehirns zu beschleunigen.

Es stellte sich heraus, dass es
sich bei dem Wesen um einen *Akul* handelte. Diese Wesen waren bei ägyptischen Alchemisten als »die Alten« bekannt. Sie sind
außerordentlich hoch entwickelt, und dieser *Akul* lehrte mich,
Klangmuster auf neue Weise einzusetzen.

Ich hatte inzwischen Kontakte zu Energiewesen aus zahlreichen
Traditionen und Kulturen, und meiner Meinung nach kann, wer
bereit ist zuzuhören, von ihnen Informationen von unschätzbarem
Wert erhalten. Mein Test für die Gültigkeit solcher Informationen
besteht darin, ob sie einen praktischen Wert haben oder nicht.
Was diesen *Akul* betrifft, erkannte ich sofort, über welch enormes
Wissen er verfügte. Nachdem ich das Klang-Programm in all seiner
Komplexität aufgenommen hatte, war ich noch überzeugter davon,
dass ich auf etwas außerordentlich Wertvolles gestoßen war.

Die anderen dreizehn Stimmen auf *Infinite Pool* stammen von
einer anderen Gruppe von Wesen, mit der ich mittlerweile seit über
zehn Jahren zusammenarbeite. Sie nennen sich Hathoren und sind
Meister des Klangs und der Liebe.[12] Als ich ihnen in der Meditation
zum ersten Mal begegnete, hatte ich schon mehr als ein Jahrzehnt
auf dem Gebiet der meditativen Klänge gearbeitet. Aber ihr Wissen
übertraf meines bei Weitem, und sie eröffneten mir neue Perspektiven, die ich nie für möglich gehalten hätte. In den letzten Jahren ist

---

[12] Hörproben der CD *Infinite Pool* finden Sie auf www.AmraVerlag.de. Die gesammelten planetaren Botschaften der Hathoren sind enthalten in den beiden Büchern
Aufbruch ins höhere Bewusstsein und *Lichtmedizin*, die im Amra Verlag vorliegen. Dort
können Sie online auch die seitdem verbreiteten Botschaften lesen. – *Die Red.*

diese Gruppe meiner Mentoren auf dreizehn Mitglieder angewachsen. Die anderen Stimmen, die Sie auf der Aufnahme hören, sind diese Wesen, die »durch mich« singen.

Diese Stimmen erzeugen im Gehirn komplexe stehende Wellenmuster. In den stehenden Wellenmustern werden dann immer vielschichtigere Geometrien erschaffen. Es handelt sich wirklich um Heilige Geometrie in Aktion. Die Wirkung dieser Geometrien ist multidimensional, was bedeutet, dass mehrere Bewusstseinsdimensionen gleichzeitig angesprochen werden, abhängig von der persönlichen Entwicklung und der Bewusstheit der Zuhörer. Menschen, die es noch nicht gehört haben, ist es schwer zu beschreiben, aber ich will es trotzdem versuchen. Stellen Sie sich vor, dass Sie in Ihrem Kopf ein ständig oszillierendes Feld Heiliger Geometrie hören. Manchmal fühlen Sie einen Kreis aus Licht, manchmal andere geometrische Formen. Jeder Punkt einer solchen geometrischen Form sendet einen Ton aus. Durch diese Töne werden die mit ihnen korrespondieren Areale im Gehirn auf außergewöhnliche Weise aktiviert.

Zusätzlich formen sich komplexe innere Bilder, die scheinbar in unserem Kopf schweben. Diese Bilder kommen aus unserer eigenen inneren Welt und sind ein natürlicher Ausdruck unseres multidimensionalen Bewusstseins.

Ich glaube, dass die Entwicklung eines multidimensionalen Bewusstseins einer der nächsten Schritte in unserer Evolution ist. Und diesen Schritt können wir selbst herbeiführen. Mit anderen Worten: Wir müssen nicht erst darauf warten, dass andere diese Fähigkeit entwickeln. Wir können sie ganz für uns allein erlangen. Und es gibt gute Gründe dafür – die Entwicklung eines multidimensionalen Bewusstseins steigert unsere Intelligenz und Kreativität.

Stärker aus esoterischer Sicht betrachtet, versetzt die Kultivierung unserer Multidimensionalität uns in die Lage, mehrere Bewusstseinszustände parallel zu erleben. Esoterisches Wissen kann viel effektiver erworben und genutzt werden, wenn unser Geist multiple Bewusstseinsebenen gleichzeitig wahrnehmen kann.

Das multidimensionale Bewusstsein wird auch als das holographische Universum bezeichnet, und das Tor zu diesem Universum befindet sich in unserem Gehirn.

Durch dieses Tor können Sie andere Welten besuchen und Erkenntnisse gewinnen, die Sie nie für möglich gehalten hätten. Nachdem ich sechs Monate lang mit diesem Programm experimentiert hatte, war ich überzeugt, dass es für all jene von unschätzbarem Wert ist, die sich das außerordentliche Potenzial ihres Gehirns erschließen wollen.

Originaltitel: »Holographic Universe«
Deutsche Erstveröffentlichung

Immunität

Die ganze Geschichte begann auf höchst unerwartete Weise. Gegen Ende einer Klangheiler-Ausbildung in Seattle, Washington, beantwortete ich Fragen. Eine Frau hob ihre Hand und sagte, dass sie für eine Wohltätigkeitsorganisation in Afrika mit AIDS und HIV-Patienten arbeite. Sie fragte, ob ich irgendwelche Aufzeichnungen oder Klangsequenzen hätte, die helfen könnten, weil die Situation in jenem Teil der Welt ziemlich schlimm werde. Ich antwortete, dass ich nichts wirklich Brauchbares anzubieten hätte, da meine psychoimmunologische Arbeit bis zu diesem Zeitpunkt sich auf allgemeine Immunität und nicht auf etwas derart Besonderes konzentriert hätte.

Dann sagte sie, dass sie eine Bitte an mich hätte, man könne es auch eine Herausforderung nennen. Ich erinnere mich noch deutlich an den Augenblick, als der Raum sich plötzlich mit einer spirituellen Anwesenheit füllte, während sie sprach. »Ich muss Sie um einen Gefallen bitten. Ich weiß, dass sie sehr beschäftigt sind, aber Afrika ist in Not, und ich weiß, dass Sie helfen können.«

Der Gedanke, der langen Liste an Projekten, zu denen ich mich bereits verpflichtet hatte, eine weitere Sache hinzuzufügen, ließ mich zurückschrecken. Ich wollte gerade etwas Entsprechendes stammeln, als ich hellsichtig gewahr wurde, dass ein Wesen rechts von mir stand. Es war ein afrikanischer Schamane, der dem Ersuchen seine Unterstützung hinzufügte. Und dann kamen alle meine geistigen Führer zu mir, und die Bühne war plötzlich sehr voll.

Ich hörte mich selbst sagen: »Ich werde einen Weg finden, um mir die nötige Zeit zu verschaffen, das zu tun.«

Man bedenke, dass ich keine Vorstellung hatte, wie ich das anstellen sollte, angesichts der Tatsache, dass ich gut vierzehn bis sechzehn Stunden täglich an anderen Aufnahme- und Schreibprojekten arbeitete. Ich war ausgelaugt, wie man so sagt, und außerdem waren Judi und ich gerade dabei, für eine weitere Seminartour um die Welt zu packen.

Etwa vier Tage nach dieser Begegnung wurde ich um drei Uhr morgens durch meine Gruppe von dreizehn Hathoren geweckt. Sie sagten, dass es jetzt Zeit wäre, mit der Arbeit an dem Immunitäts-Programm zu beginnen. Sie sagten, es würden rein vokale Töne sein, ohne den Einsatz irgendwelcher elektronischer Frequenzen, und es würde mit Hilfe spiritueller Heiler aus vielen verschiedenen Bewusstseinbereichen gechannelt werden. Sie informierten mich auch, dass die meisten Aufzeichnungen gewöhnlich gegen drei Uhr morgens stattfinden würden, weil das die Zeit der geringsten Störung durch kollektive Gedankenformen

sei – einschließlich meiner eigenen. Mit anderen Worten: Sie teilten mir mit, dass ich in den nächsten paar Wochen nicht viel Schlaf bekommen würde.

Tatsächlich erforderte es vier Wochen, alle zweiunddreißig Tracks aufzuzeichnen, von denen jeder aus einem anderen Wesen bestand, das sein oder ihr spirituelles Licht in hörbaren Tönen channelte. Es war eine erheiternde und geistig erweiternde Erfahrung, die ständig die Grenzen meiner eigenen, persönlichen Paradigmen und Glaubenssätze anstieß.

Die ersten beiden Tracks wurden von den Hathoren beigesteuert. Mir wurde gesagt, dass diese Tracks bei vielen Arten von Krebs und bei HIV/AIDS und anderen Immunproblemen helfen. Man sagte mir auch, dass die letzte Aufzeichnung bei Problemen der Immunität auf vielen Ebenen wirksam wird – nicht nur physisch, sondern ebenso emotional und spirituell. Wie das gehen sollte, war mir anfangs nicht klar, aber als der Prozess des Aufzeichnens fortschritt, begann ich, den Zusammenhang zu sehen. Immunität ist nicht nur die physische Antwort unseres Immunsystems auf immunologische Bedrohungen. Es ist sowohl das biologische Selbstgefühl als auch das spirituelle Gefühl der Selbst-Identität.

Nach den ersten beiden Tracks veränderte sich die Schwingungsenergie der geistigen Heiler beträchtlich. Ein afrikanischer Schamane erschien mir im hellsichtigen Zustand und wies darauf hin, dass er die Hilfe der Medizin der Pflanzengeister anbieten wolle, das heißt, dass er die Geister bestimmter Pflanzen anruft, um physische und spirituelle Krankheit zu lindern. Ich kenne diese Art von Heilung und hatte sie selbst schon bei zwei verschiedenen Gelegenheiten von verschiedenen Praktizierenden erfahren. Diese Art, mit Pflanzengeistern zu arbeiten, scheint eine lange Tradition in vielen Gegenden von Nord- und Südamerika und desgleichen in Afrika zu haben. Diese Art von Medizin könnte auch in anderen Teilen der Welt überliefert sein – es ist nur so, dass ich damit nicht vertraut bin.

Was mich bei diesem Schamanen/Heiler erstaunte, war, dass er offensichtlich seit langer Zeit nicht mehr in einem Körper war, denn viele Pflanzen, die er zum Heilen verwendete, gab es in Afrika nicht mehr. Sie waren längst ausgestorben. Für einen Moment schien er traurig zu sein und wollte es nicht glauben. Dann bemerkte ich, wie er die Sterne und die Geisterwelten durchsuchte, um seine Geister-Brüder und -Schwestern (seine Pflanzenmedizin) in anderen Bereichen des Bewusstseins zu finden. Er rief sie herbei und brachte ihre Geistermedizin zurück auf die Erde mittels der Töne, die er durch meine Stimme sang.

Als dies beendet war, schluchzte ich wegen der Kraft der Energien und dem Pathos dessen, was ich erlebt hatte. Ich verließ den Aufnahmeraum und sah einen hochgewachsenen Afrikaner, der ätherisch im Studio stand. Ich erkannte ihn als Massai-Krieger. Er verbeugte sich, und wir kommunizierten ein paar Augenblicke schweigend – er, indem er mir dankte, dass ich mein Versprechen gehalten hatte, und ich, indem ich ihm für seinen Besuch dankte.

Mit den Jahren hatte ich mich daran gewöhnt, bei meiner Arbeit viele verschiedene Arten von spiritueller Energie und Wesenheiten zu channeln. Aber ich hatte noch nie so viele unterschiedliche Energien in einer so kurzen Zeitspanne gechannelt, und diese Erfahrung veränderte zutiefst meine Wahrnehmung der geistigen Welten.

Einige der Wesen, die ihre Heilung aus den Reichen des Lichts in die Welt der Töne sangen, konnte ich identifizieren – Lamas aus Tibet, Heiler aus dem alten Ägypten, aus Indien und Persien. Einige waren Alchemisten allerhöchsten Ranges, andere Schöpfergötter und Schöpfergöttinnen aus alten Zeiten und Orten, für die wir keine Namen haben.

Nach einem Drittel des Wegs im Aufnahmevorgang begann eine Gruppe von Engeln, ihre Heilungscodes herunterzuladen. Jeder dieser Codes wurde von bestimmten Lichtgeometrien begleitet, und wenn ein Engel durch mich sang, wurde ich zu solchen Höhen emporgehoben, dass ich buchstäblich aus dem Aufnahmeraum hinaus taumelte, sobald ich seine oder ihre Sequenz beendet hatte. Einige dieser Engelwesen kannte ich aus der christlichen und islamischen Überlieferung.

Aber einige waren mir auch unbekannt. Alles, was ich bei ihnen außer ihrer Majestät und Macht spüren konnte, war, dass sie aus dem Herzen des Göttlichen gesandt worden waren, um bei der immensen Aufgabe des planetarischen Heilens zu helfen.

Ich werde niemals eine Sitzung vergessen, etwa nach der Hälfte der Aufnahmen, in der ich Zeuge war, wie das Tao eine Form des reinen Chi (der Lebenskraft) aus dem formlosen Himmel in ein Klangmuster hinabsandte. Der Klang schien nicht von dieser

Welt zu sein, aber zur gleichen Zeit zutiefst heilend. Jede Zelle in meinem Körper wurde getröstet und genährt durch diese uranfänglichen Töne. Während einer Sitzung beobachtete ich, wie der blaue Medizin-Buddha eine exquisite Form heilenden Lichts aus dem Sambhogaya (dem tibetischen Reich aus reinem Licht und Klang) herbeirief. Ich sah zu, wie er das Licht verwob und seine vibrierenden Frequenzen aus diesem spirituellen Licht in Form spiritueller Töne niedersteigen ließ.

Bei einer Sitzung rief ein mongolischer Schamane den pferdeköpfigen Gott des Heilens an, bei den Tibetern als Hevajra bekannt. Als ich erlebte, wie Hevajra sich im Reich des Lichts manifestierte, sah ich Tausende wilder Pferde über die mongolische Steppe galoppieren – ein machtvolles Symbol der ursprünglichen Heilungskraft, die durch diese Töne freigesetzt wurde.

In anderen Sitzungen sangen eingeborene amerikanische Schamanen und Heiler und riefen durch ihre Intention heilende Kräfte herbei. Eine beeindruckte mich besondern – Buffalo Calf Woman – eine legendäre Gestalt von immenser Heilkraft. Ihre Töne bebten mit einer Macht, die mich erstaunt und dankbar für die weibliche Kraft des Heilens zurückließ.

Acht Tage lang trafen sich diese außergewöhnlichen und so unterschiedlichen Wesen zu einem gemeinsamen Zweck: um in einer Zeit, in der dies dringend erforderlich war, eine Art Heilung und neues Potenzial in die Welt zu entsenden. Spirituelle Linien, die sonst kaum miteinander zu tun hatten und oft mit dieser Welt in Konflikt gerieten, kamen zusammen, um eine Heilkraft zu erschaffen, die mich verblüffte und sprachlos machte.

Gegen Ende des Aufnahmeprozesses fügten Magdalena und Yeshua ihre Stimmen dem heilenden Chor hinzu, und auf mich hatte das eine sehr beruhigende und integrierende Wirkung. Während der gesamten Aufnahme hatte ich genau darauf geachtet, wie jede neue Stimme den vorhergehenden hinzugefügt wurde. Einige Male waren die Töne zu katalytisch, zu stark und lebhaft und enthielten zu viel persönliche Negativität. Sie verließen mich wieder, und wir – die anderen, die ihnen gelauscht hatten, und ich – schüttelten uns vor Erleichterung. Mit dem Hinzukommen von Magdalena und Yeshua war diese Befreiung noch deutlicher zu spüren, aber versehen mit einem Gefühl von Trost und Stabilität.

Ein fruchtbarer Boden war für das Heilen bestellt worden. Es fehlten nur noch die Samen der Intention, die jeder Zuhörer aussäen würde, wenn er oder sie den Codes lauschte. Mir ist jetzt ganz klar, dass dieses einzigartige, psychoakustische Programm eine mitschöpferische Matrix ist. Es ist eine hörbare Spur spirituellen Lichts, durch das die Intentionen des Heilens mit den Intentionen der Zuhörer vereint werden können.

Gedanken über Immunität, Glauben und Heilung

Ich habe gelernt, Immunität in einem viel größeren Zusammenhang zu sehen denn nur als unsere physische Reaktion auf Krankheitserreger. Aus biologischer Sicht sind unsere Immunsysteme ein Weg, das Selbst vom Nichtselbst zu unterscheiden. Wenn etwas – wie Bakterien oder Viren – unsere Körper befällt, vergewissern unsere Immunsysteme sich rasch, ob sie ein Teil von uns sind oder nicht. Wenn sie nicht als Teil unserer persönlichen Biologie erkannt werden, dann mobilisieren unsere Immunsysteme ihre Ressourcen, um die toxischen Invasoren zu zerstören.

Die körperliche Immunreaktion ist eine sehr komplexe Angelegenheit – eine Kombination von vielen Faktoren einschließlich Genetik, Ernährung, Umwelteinflüssen, persönlicher Vitalität sowie mentaler/emotionaler Muster. Dieser letzte Aspekt der Immunität wird oft als Psychoimmunologie oder Psychoneuroimmunologie bezeichnet. Das ist ein Forschungsbereich, der untersucht, wie unsere Gedanken und besonders unsere Emotionen unser Immunsystem beeinflussen. Und auch wenn solche vergänglichen Dinge wie Gedanken und Gefühle lediglich einen kleinen Teil des Immunpuzzles darstellen, sind sie doch ein interessanter und wichtiger Aspekt.

Auf der pragmatischen Ebene müssen Sie, wenn Sie Ihre Immunfunktion verbessern wollen, sich der Qualität der Luft, des Wassers und besonders der Nahrung – der Lebensmittel, die Sie zu sich nehmen – bewusst sein und sie verbessern. Regelmäßige Ruhepausen haben sich ebenfalls als wichtig für eine gute Immunfunktion erwiesen. Diese Phasen gesundheitsfördernder Ruhe zeichnen sich durch Zunahmen an Aktivität der Alpha- und Theta-Gehirnwellen aus. Gewisse Formen von Meditation sind ideal geeignet, diese Art von stressabbauenden Gehirnzuständen zu erzeugen. Die Forschung hat gezeigt, dass diejenigen, die jeden Tag ein oder zwei Mal zwanzig Minuten lang meditieren, dazu neigen, eine bessere Immunfunktion und ein höheres Wohlbefinden zu haben als andere.

Aber die Art von Immunität, von der *ich* spreche, beschränkt sich nicht auf die körperliche Reaktion unseres Immunsystems. Dieser größere Zusammenhang der Immunität ist ein Ausdruck dessen, was ich unsere Schwingungssignatur nenne.

Unsere Schwingungssignatur oder Tonalität steht mit unserem Gefühlsleben in Zusammenhang – besonders damit, was wir in jedem Augenblick empfinden, und mit gewohnheitsmäßigen Gefühlen, die eine tägliche Komponente unserer eigenen, persönlichen Gewohnheiten des Denkens und Fühlens sind. Begriffsmäßig ordne ich die verschiedenen Gefühlszustände gern einer von zwei Kategorien zu: Emotionen, die Verbundenheit zum Ausdruck bringen, und Emotionen, die keine Verbundenheit zum Ausdruck bringen.

Emotionen, die Verbundenheit zum Ausdruck bringen, sind Gefühle wie Liebe, Wertschätzung, Seelenfrieden, Dankbarkeit und so weiter. Emotionen, die keine Verbundenheit zum Ausdruck bringen, sind Gefühle wie Hass, Eifersucht, Mangelempfinden, geistige Erregung und Ähnliches. Die meisten Menschen ziehen es im Allgemeinen vor, Emotionen zu erleben, die Verbundenheit zum Ausdruck bringen, weil diese eine wohltuende Wirkung auf ihren Körper und ihren Geist haben. Emotionen, die keine Verbundenheit zum Ausdruck bringen, bewirken, dass wir uns unbehaglich fühlen, denn auf der Ebene der feinstofflichen Energie sind sie zersetzend.

Es gibt einige faszinierende Untersuchungen, die zeigen, wie Gefühle fehlender Verbundenheit (wie Feindseligkeit) unsere körperliche Immunreaktion und sogar unsere Herzrhythmen negativ beeinflussen. Aber wir sind noch weit von einem Befund entfernt – wissenschaftlich gesprochen –, wenn es darum geht, wie und in welchem Ausmaß unsere Gesundheit von unserem Gefühlsleben beeinflusst wird. Deshalb möchte ich mich jetzt auch nicht in eine Diskussion über psychische und physiologische Mechanismen der körperlichen Immunität begeben.

Die Art von Immunität, auf die ich mich jetzt konzentrieren möchte, ist das größere Ganze, das ich vorhin erwähnte. Aus dieser metaphysischen Sicht werden wir jeden Tag von allen möglichen Giften und Krankheitserregern bombardiert. Aber diese Gifte beschränken sich nicht nur auf den körperlichen Bereich, auf den sich die Wissenschaft zwangsläufig konzentriert. Diese Art von Kontaminierung umfasst auch das, was ich geistiges, emotionales und sogar spirituelles Gift nenne.

Wenn uns jemand anlügt, eine Gruppe oder die Gesellschaft, ist das eine Art von geistigem, emotionalem oder spirituellem Gift. Diese Art von Fehlinformationen hat eine lange Geschichte und Tradition, einschließlich derjenigen, die in Familien, Gesellschaften und kulturellen sowie religiösen Dogmen vorkommt, ganz zu schweigen von den Fehlinformationen, die von Regierungen und Körperschaften bewusst ausgestreut werden. Diese ganze Idee ist ziemlich verrückt, deshalb werde ich mein Bestes tun, einige grundlegende Gedanken so einfach wie möglich darzulegen.

Fangen wir mit Familien an. In einer idealen Familie (die übrigens nicht existiert) ist die Beziehung zwischen den Eltern ausgewogen, und ihre Kinder verinnerlichen diese Ausgewogenheit durch den Prozess des Erwachsenwerdens und den Umgang mit den beiden idealen Elternfiguren, bis es zu einem Teil ihrer eigenen psychischen Struktur wird. Doch im wirklichen Leben gibt es kaum eine Ausgewogenheit von Macht. Gewöhnlich hat einer die Oberhand und bedroht den anderen. In dem faszinierenden Kaleidoskop der menschlichen Erfahrung kann der dominierende Elternteil bei seiner oder ihrer Manipulation der Macht zielgerichtet vorgehen oder passiv sein. Vielleicht sieht er rot, wenn er oder sie nicht seinen oder ihren Willen bekommt, und jagt der ganzen Familie eine Heidenangst ein. Vielleicht ist er oder sie aber auch das, was einige einen »subtilen Tyrannen« nennen, der gelernt hat, seinen oder ihren Willen auf sanftere Weise durchzusetzen.

Subtile Tyrannen sind passiv aggressiv und begegnen einer Situation niemals frontal mit Ehrlichkeit und Unmittelbarkeit. Sie streben im Schatten nach Macht, im Unbewussten - entweder ihrem eigenen Unbewussten und/oder dem Unbewussten derer in ihrer Nähe -, und oft geben sie sich dabei den Anstrich von Hilflosigkeit und erklären, voller Schuldgefühle zu sein. Manche benutzen beispielsweise Krankheit oder die Androhung einer Krankheit als Mittel, um zu bekommen, was sie wollen.

Wenn wir als Kinder in einem Familiensystem aufwachsen, nehmen wir unbewusst die zugrundeliegenden Glaubenssätze (Gedankenformen) der anderen Familienmitglieder über das Leben, Beziehungen und die Welt auf und akzeptieren sie - ebenso wie unseren Platz oder den fehlenden Platz darin. Auch die emotionalen Muster, die wir als Kinder vor Augen haben, werden zu einem Teil unseres Wesens. Gewöhnlich nehmen wir solche Muster des Denkens und Fühlens als unsere eigenen an oder rebellieren in einigen Fällen auch gegen diese Muster und Glaubenssätze. Eine derartige Person riskiert oft, von Familienmitgliedern als Schwarzes Schaf angesehen zu werden - als derjenige, der sich weigert, den Glaubenssätzen und Erwartungen der Familie zu entsprechen.

Wenn ein Glaube oder eine machtvolle Manipulation gegen die wahre Natur eines Familienmitglieds verstößt, schafft das einen enormen psychischen und sogar physiologischen Konflikt in demjenigen, der nicht im Gleis läuft oder nicht mit dem Programm übereinstimmt. In manchen Familien wird sanfte Rebellion geduldet – bis zu einem gewissen Punkt.

Aber in anderen Familien muss jeder an einem sehr strengen Standard des mentalen und emotionalen Lebens festhalten. So kann die Frage, ob jemand sich die Haare schneiden sollte, in einigen Familien zu einem großen Streit führen. Sich mit jemandem aus einer anderen Religion, kulturellen Gruppe oder Rasse zu verabreden oder ihn sogar zum Freund zu haben, kann von anderen mit Feindseligkeit aufgenommen werden. Und manche Kinder sind schon enterbt worden, weil sie einen anderen Beruf gewählt haben, als von ihnen erwartet wurde.

Bei alledem will ich darauf hinaus, dass wir unsere Glaubenssätze (Gedankenformen) und Emotionen durch einen Prozess geistiger und emotionaler Veränderung verinnerlichen. Mit anderen Worten: Unsere Gedanken und Emotionen werden zu einem Teil unseres Fleisches. Die Beschaffenheit unseres Körpers wird nicht nur durch die Nahrung bestimmt, die wir uns zuführen, und dadurch, was wir trinken, sondern auch durch das, was wir denken und fühlen.

Der Zwang, eine gewisse Art des Denkens und Fühlens anzunehmen, ist meiner Ansicht nach einer der größten Nachteile für unsere spirituelle, geistige und kulturelle Entwicklung. Ob sich das nun in unseren Familien zeigt, mit Freunden, bei der Arbeit, in unseren Stätten der Anbetung, darin, wie wir meditieren oder das Göttliche in unserem Denken halten, oder in unseren politischen Einrichtungen, der Mechanismus der Vergiftung ist immer gleich.

Wenn wir gezwungen werden oder man von uns erwartet, auf bestimmte Weise zu denken und zu fühlen – gegen unsere Natur und unser bestes Interesse –, kann das eine Art geistiger oder emotionaler Vergiftung zur Folge haben. Einige von uns mit einer solchen Vergiftung können behandelt werden, bei anderen breitet dieses Gift sich aus und erzeugt entweder körperliche Krankheiten oder in einigen Fällen auch das, was ich die »spirituelle Krankheit« nenne: Die Lebensfreude unseres Geistes wird gedämpft, unterdrückt oder erschöpft sich ganz. Ich glaube, dass in den nächsten Jahrzehnten die Wissenschaft eine Menge zu sagen haben wird über diesen Prozess der geistigen und emotionalen Veränderungen – das heißt, wie unsere Gedanken und Gefühle sich körperlich Ausdruck verschaffen –, obwohl solche Ideen vorläufig noch eine Randexistenz führen. Aber ehrlich gesagt, so verhält es sich mit der gesamten Geschichte der Immunologie.

Einigen Menschen muss die Vorstellung, dass geistige Wesen durch jemandes Stimme kommen und heilende Kodierungen singen können, die wahrhaftig helfen, absurd erscheinen. Für andere ergibt es Sinn. Es hängt alles davon ab, woher man kommt, was den eigenen Glauben an Realität und das Mögliche angeht – ganz zu schweigen von der eigenen Lebenserfahrung.

Ich musste meine »Schubladen« der Wahrnehmung ständig erweitern, während ich mit diesen geistigen Heilern arbeitete, denn offen gesagt, meine Wahrnehmung der Realität wurde bei mehreren Gelegenheiten arg strapaziert. Aber in der Regel stellte sich bei mir immer wieder ein tiefes Gefühl der Dankbarkeit dafür ein, was sie für uns – für die Menschheit – orchestrierten. Ich war auch tief beeindruckt von der Schwingungsqualität jedes Einzelnen. Nach dem Anhören blieb ich fast immer mit starken Gefühlen der Verbundenheit zurück – Gefühlen wie Liebe, Dankbarkeit und dem Eindruck von innerem Frieden und Heilung. Nach der Aufzeichnung war ich jedes Mal tief berührt und bewegt durch die Erhebung und die Macht, die durch ihre Stimmen mitgeteilt wurden.

Es wurde mir aber ebenfalls klar, dass ihre hohen spirituellen Schwingungen auf mich eine durchaus katalytische Wirkung haben. Eine der Grundlagen der Schwingungsheilung ist, dass eine höhere Schwingung eine niedrigere Schwingung entweder vertreibt oder transformiert. Deshalb wurde ich mir, nachdem ich den Aufnahmen dieser Wesenheiten gelauscht hatte, oft meiner niedrigeren Gedankenformen bewusst – der Gedankenformen, die meine Freiheit des Ausdrucks und der Fortentwicklung einschränkten.

Manchmal erinnerte ich mich an Ereignisse aus meiner Vergangenheit, die für diese Gedanken und Anschauungen verantwortlich waren, während ich bei anderen Gelegenheiten einfach fühlte, wie sie mich ohne jede Erinnerung oder irgendeinen Gehalt verließen. Deshalb betrachte ich diese Aufnahmen als eine mächtige Form spiritueller Reinigung. Und das könnte durchaus die Hauptquelle ihrer Kraft sein.

Dadurch, dass sie uns etwas vorsingen, gelingt es diesen Geistheilern, spirituelles Licht in hörbaren Klang umzusetzen. Und diese Klänge wirken als eine Art spirituelle Transformatoren. Sie ziehen mentale, emotionale und spirituelle Negativität (Giftigkeit/Toxizität) heraus und schaffen einen Raum in uns, damit sich das eigene, angeborene Licht tiefer in uns verankern und sich deutlicher zeigen kann.

Ich glaube, dass durch diesen Prozess auch unsere inneren Kräfte der Selbstheilung gesteigert werden können.

Originaltitel: »Immunity – The Making of a Very Special CD«
Erstmals auf Deutsch in dem Buch »Die Große Veränderung«

Das Windrad
unseres Geistes verlangsamen

Eine taoistische Stille-Übung

Als Kind besaß ich ein stahlblaues Schwinn-Fahrrad mit Ballonreifen. Damals galt es als cool, Spielkarten so an den Speichen zu befestigen, dass sie beim Fahren weithin zu hören waren. Da ich immer nach der Anerkennung der anderen Jungen strebte, zierte ich mein schmuckes Rad gleich mit einem ganzen Kartendeck! Ich lieh mir Stecknadeln von meiner Mutter und befestigte so viele Karten wie irgend möglich. Wenn ich dann durch die Nachbarschaft radelte, hörte es sich an, als würde eine ganze Schar Knallfrösche hochgehen.

Um dem Ganzen die Krone aufzusetzen, befestigte ich zwei Windräder mit Klebeband am Lenker, links und rechts. Schon damals suchte ich Trost in der Symmetrie.

Es handelte sich um diese kleinen bunten Windräder aus Plastik, die meistens oben auf einem Holzstab angebracht sind. Je stärker der Wind, desto schneller drehen sie sich. Ihr schnelles Herumwirbeln faszinierte mich. Ich trat in die Pedale, so schnell ich konnte, und sah dann zu, wie die kleinen Propeller sich in einer rasant rotierenden Farbmasse auflösten. Eines Tages vergaß ich vor lauter Faszination über meine wirbelnden Windräder, nach vorn zu schauen, kam vom Bürgersteig ab und raste auf ein verlassenes Grundstück. Im nächsten Moment fand ich mich auf dem Boden wieder – Resultat einer Kopfüber-Kollision mit einem Baum. Meine Windräder waren krumm und schief, mein Fahrrad vorn verbogen. Ich hatte eine ernüchternde Lektion gelernt: *Sei aufmerksam bei dem, was du tust.*

Die Zeit verging. Ich gab mein Fahrrad und meine Windräder auf, aber bis heute mag ich diese wirbelnden kleinen Propeller und Räder mit Ballonreifen.

Inzwischen bin ich viel älter und schaue mir keine an Fahrradlenker montierten Windräder mehr an. Stattdessen beobachte ich, wie sie in meinem Geist herumwirbeln. Auch wenn Sie diese Metapher vielleicht seltsam finden, kommen mir unsere Gedanken und Gefühle sehr wie solche kleinen Windräder vor. Sie lassen sich leicht in Bewegung setzen. Es braucht nicht viel, damit ein Gedanke oder ein Gefühl sich in unserem Kopf zu drehen beginnt. Manchmal drehen sich die Windräder unseres Geistes auf angenehme, sanfte Art. Manchmal rotieren sie so schnell, dass sie völlig außer Kontrolle zu geraten scheinen.

Mit diesen Windrädern des Geistes ist es wirklich sonderbar. Wenn sie anfangen, sich zu drehen, neigen wir dazu, uns mit den Gedanken und Gefühlen zu identifizieren, die sich da in uns regen. Dreht sich das Windrad auf angenehme Weise und handelt es sich um angenehme Gedanken, genießen wir es. Wir sagen, dass wir glücklich und zufrieden sind. Dreht sich das Windrad jedoch in eine unangenehme Richtung und werden wir von unangenehmen Gedanken und Gefühlen bedrängt, widert uns das an. Wir sagen, wir wären bestürzt oder verärgert.

Die meisten von uns schwanken täglich zwischen den beiden Extremen des Zugreifens auf das, was wir haben wollen, und des Vermeidens dessen, was wir nicht wollen. Das Windrad des Geistes rotiert ständig. Das ist seine Natur. Anders gesagt, es ist ständig in Bewegung. Aus dieser Bewegung des Geistes entstehen unablässig Gedanken und Gefühle. Und schon vor Jahrtausenden entdeckten die Weisen in aller Welt, dass die Quelle für die Bewegung des Geistes im Fluss der feinstofflichen Energie in unseren Körpern zu suchen ist. Die Tibeter nennen diese Energie Lung (Wind). Yogis nennen sie Prana, und die Taoisten Chi.

Jede dieser alchemistischen Traditionen hat auf ihre Weise die feinstofflichen Bahnen kartografiert, die für unser Erleben von Gedanken und Gefühlen verantwortlich sind. Sie beschreiben die Bewegungen der feinstofflichen Energie sehr genau und haben Methoden entwickelt, um diesen Energiefluss zu verändern. Mit Hilfe dieser Techniken kann man den Geist und seine Schöpfungen (Gedanken und Gefühle) unmittelbar beeinflussen.

Ein rascher Blick auf die verschiedenen alchemistischen Traditionen offenbart, wie verblüffend sich ihre Auffassungen bezüglich des Geistes und seiner Schöpfungen ähneln. In buchstäblich jedem dieser Systeme wird eine Methode gelehrt, wie man den Geist beruhigen kann. Die große Bedeutung, die man der Stille beimisst, erklärt sich daraus, dass sich nur in der Stille der Geist, unser Bewusstsein, seiner selbst bewusst werden kann. Sonst sind wir ständig von den Windrädern unseres geistigen Erlebens hypnotisiert. Wir identifizieren uns mit unseren Gedanken und Gefühlen, statt zu erkennen, dass sie kommen und gehen wie Wolken. Und wie Wolken sind sie kurzlebig und besitzen nur wenig Substanz.

Indem wir die Identifikation mit unserem Geist (unseren Windrädern) transzendieren, entdecken wir unsere wahre Identität als reines Bewusstsein. Und indem wir auf diese Weise die Reinheit unseres angeborenen Bewusstseins erkennen, erwachen wir aus dem Traum dieser Welt. Wir erkennen, dass wir auf ewig frei sind und es immer schon waren. Dazu müssen wir lediglich aus der Fixierung auf den Wirbel unseres Geistes erwachen.

Die praktische Frage lautet also: Wie können wir zu unserer größeren Identität erwachen?

Ein Weg der Selbsterkenntnis wurde von den Taoisten im alten China erschaffen. Wie die Alchemisten in anderen Kulturen entdeckten auch sie die inneren Bahnen des Bewusstseins und in welcher Beziehung diese zu unserem Geist stehen.

Um die taoistische Alchemie zu verstehen, müssen wir uns mit der feinstofflichen Energie befassen, die von den Taoisten Chi genannt wird. Dem gewaltigen Mysterium des Tao, das alle Welten erschafft, aber selbst von ihnen nicht berührt wird, entströmt ein ewiger Fluss dieser Vitalkraft (Chi).

Es gibt viele Arten von Chi. Zum Beispiel existiert eine Vitalkraft, die Quasaren und Sternen entströmt. Sie unterscheidet sich erheblich vom Chi, das von einem Bach hier auf der Erde erzeugt wird. Beim Chi denken die meisten Menschen an die feinstoffliche Energie in unserer Luft. Diese Art des Chi findet sich besonders konzentriert in der freien Natur, fernab der Städte. Sie ist am stärksten in großen Wäldern, an Seen, Flüssen und Bächen, und auch am Meer. Manche vermuten, dass dieses Chi mit negativen Ionen in Zusammenhang steht, und dafür gibt es in der Tat Hinweise. Aber es existieren auch andere Chi-Arten – feinstofflicheres, höher veredeltes Chi. Und genau darauf richtet die taoistische Alchemie ihr besonderes Augenmerk.

Traditionell verbrachten taoistische Weise den größten Teil ihrer Zeit als Einsiedler in der Natur. Später bildeten sich Gemeinschaften, in denen eine Gruppe von Männern oder Frauen die alchemistische Suche betrieb. Doch fast immer siedelten diese taoistischen Gemeinschaften weit von den Städten entfernt. Man wählte Plätze, an denen das Chi besonders stark war. Oft handelte es sich dabei um Orte, die als »Drachenpunkte« bezeichnet wurden.

Drachenpunkte sind Orte, an denen zwei unterschiedliche Chi-Formen aufeinandertreffen und sich vereinigen. Im Gebirge ist das besonders auffällig. Dort, wo sich zwei Bergkämme treffen, gibt es oft einen Graben oder eine Schlucht, die an den Bergflanken hinabführt. Da das himmlische Chi – jenes Chi, das im Himmel erzeugt wird – abwärts fließt, trifft es an der Stelle zwischen den beiden Bergkämmen auf das Erd-Chi des Berges. Eine solche Stelle wird Drachenpunkt genannt.

Auch dort, wo zwei Flüsse sich vereinigen, steigt das Chi spürbar an. Solche Orte nennt man ebenfalls Drachenpunkte. Die taoistischen Weisen suchten gezielt nach solchen Orten und bauten ihre Wohnstätte entweder genau auf dem Drachenpunkt oder in seiner unmittelbaren Nähe. Das erleichterte ihnen ihre alchemistische Arbeit, da sie das dort reichlich strömende Chi für ihre Praktiken nutzen konnten.

Gedanke, Zeit und Atem

Wie bei anderen Formen innerer Alchemie gilt auch im Taoismus, dass der Übende seinen Geist darauf trainieren muss, längere Zeit im Zustand der Stille zu verweilen. Diese Beruhigung des Geistes ist von entscheidender Wichtigkeit, da man das Tao nur in der geistigen Stille erfahren kann, und viele Transformationen in der taoistischen Alchemie erfordern ebenfalls geistige Stille.

Es gibt zahlreiche taoistische Stille-Übungen. Manche, wie das Tai Chi, finden in Bewegung statt, andere in sitzender Meditation. Hierzu zählt das Himmelstor, das ich gleich näher beschreiben werde.

Mit Hilfe dieser Übungen gelangt unser Geist in einen Zustand tiefer Ruhe. Am Beginn des Übens erleben wir oft einen Wirbel geistiger Aktivität. Gedanken kommen und gehen, manchmal wie ein Sturzbach, manchmal nur leise tröpfelnd. Doch nach einiger Zeit bemerkt der Übende, wie das Tempo seiner Gedanken sich verlangsamt. Es scheint nun mehr Raum zwischen den Gedanken zu geben, und ab einem gewissen Punkt hören sie ganz auf, wenn auch meist nur kurz.

Der Übende erlebt außerdem, dass sich in diesem Zustand seine Atmung verändert. Wenn das Denken sich verlangsamt, verlangsamt sich auch die Atmung. Und wenn es keine Gedanken gibt, gibt es oft keinen Atem, oder nur einen sehr flachen. Das ist aus mehreren Gründen bedeutsam.

Aus neurologischer Sicht lässt es sich dadurch erklären, dass die Gehirnwellen des Übenden sich im niedrigen Alpha- und/

oder Thetabereich befinden, wo es ganz natürlich ist, dass die Atmung sich verlangsamt. Bei der wissenschaftlichen Erforschung der Meditation zeigte sich übrigens, dass in diesem Zustand auch die Muskelanspannung, die Pulsfrequenz und der Blutdruck reduziert sind, was sich sehr positiv und stressabbauend auswirkt. Studien belegen, dass Menschen, welche eine Form der Meditation praktizieren, die diese Wirkung zeigt, also etwa taoistische Stille-Übungen, viel weniger gestresst sind als Menschen, die nicht meditieren.

Vor einigen Jahren beschloss ich, etwa eine Stunde vor Einbruch der Dunkelheit, in einem Park jene Stille-Übung zu machen, die als Himmelstor bekannt ist. Während um mich herum der Abend dämmerte, bemerkte ich beim Üben plötzlich, dass meine Atmung ausgesetzt hatte. Nicht nur das, auch mein Denken schien völlig stillzustehen. Mein Geist war so klar und ruhig wie die Oberfläche eines stillen Sees. Am stärksten beeindruckte mich aber, dass in diesem Moment auch die Zeit stillzustehen schien. Ich schwebte in einer zeitlosen Dimension des Geistes.

Als es ganz dunkel wurde, beschloss ich, zu meinem Auto zurückzugehen, was ungefähr zwanzig Minuten dauerte. Der Impuls, zum Wagen zurückzukehren, kam als Gefühl tief aus meinem Körper. Es kam nicht als Gedanke. Ich dachte nicht: »Jetzt ist es Zeit, zum Auto zu gehen.« Ich fand diesen wortlosen Geisteszustand damals seltsam amüsant. Beim Gehen fiel mir auf, wie flach ich atmete, obwohl der Rückweg zum Wagen durch hügeliges Gelände führte. Dieses zeitlose Gefühl war noch immer sehr stark, und der Weg über die Hügel erforderte fast keine Anstrengung.

Als mein Auto auf dem Parkplatz in Sicht kam, fiel mir plötzlich ein Termin ein, der später am Abend vor mir lag, und spontan holte ich tief Luft. Damit kehrte meine Atmung wieder in den Normalzustand zurück, und das Gefühl der Zeitlosigkeit verschwand. Ich war wieder fest in der Zeit verwurzelt.

Zwischen der Wahrnehmung von Zeitlosigkeit und dem Aussetzen des Atems besteht ein faszinierender Zusammenhang. In der taoistischen Meditationspraxis wird dieses Aussetzen der Atmung häufig erlebt, wenn die Übenden in tiefe geistige Ruhe gelangen.

Als ein Psychotherapeut, der auf dem Gebiet der Psychoneuroimmunologie arbeitet, also untersucht, wie unsere Gedanken und Gefühle unser Immunsystem beeinflussen, finde ich dieses Zeit-Paradox noch faszinierender.

Eine Studie mit Patienten, die nach einem Herzstillstand ins Krankenhaus eingeliefert wurden, liefert faszinierende Informationen über das Zusammenspiel von Körper und Geist. Während diese Patienten sich erholten, stellte man ihnen einige Fragen bezüglich ihrer Zeitwahrnehmung. Anhand ihrer Antworten konnten die Forscher vorhersagen, welche Patienten sich erholen und welche eine weitere Herzattacke erleiden würden. Bei denjenigen, die sagten, sie vertrauten darauf, dass die Dinge sich natürlich fügen würden, und die das Gefühl hatten, mehr als genug Zeit zur Verfügung zu haben, war die Wahrscheinlichkeit erheblich größer, vollständig zu genesen und keine neuerliche Herzattacke zu erleiden. Solche Patienten, die sagten, sie stünden unter extremem Druck, die Dinge zu erledigen, die infolge ihrer Erkrankung unerledigt geblieben waren, und die das Gefühl hatten, viel zu wenig Zeit zu haben, wiesen ein erheblich höheres Risiko auf, an einem zweiten Herzstillstand zu sterben.

Einen taoistischen Weisen würden diese Ergebnisse nicht überraschen. Aus Sicht des Taoismus beeinträchtigt unsere moderne Welt mit ihrer chronischen Zeitknappheit sowohl die Gesundheit als auch die spirituelle Entwicklung. Wir müssen unseren von Zeitknappheit geplagten Geist regelmäßig in die Ruhe zurückführen, sonst werden wir unter den negativen Effekten des heutigen Zeitalters zu leiden haben.

Inzwischen habe ich Hunderten, wenn nicht gar Tausenden Menschen eine einfache taoistische Stille-Übung beigebracht. Alle waren sehr angetan von dieser leicht zugänglichen Meditationsmethode. Wer bislang aufgrund ständiger Gedanken – seines inneren Dialogs – nicht in der Lage war, zu meditieren, wird diese Übung besonders zu schätzen wissen, weil Gedanken hierbei nicht hinderlich sind.

Die Himmelstor-Meditation

Die Himmelstor-Meditation beruht auf den Drachenpunkten. Wie schon erwähnt, sind die Drachenpunkte Orte, an denen verschiedene Arten des Chi sich treffen und vereinigen.

Im menschlichen Körper gibt es mehrere Drachenpunkte. Einer von ihnen ist das Himmelstor, wo das Himmels-Chi (eine sehr feinstoffliche Form des Chi) in den Körper einströmt und sich mit dem Erd-Chi des Körpers vereinigt. Diese Stelle ist energetisch aufgeladen, und die taoistischen Weisen entdeckten schon vor langer Zeit, wie wir daraus Nutzen ziehen können.

Setzen Sie sich bequem hin und schließen Sie die Augen. Wenn Sie wollen, können Sie sich auch hinlegen, aber das führt bei manchen Menschen dazu, dass sie einschlafen. Achten Sie nun für einen Moment auf Ihren Atem. Verändern Sie ihn nicht, sondern beobachten Sie ihn nur. Achten Sie auf den Rhythmus und die Tiefe Ihres Atems. Werden Sie sich dann des Raumes etwa zwei bis drei Zentimeter hinter Ihrem Nasenrücken bewusst. Stellen Sie sich vor, dass sich dort eine etwa zweieinhalb Zentimeter große Öffnung befindet. Das ist das Himmelstor. Nun müssen Sie nichts weiter tun, als Ihre Aufmerksamkeit auf dieses Tor zu lenken.

Sie müssen sich nicht angestrengt konzentrieren. Werden Sie sich einfach des Himmelstores bewusst. Wenn sich Gedanken oder Fantasien einstellen, ist das kein Problem. Halten Sie einfach einen Teil Ihrer Aufmerksamkeit auf die Öffnung gerichtet. Ansonsten können Sie denken, was immer Sie wollen. Die Übung wird funktionieren, solange ein Teil Ihrer Aufmerksamkeit auf das Himmelstor (die Öffnung) gerichtet ist.

Während Ihre Aufmerksamkeit dort verweilt, werden Sie bemerken, dass Ihre Gedanken sich verlangsamen. Nach einer Weile wird es mehr Raum zwischen Ihren Gedanken oder Fantasien geben. Und schließlich werden sie ganz aufhören, wenn auch nur vorübergehend. In solchen Momenten kann es sein, dass Ihre Atmung aussetzt oder sehr flach wird. Das ist ganz natürlich und ein Zeichen dafür, dass Sie einen tieferen Zustand der Ruhe erreicht haben. In diesen tiefsten Stille-Zuständen, in denen es keinen Atem und kein Denken mehr gibt, ereignen sich Kontakte mit dem Tao.

Wenn Sie diese Meditation etwa fünf Minuten lang praktizieren, bekommen Sie normalerweise ein deutliches Gefühl dafür, wie sich durch diese Praxis ihre Bewusstheit verändert. Anfänger benötigen in der Regel ein paar Minuten, um in die leichteren Stadien geistiger Stille zu gelangen. Aber mit der Zeit werden diese Phasen länger und das Zutrauen wächst, mühelos diesen tief entspannten Zustand aufsuchen zu können.

Es ist wissenschaftlich erwiesen, dass solche Stille-Übungen sehr wirkungsvoll gegen Stress sind. Ein bis zwei Mal täglich zwanzig Minuten zu üben, kann Ihr Wohlbefinden beträchtlich steigern.

Lassen Sie sich nicht durch die Einfachheit der Methode täuschen. Es handelt sich um eine sehr tief wirkende Stille-Übung, die mit der Zeit zu einem unmittelbaren Erleben des Tao führt. Dehnen Sie die Stille-Phasen behutsam aus, so dass Sie sich mit diesem tiefen inneren Ort der Ruhe vertraut machen und sich dort wohlfühlen.

Im Taoismus werden die tiefsten Geheimnisse nur durch das Tao selbst enthüllt. Die tiefen alchemistischen Wahrheiten finden sich nicht in Büchern, denn es ist verboten, über sie zu schreiben. Daher sind Meditationen wie das Himmelstor kosmische Schlüssel. Wenn man sie diszipliniert über einen längeren Zeitraum regelmäßig übt, können sie die inneren Türen der Wahrnehmung öffnen.

Aber Sie selbst müssen den Schlüssel herumdrehen, um das Schloss zu öffnen. Wenn Sie nur über die Übungen nachdenken, kann keine Transformation stattfinden. Wenn Sie die Mysterien des Tao selbst erfahren möchten, genügt es nicht, nur über sie zu lesen. Drehen Sie den Schlüssel herum und gehen Sie durch die Tür.

Originaltitel: »*Taoist Stillness Practice:*
Slowing the Whirly-gig of Mind«
Deutsche Erstveröffentlichung

Siddhis und die Kräfte des Bewusstseins

Als ich zum ersten Mal yogische Kräfte in Aktion erlebte, war ich Anfang zwanzig. Ich war mit ein paar Freunden auf ein Rockfestival nach Atlanta gefahren, und auf der Peach Street machten wir einen Einkaufsbummel. Es waren die späten 1960er. In San Francisco war die Flower-Power-Ära schon wieder beendet, aber in Atlanta kam sie gerade erst in Schwung. Überall sah man bunt bemalte Gebäude und gefärbte T-Shirts und hörte psychedelische Rockmusik.

Mit einem Freund betrat ich einen wirklich sonderbaren Laden, in dem die Luft stärker weihrauchgeschwängert war als in jeder katholischen Kirche. Für einen Südstaaten-Jungen wie mich klang die Musik in diesem Laden sehr, sehr merkwürdig. Was war das für eine Musik? Sitar-Klänge. Die Regale waren angefüllt mit Büchern über Yoga und andere exotische Themen. Dann, im Hinausgehen, fiel mein Blick auf das Buch *Autobiographie eines Yogi* von Paramahansa Yogananda.[13] Auf dem Buchcover befand sich

---

[13] Paramhasa Yogananda, 1893 in Bengalen geboren, begegnete mit siebzehn seinem Guru Swami Yukteswar Giri und war der erste indische Yogi, der in den Westen kam, genauer gesagt an die amerikanische Ostküste. Er lebte von 1920 bis zu seinem Tod 1952 in den USA, wobei ihn 1935 eine 18-monatige Reise

sein Foto. Unsere Augen trafen sich, und meine Welt war verwandelt. Wie gebannt starrte ich auf das Bild des Yogis und konnte mich nicht rühren. Es war, als sei ich plötzlich in einen Traum versetzt worden, einen dieser eigenartigen Träume, in denen man sich nicht bewegen kann.

Mein Freund wollte gehen und rief meinen Namen. Wie in Zeitlupe drehte ich mich zu ihm um. Mir war, als würde das Buch mich magnetisch anziehen. Nur mit großer Willensanstrengung schaffte ich es, mich davon zu lösen und den Laden zu verlassen. Erst als ich wieder draußen auf der Straße stand, wich der sonderbare Bann, den das Buch auf mich ausübte.

Damals wusste ich noch nichts von diesen Dingen, aber ich hatte yogische Macht aus erster Hand erlebt. Als ich das Buch ein paar Jahre später las, verstand ich, warum es eine so merkwürdige Wirkung auf mich gehabt hatte.

Die Lektüre von Yoganandas Worten aktivierte in mir Erinnerungen an meine vielen früheren Leben in Indien. Sie brachte mich wieder in Kontakt mit einer meiner ursprünglichen spirituellen Abstammungslinien. Yogananda verfügte über beträchtliche yogische Kräfte (Siddhis), und alles, was er berührt oder geschrieben hatte, trug etwas von seiner Energie. Später fand ich heraus, dass dies typisch für alle fortgeschrittenen Yogis und Yoginis (weibliche Yogis) wie auch für bestimmte Heilige und Mystiker ist.

Siddhis oder yogische Kräfte sind nicht auf Yogis und Yoginis beschränkt. Es gibt zahlreiche gut dokumentierte Fälle von buddhistischen, christlichen, islamischen, jüdischen und taoistischen Heiligen und Mystikern, die ebenfalls Siddhis erlangten. Auch ist bekannt, dass die Schamanen indigener Völker häufig über solche Kräfte verfügen.

---

nach Europa und zurück in seine Heimat Indien führte. Auf Deutsch liegen mehrere Übersetzungen seiner 1946 erschienenen Autobiographie vor, die übrigens auch großen Einfluss auf Steve Jobs ausübte, den Gründer von Apple. Die jüngste deutsche Ausgabe erschien 2006 im Hans-Nietsch-Verlag. – *Die Red.*

Vor einigen Jahren erlebte ich die Siddhis eines Mystikers an einem der dafür unwahrscheinlichsten Orte – Kodiak, Alaska.

Man hatte mich eingeladen, in Anchorage Seminare durchzuführen, und am darauffolgenden Wochenende leitete ich ein Seminar auf der Kodiak-Insel. Anschließend hatte ich ein paar Tage frei. Mein Veranstalter bot mir eine Auswahl von Touren an. Ich entschied mich für einen Bootsausflug zu einer kleinen, von russisch-orthodoxen Mönchen bewohnten Insel, auf der ein orthodoxer Heiliger gelebt hatte. Man sagte mir, dass die Boote wegen der rauen See häufig umkehren müssten. Die für das Kloster zuständigen Kirchen-Prälaten hatten es noch nie geschafft, es zu besuchen, da sie der starke Seegang jedes Mal zur Umkehr zwang.

Das sorgte bei den Einheimischen immer wieder für große Heiterkeit.

Mit einem kleinen Flugzeug flogen wir auf eine Nachbarinsel und landeten auf einer winzigen Landzunge, die abrupt in turbulentem und eiskaltem Wasser endete. Die Frau eines örtlichen Fischers holte uns mit einem Ford-Pickup ab. Mein Reiseführer setzte sich neben sie, ich auf die Rückbank.

Wir hatten Sommer, aber dennoch setzte leichter Schneefall ein, als wir auf das am Meer gelegene Haus der Fischer zufuhren. Mir war ziemlich kalt, und ich fragte mich, wie zur Hölle diese Leute es schafften, hier im Winter zu überleben. Das kleine Haus war von Zedern umgeben. Wir gingen hinein, setzten uns an einen großen Holztisch und tranken Tee. Jeder, der schon einmal im nördlichen Alaska war, weiß, dass die Zeit dort ein komischer Vogel ist. Wir saßen und saßen, redeten hier und da ein bisschen, und warteten, wie es schien, auf eine Gelegenheit, zu dem Kloster aufzubrechen. Endlich erklärte unsere Gastgeberin, es sei nun Zeit zu gehen. Wir kletterten wieder in den Pickup und fuhren zum Bootsanleger, wo ihr Mann uns auf seinem Fischkutter erwartete.

Der Kutter legte ab und glitt durch die bemerkenswert ruhige See. Die Frau des Fischers, die mit an Bord gekommen war, sagte, wie ungewöhnlich eine so friedliche Überfahrt sei. Ich blickte auf die schöne Landschaft der kleinen Inseln, während der Kutter zügig vorwärtstuckerte. Immer wieder begleiteten uns Robben.

Wir umrundeten einige Klippen und gelangten zu einem kleinen natürlichen Hafen. Das Wasser dort war zu seicht für den Kutter, daher mussten wir in ein Beiboot umsteigen, das uns zum Strand brachte. Die Szenerie hatte etwas Mittelalterliches. Am Ufer war eine Gruppe Männer damit beschäftigt, Strauchschnitt zu verbrennen. Dicke, weiße Rauchwolken wirbelten hinauf in den strahlend blauen Himmel. Die Mönche trugen lange Bärte, wie sie für russische und griechische orthodoxe Geistliche typisch sind. Ihre langen grauen Kutten waren mit dünnen Stricken um die Taille gebunden. Auch trug jeder Mönch ein Kruzifix.

Als wir aus dem Boot an den Strand kletterten, wurden wir von einem offenbar gut dreißigjährigen Mann begrüßt, der Autorität ausstrahlte. Die Frau des Fischers erklärte ihm, dass ich aus dem US-Bundesstaat Washington gekommen sei, um sie zu besuchen. Der Abt lächelte freundlich und lud uns zu einer Führung durch das kleine Kloster ein. Ungefähr ein Dutzend Mönche lebte dort. Als wir auf einen von Zedern beschatteten Pfad traten, erklärte uns der Abt, dass ihr Kloster nicht oft Gelegenheit hätte, Pilger zu bewirten.

Er zeigte uns mehrere Sehenswürdigkeiten, unter anderem auch die kleine Hütte, in welcher der Heilige gewohnt hatte. Es roch darin muffig nach den alten Manuskripten und Ikonen, die dem Heiligen gehört hatten. Aber unverkennbar lag auch eine heitere Abgeklärtheit in der Luft. Der Abt führte uns außerdem zu einer angeblich heilkräftigen heiligen Quelle. Zum Abschluss zeigte er uns eine kleine Kapelle, in der der Heilige ursprünglich beigesetzt worden war. Inzwischen hatte man ihn umgebettet, aber die Stelle galt immer noch als heilig.

Der Abt bemerkte, dass ich in eine Ecke der Kapelle starrte. Er fragte, was ich dort sähe, und ich antwortete, dass ich eine Säule aus weißem Licht sah, die aus dem Fußboden kam und nach oben durch das Dach ragte. Er lächelte ein wenig und sagte, an dieser

Stelle sei der Heilige damals beigesetzt worden. Dann, mit einer träumerisch klingenden Stimme, als befände er sich halb in einer anderen Welt, fügte er hinzu: »Wären wir doch alle so sensitiv.« Ich erinnere mich noch genau an seine Worte, weil sie damals für mich sehr seltsam klangen.

Der Abt löste sich wieder aus seiner Entrücktheit, wie mir schien, und sagte: »Da ist noch etwas, das ich Ihnen zeigen möchte.«

Er führte uns den Hügel hinunter zu einer sehr kleinen Kapelle, die offenbar erst vor Kurzem gebaut worden war. Sie erschien mir ziemlich ungewöhnlich, denn sie war bei einer Seitenlänge von kaum drei Metern wohl um sechs Meter hoch. Im Inneren des kleinen Bauwerks glühte das Goldpigment frisch gemalter Ikonen. Auf ihnen war das Leben von Heiligen und anderen berühmten Personen der russisch-orthodoxen Kirche dargestellt. Im hinteren Teil der Kapelle stand ein Altar mit einer russischen Bibel.

Der Abt erläuterte uns die Bedeutung der verschiedenen Ikonen und sagte, dass wir am Ende der Führung angekommen seien. Er begleitete uns zur Tür und schloss sie dann von innen. Plötzlich kam mir eine Frage zum Thema Mystik in den Sinn, die der Abt mir vielleicht beantworten konnte. Ich klopfte an die Tür, aber er reagierte nicht. Ich klopfte erneut, doch drinnen antwortete niemand.

Vorsichtig öffnete ich die Tür und entdeckte in der Kapelle keine Spur des Abts. Ich war zutiefst verblüfft. Mein stets skeptischer Verstand schaltete sich ein, und ich fing an, nach Falltüren und anderen Ausgängen zu suchen. Ich hob sogar den Fransenteppich an, der auf dem Boden lag, um zu sehen, ob es darunter einen geheimen Ausgang gab. Nichts.

Immer noch ziemlich geschockt verließ ich die Kapelle und ging zum Strand zurück, wo unsere Gruppe schon auf mich wartete. Und bei ihnen stand, unverkennbar, der Abt. Er unterhielt sich mit der Frau des Fischers, und als ich mich näherte, nickte er mir zu, mit einem deutlichen Funkeln in den Augen. Wir stiegen an Bord des Beiboots, das uns zum Fischkutter zurückbrachte. Die Sonne stand tief am Himmel. Während wir losfuhren, schaute ich vom Heck des Kutters zur Klosterinsel zurück. Ich war sehr still.

Während ich diese Zeilen schreibe, spüre ich in mir wieder die Ehrfurcht und das Staunen, die ich damals empfand. Ich hatte gewusst, dass Siddhis existierten, hatte deren Physik erforscht und ein Hobby daraus gemacht, Geschichten und Dokumentationen über sie zu sammeln. Aber hier, auf einer kleinen Insel in der Nähe von Kodiak, hatte mir ein demütiger Kontemplativer das Mysterium yogischer Kräfte aus erster Hand gezeigt.

Auf der Rückfahrt blickte die Frau des Fischers von ihren Stricknadeln auf und sagte: »Wissen Sie, solche Dinge tun diese Mönche andauernd!«

»Welche Dinge denn?«, fragte ich.

»Ach, Sie wissen schon, Teleportation, Bilokation ... solche Dinge eben.«[14]

»Ist es wahr«, sagte ich.

»Ja«, erwiderte sie, den Blick wieder auf ihr Strickzeug gerichtet. »Diese Insel ist ein abgelegener Ort. Es gibt keine Postzustellung. Manchmal sehen wir, wie die Mönche in der Stadt ihre Post holen und Einkäufe machen. Und«, fügte sie in verschwörerischem Ton hinzu, »sie haben keine Boote, mit denen sie dorthin fahren könnten!«

Die Kräfte des Bewusstseins, Siddhis genannt, reichen von den gewöhnlichen Siddhis zu den großen Siddhis. Zu den gewöhnlichen Siddhis zählen mediale Fähigkeiten wie Hellsichtigkeit (inneres Sehen), Hellhörigkeit (inneres Hören), Hellfühligkeit (inneres Fühlen) und Clairgnosis (inneres Wissen) – das heißt, man weiß etwas, weiß aber nicht, woher man es weiß. Bei den ersten drei, Hellsehen, Hellhören und Hellfühlen, handelt es sich um Verfeinerungen der körperlichen Sinne.

---

[14] Während es sich bei Teleportation um den physischen Ortswechsel kraft der Gedanken handelt, bezeichnet man als Bilokation die gleichzeitige körperliche Anwesenheit an zwei verschiedenen Orten. – *Die Red.*

Wenn die psychischen Kräfte sich entfalten, zeigen sie sich oft zunächst in einer dieser drei Formen oder in einer Kombination daraus. Jemand beginnt vielleicht, vor seinem geistigen Auge Dinge zu sehen, die physikalisch nicht sichtbar sind, wie Auren oder Geistwesen. Bei der Fernwahrnehmung wird meistens diese Siddhi benutzt.

Was ist Fernwahrnehmung? Wie sich in wissenschaftlichen Studien zeigte, sind Menschen unter geeigneten Umständen – geistige Entspannung – in der Lage, korrekte visuelle Eindrücke von Objekten oder Orten wiederzugeben, die sich Hunderte von Kilometern entfernt befinden und die sie nie zuvor gesehen haben. Diese visuellen Informationen müssen demnach aus einer anderen Quelle als dem physikalischen Sehsinn stammen.

Auch viele Yogis/Yoginis, Heilige und Mystiker berichteten, dass sie in der Lage waren, ihre Schüler an entfernten Orten zu sehen, wenn die Situation das erforderte. Von Neem Karoli Baba[15] wird erzählt, dass der Yogi plötzlich darum bat, ihm eine große Menge Speisen zu servieren. Die Anwesenden berichteten übereinstimmend, dass er eine unglaublich große Nahrungsmenge verzehrte und sich anschließend in den Samadhi versetzte, die yogische Meditation. Als der Yogi wieder aus der Meditation kam, fragten seine Schüler ihn, was geschehen sei. Er berichtete, er habe plötzlich einen seiner Schüler gesehen, der in der Wüste dem Tode nahe war. Der letzte Wunsch des Sterbenden habe darin bestanden, zu essen. Baba sagte, der Schüler habe eine Stufe erreicht, wo keine Notwendigkeit für eine erneute Inkarnation mehr bestand. Wäre er aber mit dem Wunsch nach Essen gestorben, wäre er al-

---

15 Neem Karoli Baba, gestorben 1973 in Akbarpur, Uttar Pradesh, war der Guru des Psychologie-Professors Richard Alpert, der nach Experimenten mit LSD (zusammen mit Timothy Leary) von der Harvard-Universität in Cambridge entlassen wurde und nach Indien reiste, wo er zum Hinduismus konvertierte und sich in Ram Dass (= Diener Gottes) umbenannte. Sein Werk *Denke daran, sei jetzt hier* stellt Neem Karoli Babas Lehren vor, der für seine Anhänger, die ihn Maharajji nennen, einer der großen indischen Heiligen des 20. Jahrhunderts ist. Es wurde ein wichtiges Buch der Hippie-Bewegung. – *Die Red.*

lein wegen der Macht eines einzigen unerfüllten Wunsches wieder ans Rad der Wiedergeburt gekettet worden! Daher hatte Baba es auf sich genommen, dem Mann seinen letzten Wunsch nach Essen zu erfüllen. Durch Einsatz seiner yogischen Kräfte hatte er den Wunsch transformiert.

Wenn mediale Informationen innerlich gehört werden, nennt man solche Menschen hellhörig. Sie empfangen subtile innere Eindrücke von Klängen und/oder Stimmen. Die inneren Reiche des Bewusstseins sind erfüllt mit Klängen und Musik von unglaublicher Schönheit. Manche vertreten die Ansicht, dass die großen Komponisten in der Lage waren, Musik aus diesen Bereichen zu hören, und dass diese Sphärenmusik ihre Kompositionen in hohem Maße beeinflusste.

Manche Menschen können Dinge auf einer sehr subtilen Ebene fühlen. Diese Personen nennt man hellfühlig. Es besteht aber ein feiner Unterschied zwischen hellfühligen und besonders empathischen Menschen. Letztere sind in der Lage zu fühlen, was andere fühlen, vor allem jene Personen, die sich in ihrer Nähe aufhalten. Hellfühlige können auch empathisch sein, aber zusätzlich empfangen sie Eindrücke in Form subtiler Empfindungen, die oft physischer Natur zu sein scheinen.

Clairgnosis (inneres Wissen) gehört zu den besonders faszinierenden Siddhis. Wenn Sie eine innere Ahnung verspüren, sich jedoch nicht erklären können, woher dieses Wissen kommt, handelt es sich um Clairgnosis. (Allerdings nur, wenn ihre innere Ahnung sich als wahr erweist. War sie falsch, nennen wir das eine Selbsttäuschung.) Clairgnosis wird häufig als Eigenschaft reinen Bewusstseins betrachtet, das allwissend und allgegenwärtig ist. Wenn wir auf der Leiter des Bewusstseins höher hinaufsteigen, nimmt unsere persönliche Bewusstheit einige dieser Eigenschaften an. Es kommt dann häufiger zu Clairgnosis-Erlebnissen.

Zu den gewöhnlichen Siddhis zählen außerdem heilende Fähigkeiten und die Gabe, in begrenztem Umfang die Zukunft vorherzusagen. Zu dieser Kategorie yogischer Kräfte gehört ebenso das

Vermögen, sich in seiner Wahrnehmung sehr klein zu machen oder enorm auszudehnen – mit anderen Worten: nicht an die räumlichen Grenzen des Körpers gebunden zu sein.

Zu den großen Siddhis gehört die Levitation (das Schweben des Körpers). Auch diese Siddhi ist nicht auf indische Yogis beschränkt, wie manche glauben. Es gibt gut dokumentierte Sichtungen, denen zufolge der heilige Franz von Assisi über die Gabe verfügte, durch die Luft zu schweben. Und der heilige Franziskus besaß noch weitere Siddhis. Selbst nach seinem Tod verfügen seine sterblichen Überreste über spirituelle Kräfte. Als ich in Assisi sein Grab besuchte, wurde ich durch seine Emanationen in spirituelle Bereiche transportiert! Jedes Mal, wenn ich mich in die Nähe seiner Gebeine stellte, hörte ich ein Geräusch wie Wind, der in Zitterpappeln rauscht, und als ich in mein Hotelzimmer zurückkehrte, war meine Haut gerötet wie von einem leichten Sonnenbrand.

Übrigens, falls Sie Assisi besuchen, hier ein kleiner Tipp: Wenn Sie die Basilika mit den Gebeinen des heiligen Franziskus durch den Haupteingang betreten, führen links zu beiden Seiten Treppen hinunter in die Krypta, die in jedem Fall einen Besuch wert ist. Leider herrscht dort meistens dichtes Gedränge, und es ist schwer, einen ruhigen Platz zu finden. Wenn Sie aber oben an der Treppe vorbei in den Hauptraum der Unterkirche gehen, sehen Sie einen großen Altar. Es ist der einzige Altar in diesem Teil der Kirche. Vor dem Altar auf dem Boden sehen Sie ein geometrisches Symbol. Es befindet sich genau über dem Grab des heiligen Franziskus. Die Emanationen sind an dieser Stelle sehr stark. Niemand scheint davon zu wissen. Also können Sie sich direkt dorthin stellen und relativ ungestört seine Emanationen empfangen.

Die großen Siddhis umfassen solche bemerkenswerten Fähigkeiten wie Teleportation (eindrucksvoll demonstriert von dem oben erwähnten Abt) und Bilokation (sich an zwei Orten gleichzeitig aufhalten können). Es gibt noch andere Fähigkeiten, die in diese Kategorie fallen, aber auf sie einzugehen würde den Rahmen dieses Essays sprengen.

Siddhis werden als natürliche Konsequenz spiritueller Entwicklung erlangt. Es besteht hierbei aber ein sehr reales Dilemma. Werden sie nicht durch Weisheit gebändigt, kann der verfrühte Erwerb solcher Fähigkeiten karmische Verstrickungen nach sich ziehen.

Eine kurze Anekdote über einen bekannten Yogi verdeutlicht dies.

Er ist ein wirklich außergewöhnlicher Mensch, und vor vielen Jahren durfte ich die wundervolle Erfahrung machen, an einem einwöchigen Retreat mit ihm teilzunehmen. Ich lernte einen seiner nahen Schüler kennen, der mir erzählte, der Yogi sei als junger Mann nach Indien gegangen, wo er einige Siddhis erwarb. Dort saß er einmal an einen Baum gelehnt und lauschte der wunderschönen Musik eines Meistermusikers, der ganz von der Glut der Bhakti, der göttlichen Liebe, erfüllt war. Die große Hingabe in dieser Musik versetzte unseren Yogi in einen tiefen Samadhi-Zustand, und er erlebte große Ekstase und Glückseligkeit.

Das Konzert endete jedoch abrupt, als es zu regnen anfing und der Musiker eilig ins Haus lief. Darauf veranlasste der Yogi mit seinen siddhischen Kräften, dass der Regen aufhörte, und so konnte der Musiker seine Kirtans, seine heiligen Gesänge, fortsetzen. Bald wurde unser Yogi denn auch wieder in den Samadhi erhoben, bis seine Glückseligkeit rüde von einem alten Mann unterbrochen wurde, der ihm einen heftigen Tritt in die Seite versetzte. Der Alte war ebenfalls Yogi, und in seiner Wut trat er auf den jüngeren Yogi ein und warf ihm Beleidigungen an den Kopf.

»Was tust du?«, fragte der alte Yogi. »Weißt du denn nicht, dass diese Gegend unter schlimmer Trockenheit leidet? Und du hast aus selbstsüchtigen Gründen den Regen gestoppt!« Er hob seinen Stab und richtete ihn auf seinen jungen Kollegen. »Merke dir meine Worte: Wenn du das nicht auf der Stelle rückgängig machst, wirst du eine schwere karmische Schuld zu begleichen haben. Du wirst tausend Leben als Meerestier zubringen müssen!« Damit trat der alte Yogi mit dem Fuß Staub in Richtung des jungen Mannes und ging davon, ehe dieser antworten konnte.

Sofort begab sich der junge Yogi in Meditation und holte mit seinen Siddhis den Regen zurück. Er betete inständig zu Gott, dass dieser ihn von seinen Siddhis befreien möge, und auf wundervolle Weise verschwanden sie. In späteren Jahren kehrten sie nach und nach zurück. Doch inzwischen war er weiser geworden und hatte Selbstdisziplin und Bescheidenheit gelernt.

Allgemein gesagt, betrachten die meisten Leute die Siddhis eher als magische, exotische Kunststücke ohne praktischen Nutzen. Das ist wenigstens zum Teil darauf zurückzuführen, wie man sie im Vergleich zu Fähigkeiten wie Vernunft oder Sprachvermögen einstuft, die wir für selbstverständlich halten.

Dabei sind auch die Siddhis natürliche Fähigkeiten des Menschen, die sich allerdings erst zeigen, wenn das Bewusstsein eine bestimmte Entwicklungsstufe erreicht hat. Dann treten die Siddhis, die yogischen Kräfte, spontan in Erscheinung. Sie sind wie Früchte an einem Baum.

Ein Apfelbaum bringt erst die in seiner Natur bereits angelegten Früchte hervor, wenn er eine gewisse Reife und Entwicklung erreicht hat. Das trifft ebenso auf die Kräfte unseres Bewusstseins zu. Wir alle besitzen sie, als Potenziale, aber nicht jeder Mensch bringt sie zur Entfaltung.

Alle alchemistischen Traditionen kennen ihre Version der Siddhis und lehren Wege, wie man sie erlangt. Traditionell wurde dieses Wissen geheim gehalten. Nur die Eingeweihten der esoterischen Schulen und spirituellen Traditionslinien erhielten Zugang zu den Techniken der Selbst-Evolution.

Ich persönlich glaube, dass das Wissen um die Siddhis zum Geburtsrecht des Menschen gehört. Diese Techniken zur Beschleunigung der Selbst-Evolution sollten möglichst weit verbreitet und zugänglich gemacht werden.

Die Siddhis entfalten sich als Resultat unserer spirituellen Entwicklung und sind, wie ich glaube, ein Merkmal der nächsten Stufe der Menschheits-Evolution. Die großen Siddhis wie Levitation, Bilokation und Teleportation manifestieren sich eher selten und dann nur bei Menschen, deren spirituelle Entwicklung weit fort-geschritten ist. Die gewöhnlichen Siddhis können sich dagegen ziemlich schnell entwickeln. Die Entwicklung der gewöhnlichen Siddhis steigert generell Kreativität und Intelligenz. Und schon al-lein aus diesem Grund lohnt sich ihre Erforschung.

Kürzlich kursierten Berichte, wonach überall auf der Welt manche Kinder außergewöhnliche Kräfte zeigen. Diese Kinder haben kein langjähriges rigoroses Yoga-Training absolviert. Bei ihnen zeigen sich die Siddhis ganz spontan. Das weist auf die Tatsache hin, dass die Siddhis ein natürlicher Bestandteil der menschlichen Evolution sind, wenn auch ein heute noch recht ungewöhnlicher.

Wenn die Bell-Kurvenformel der Evolution hier ebenso gilt wie bei den meisten anderen Evolutionsprozessen, handelt es sich bei diesen Kindern mit ihren geistigen Fähigkeiten um Vorboten der künftigen Menschheit. Mit der Zeit wird ihre Zahl vermutlich zu-nehmen, bis schließlich eine Mehrheit ganz natürlich über diese Bewusstseinskräfte verfügt.[16]

Beim Schreiben des letzten Satzes wurde ich an den Maya-Ka-lender und die darin enthaltenen Vorhersagen über die Kräfte des Bewusstseins erinnert. Manchen Übersetzungen und Deutungen zufolge haben wir im Jahr 2012 das Zeitalter des Intellekts und die Zeit, wie wir sie bisher kannten, hinter uns gelassen. Wenn dies zu-trifft, haben wir ein kollektives planetares Portal durchquert und werden ins Zeitalter der Götter eintreten.

Entfalten sich wirklich bei der Mehrheit der Menschen siddhi-sche Kräfte, würden wir ganz zweifelsfrei in einem Zeitalter der Götter leben. Aber es wäre gar nicht notwendig, dass die Mehrheit der Menschen Siddhis entwickelt, um ein neues Zeitalter der Göt-ter einzuläuten. Dazu würde ein kleiner Prozentsatz von Individu-

---

16 Näheres hierzu erfahren Sie beispielsweise in den Büchern *The Children of Now* von Meg Blackburn Losey, *Vom Abenteuer als Indigo- oder Kristallmensch zu leben* von Celia Fenn, *Atlantis überall* von Malia und *Angel Kids* von Jacky Newcomb, alle im Amra Verlag erschienen. Sie liegen auch als eBook vor. – *Die Red.*

en genügen, die dann gewissermaßen den Ausschlag geben oder das Zünglein an der Waage bilden würden.

Diejenigen von uns, die sich spirituellen Praktiken widmen, um damit die persönliche Evolution zu beschleunigen, leisten einen wichtigen Beitrag für die Zukunft dieser Welt. Das Bewusstsein beeinflusst die Umwelt auf subtile und doch wirkungsvolle Weise. Das ist durch zahlreiche wissenschaftliche Studien belegt.

Hier denke ich besonders an die von dem Arzt Larry Dossey durchgeführten Experimente zur Wirksamkeit von Gebeten.[17] Auch an der Maharishi International University wurden positive Ergebnisse dafür vorgelegt, wie durch Siddhis auf die Umwelt eingewirkt werden kann. Stets gibt es deutlich nachweisbare Einflüsse auf die Umwelt, wenn eine Gruppe von Menschen in einen Zustand hoher Kohärenz gelangt, etwa durch yogische Meditation. Dazu gehören der Abbau von psychischem Stress und ein Rückgang der Kriminalität. Das ist sehr interessant. Es belegt, dass wir nicht in einem Vakuum leben, dass unsere Gedanken und Erfahrungen messbare Auswirkungen auf die Welt um uns haben.

Ein Ziel dieses Essays ist es, das Konzept der Siddhis einem größeren Publikum außerhalb der traditionellen Yoga-Zirkel nahezubringen. Warum erscheint mir das wichtig? Ich glaube, dass heute bei immer mehr Menschen spontan Siddhis auftreten, vor allem die gewöhnlichen Siddhis. Ich erlebe bereits, wie das geschieht, und vermute, dass während der nächsten zehn Jahre die Zahl der Menschen, bei denen sich spontan Siddhis entfalten, stark zunehmen wird. Wenn Sie wissen, dass es sich bei den Siddhis um einen natürlichen Bestandteil unserer spirituellen Evolution handelt, werden Sie sie eher akzeptieren, wenn Sie bei Ihnen selbst oder Menschen in Ihrer Umgebung auftreten.

---

[17] Dr. Larry Dosseys wichtiges Werk über Psychoneuroimmunologie erschien 2012 auf Deutsch im Crotona Verlag: *Heilungsfelder – Wenn die Seele den Körper heilt*. Über die Kraft der Gebete als Schlüssel zur Heilung unterrichtet *Heilende Worte*, das ebendort im Hardcover und Taschenbuch vorliegt. – *Die Red.*

Zum Schluss möchte ich auf ein paar Ideen bezüglich der Siddhis eingehen. Die erste Idee nenne ich den Mythos des Glücklichseins. Die Annahme, es würde uns glücklich machen, unsere yogischen Kräfte zu entwickeln, ist eine Selbsttäuschung. Diese Kräfte haben wenig mit Glück zu tun. Es handelt sich einfach um dem menschlichen Bewusstsein innewohnende Fähigkeiten, ganz so wie beispielsweise das Sprachvermögen.

Dass wir sprechen können, macht nicht notwendigerweise glücklich. Es kann ebenso leicht Konflikte hervorrufen. Ob unser Sprechen eine Ablenkung ist oder zu unserem Glücklichsein beiträgt, hängt davon ab, was wir zu uns selbst oder anderen sagen. Das gilt auch für die Siddhis. Was zählt, ist, wie wir sie einsetzen. Wenn Sie glauben, Sie müssten nur die Kräfte Ihres Bewusstseins entwickeln, dann würden sich alle Ihre Probleme in Wohlgefallen auflösen, erwartet Sie eine bittere Enttäuschung. Dass Ihre Bewusstseinskräfte stärker werden, wird Sie aber in die Lage versetzen, bessere und kreativere Entscheidungen zu treffen. Das ist einer der großen Vorzüge der Kultivierung unseres Bewusstseins.

Der zweite Punkt betrifft die spirituelle Erleuchtung. Wenn ein Mensch yogische Kräfte einsetzt, muss das nicht bedeuten, dass er erleuchtet oder auch nur spirituell gereift ist. Es bedeutet einfach, dass diese Kräfte sich bei ihm manifestieren, sei es durch gezielte Kultivierung oder spontane Entfaltung.

Mit anderen Worten: Lassen Sie sich nicht von Menschen blenden, die solche Fähigkeiten demonstrieren, und geben Sie sich keinen Selbsttäuschungen hin, wenn sie sich bei Ihnen zeigen.

Spirituelle Entwicklung bewirkt häufig, dass die Siddhis sich spontan manifestieren. Ein Blick auf das Leben von Heiligen überall auf der Welt belegt das. Praktisch alle Heiligen der Menschheitsgeschichte haben einige dieser außergewöhnlichen Kräfte demonstriert. Doch dass eine Person über solche Kräfte verfügt, muss nicht bedeuten, dass sie erleuchtet ist.

Jene von uns, die mit spirituellen Techniken arbeiten, sollten das Potenzial kennen, mit dem wir es hier zu tun haben. Und ich glaube, wir sind gut beraten, wenn wir bei der Erkundung dieses geheimnisvollen Reiches des menschlichen Potenzials die drei Juwelen mitführen: Weisheit, Mitgefühl und Humor. Ja ... Humor. Wenn wir zu ernst sind, werden wir unsere Spiritualität nicht befreien können.

In diesem Sinne verabschiede ich mich mit folgendem Schlussgedanken: Was sagte der buddhistische Mönch zum Hot-Dog-Verkäufer?

»Eins mit allem!«

Originaltitel: »The Siddhis«
Deutsche Erstveröffentlichung

Gedanken und Gefühle vom Rand einer verrückt gewordenen Welt

Was für eine lange, seltsame Reise das war.

Judi und ich brachen zu unserer dritten Seminar-Welttournee auf. Als Erstes reisten wir nach Japan, um dort ein Hathoren- und ein Magdalena-Seminar zu leiten.

Wir finden es beide interessant, dass die Japaner so fasziniert von dem Magdalena-Material sind. Ich erinnere mich noch gut an unser erstes Magdalena-Seminar in Tokio, das dort auf Bitte unseres japanischen Verlegers stattfand. Eine der ersten Fragen der Teilnehmer lautete: »Wer ist Maria Magdalena?«

Als wir die Historie und die Legende dieser rätselhaften Gestalt erläuterten, erforschten wir mit den Teilnehmerinnen und Teilnehmern gleichzeitig die Rolle der Frau in der modernen japanischen Gesellschaft. Es war zweifellos sehr naiv, dass ich davon ausging, in einer überwiegend buddhistisch geprägten Gesellschaft gäbe es keine Scham und Schuldgefühle. Weit gefehlt: Als die Japanerinnen und Japaner im Licht des Magdalena-Materials ihre Erfahrungen und Gefühle über ihre Gesellschaft zum Ausdruck brachten, stellten Judi und ich verblüfft fest, dass die Frauen in Japan mit den gleichen Herausforderungen konfrontiert sind wie überall sonst auf der Welt.

172

Ein kleines Modell von Sanat Kumaras Himmelswagen

Nach den Seminaren besuchten wir unsere japanische Lieblingsstadt – Kyoto. Und wir bestiegen den ersten Teil des Berges Kurama, um etwas persönliche Arbeit zu tun. In den Tagen zuvor hatte es heftig geschneit, und in dem buddhistischen Kloster war es bitterkalt. Das Kloster ist aus mehreren Gründen ungewöhnlich – der erste ist der Umstand, dass es von einer über achtzigjährigen Frau geleitet wird, und der zweite, dass man dort glaubt, von diesem Berg sei Sanat Kumara[18] mit seinem, wie sie es nennen, »Himmelswagen« davongeflogen.

An der Stelle seines Aufstiegs in den Himmel befindet sich ein kleiner Schrein. Dieser Schrein ist für viele Japaner ein beliebtes Pilgerziel. In dem Kloster, das sich dort am Hang des Berges ausbreitet, gibt es ein kleines Modell von Sanat Kumaras Himmels-

---

[18] Mehr über Sanat Kumara erfahren Sie in Tom Kenyon und Judi Sions Buch *Lichtboten vom Arcturus,* das neben Material der Arcturianer und Hathoren auch eine gechannelte Botschaft dieses Meisters enthält. Textauszüge sowie Hörproben der dazugehörigen Meditations-CD *Reine Liebe vom Arcturus* und der Vorgänger-CD *Lightship* finden Sie auf www.AmraVerlag.de. – *Die Red.*

wagen. Es ist aus Sand hergestellt und, so sagt es die Legende, der tatsächlichen Form seines Gefährts nachgebildet. Und was ist das für eine Form? Nun, sie sieht aus wie eine große Schale, die oben auf einem noch größeren Teller liegt. Die Ähnlichkeit mit einer fliegenden Untertasse ist verblüffend. Ich hatte gehofft, Fotos für unsere Leser machen zu können, doch leider war das Ding unter Schnee begraben. Aber auf unserer ersten Japanreise vor einigen Jahren machte Judi ein Foto. Hier ist es.

In Japan wurde es immer kälter, und zum Glück reisten wir nach Bangkok ab, bevor Schneefälle in Rekordhöhe eine landesweite Krise auslösten. Menschen strandeten im Tokioter Flughafen und mussten dort auf dem Boden schlafen, weil Flüge wegen des Schnees ausfielen. Wir hatten es gerade noch außer Landes geschafft.

Mit unserem asiatischen Führer Ken Ballard verbrachten wir ein paar Wochen in Thailand und planten unsere bevorstehenden Abstecher nach Tibet und Burma. Dann brachen wir alle nach Kathmandu in Nepal auf. Dorthin fliegen wir mit unseren Reisegruppen für die Tibet-Tour zunächst immer, um den Teilnehmern Gelegenheit zu geben, sich an die Höhe zu gewöhnen, ehe wir nach Lhasa weiterreisen. Dort trafen wir Hari, einen unserer jungen Träger von der letzten Tibetreise, und bei ihm war ein höchst erstaunlicher Mann namens Krishna. Er kümmert sich um Kinder, die bei den Kämpfen mit den Maoisten in Nepal ihre Eltern verloren haben. Auch schauten wir uns eine Sammlung seltener tibetischer Klangschalen an, die immer schwerer zu bekommen sind.

In Kathmandu besuchten wir ein buddhistisches Vollmond-Fest an unserer Lieblings-Stupa in Nepal – Bodinath. Nachdem wir sie mit Tausenden Tibetern mehrfach umrundet hatten, setzten wir uns in ein kleines Café und tranken Tee. Als der Vollmond über der Stupa aufstieg, fühlte ich mich ganz berauscht von den Gesängen und der religiösen Hingabe der Menschen. Doch dann erschütterten drei Explosionen die Luft. Wie sich herausstellte, waren maoistische Rebellen nach Kathmandu vorgedrungen, hatten drei Polizeistationen in die Luft gesprengt und mehrere Armeebedienstete erschossen. Am nächsten Tag herrschte in der Stadt eine angespannte Stimmung. Überall sah man bewaffnete Soldaten, noch mehr als zuvor. Bis zu unserem Flug mussten wir noch zwei Tage in Nepal ausharren. Ich chantete viel in diesen zwei Tagen und betete um Schutz. Schließlich stiegen wir ins Flugzeug und reisten weiter nach Ägypten. Von unseren Freunden in Nepal erreichten uns zunehmend verzweifelte E-Mails. Das Land zerfiel. Wie Sie sicher wissen, wurde die Macht des nepalesischen Königs durch eine nationale Revolution stark geschwächt.

Die Geschichte wird noch eigenartiger. Und ich muss sagen, dass ich seitdem an den Spruch glaube, dass das Leben seltsamer ist als jede Fiktion.

Wir flogen nach Kairo und trafen Abdallah, einen unserer Reiseführer von Guardian Travel. Sie tragen diesen Namen vollkommen zu recht. Es sind wirklich Beschützer. Das war unsere zweite Ägyptentour mit Guardian, und sie arbeiten sorgfältiger und beschützen ihre Gäste besser als jedes andere Reisebüro in Ägypten. Wenn Sie auf eigene Faust nach Ägypten reisen möchten und dort einen lokalen Reiseführer suchen, gibt es keine bessere Adresse als www.GuardianTravel.com. Man findet sie auch auf Twitter und Facebook. Wenn Sie Ihnen eine E-Mail schicken, bestellen Sie Mohammad Grüße von Judi und mir.

Also ... wir trafen ein paar Tage vor unserer Reisegruppe ein, um uns auszuruhen und die Reise mit Guardian vorzubereiten. Während der folgenden zwei Wochen reisten wir durch Ägypten und machten eine Nilkreuzfahrt. Unsere Mitreisenden sorgten dafür, dass das Ganze zu einem wirklich bezaubernden Erlebnis wurde. Allen, die an dieser Reise teilnahmen, danken wir für ihre Aufrichtigkeit, ihre Fähigkeit, mit den Herausforderungen fertigzuwerden, die bei Reisen durch weniger moderne Kulturen unvermeidlich sind, und ihren großartigen Sinn für Humor. Der Besuch der historischen Stätten in Ägypten war für mich tief bewegend, denn es liegt dort noch immer Magie in der Luft – Zeugnis für das profunde alchemistische Wissen der alten Ägypter und für die Macht ihrer inneren und äußeren Technologien.

Doch wenden wir uns wieder unserer Odyssee zu. Mohammad, der Chef von Guardian Travel, spendierte uns nach der Tour ein paar Tage Erholungsurlaub in Dahab. Das ist ein kleiner Badeort auf dem Sinai. Den Namen kennen Sie vermutlich aus den Nachrichten, denn es wurde dort ein Terroranschlag verübt, bei dem drei Bomben gezündet wurden und viele Menschen ums Leben kamen. Der Anschlag ereignete sich wenige Wochen nach unserer Abreise. Als wir die schrecklichen Bilder in den Fernsehnachrichten sahen, erkannten wir das Restaurant, den Laden und die Brücke wieder, die wir viele Male überquert hatten.

Mahammad hatte uns Dahab empfohlen, weil er wusste, wie gern wir schnorcheln. Allerdings ist das Rote Meer um diese Jahreszeit so kalt, dass man sich buchstäblich den Hintern abfriert. Wer sich länger als ein paar Minuten im Wasser aufhalten möchte, benötigt einen Neoprenanzug.

Auf die Fahrt nach Dahab will ich nicht weiter eingehen, denn darüber habe ich schon in dem Essay *Das unerträgliche Licht der Bewusstheit* berichtet. Nicht erwähnt habe ich allerdings, was während unser Abreise aus Ägypten geschah und als ich in Spanien kompetente medizinische Hilfe suchte.

In besagtem Essay berichtete ich ja, dass Sehnen in meinen Schultern gerissen waren, was mich bemerkenswert hilflos machte, denn ich vermochte kaum, die Arme zu heben. Nie zuvor hatte ich so fürchterliche Schmerzen erlebt, was mich sehr, sehr demütig machte. Alle meine metaphysischen Kenntnisse halfen mir nicht weiter.

In meinem Gehirn gab es nur noch eine Art von Input: Schmerzen, die mich fast um den Verstand brachten. Plötzlich begriff ich, was mit unbarmherzigen Qualen wirklich gemeint war. Die einzige spirituelle Übung, zu der ich mich in der Lage sah, war das Mandala des Mitgefühls, bei dem man sich bewusst macht, dass es andere fühlende Wesen gibt, die ebenso leiden wie man selbst. Ihnen sendet man Mitgefühl, ohne ihren Namen zu kennen oder den Ort, wo sie sich aufhalten. All diejenigen, die gern wissen möchten, wie man mit dem Mandala des Mitgefühls übt, finden im Anschluss an diesen Essay einige Hinweise.

Ich weiß, dass das, was ich Ihnen erzählen möchte, wie eine Übertreibung klingen mag, aber es ist die reine Wahrheit, und es gibt fünf Zeugen, die es bestätigen können.

Die Rückfahrt von Dahab nach Kairo dauerte circa elf Stunden, was auf ein fürchterliches Unwetter zurückzuführen war. Es war in der Dämmerung, unmittelbar vor Einbruch der Nacht, als ich plötzlich das bedrohliche Gefühl verspürte, dass irgendetwas ganz und gar nicht in Ordnung war. Ich erlebte etwas, was ich für eine bloße Fantasie hielt. Es sah so aus, als drohe uns ein schrecklicher Unfall. Ich sagte mir, ich sei lediglich paranoid, und führte das auf die schlimmen Schmerzen in meinen verletzten Schultern zurück. Ich konnte noch immer kaum die Arme bewegen, geschweige denn etwas hochheben. Aber ein tiefer Instinkt in mir veranlasste mich, lautlos innerlich zu chanten. Es war das gleiche Gefühl, das mich auf unserer letzten Tibetreise überkommen hatte, während wir durch das tibetische Hochland gefahren waren. Als wir am Rand eines Steilhangs entlangfuhren, wo es bestimmt dreihundert Meter senkrecht in die Tiefe ging, platzte an unserem Toyota Land Cruiser ein Hinterreifen. Von da an chantete ich leise, während unserer gesamten dreitägigen Fahrt nach Lhasa.

Und hier auf dieser seltsamen Straße in Ägypten chantete ich ebenfalls innerlich. Zu dem Zeitpunkt wusste ich noch nicht, dass Judi und ihre Tochter Adrianne auch seltsame Vorahnungen drohender Autounfälle hatten.

Einige Minuten waren verstrichen, seit ich mit meinem stummen Schutzgesang begonnen hatte, und plötzlich verlor, genau vor uns, der Fahrer eines Armeelastwagens, auf dessen offener Ladefläche sechs bewaffnete Soldaten saßen, die Kontrolle über sein Fahrzeug. Der Lastwagen kippte um und überschlug sich. Unser

Fahrer machte eine Vollbremsung, und wir verfehlten den Unglückswagen nur um Zentimeter.

Die Soldaten wurden auf den Wüstenboden geschleudert, brachen sich Arme, Beine und weiß Gott was noch. Ihre Schmerzensschreie gellten durch die Nacht. Man wies uns an, im Wagen sitzen zu bleiben, denn wir befanden uns auf Beduinenland, und die Beduinen waren bekannt dafür, Reisende auszurauben und zu töten. Das war einer der surrealeren Augenblicke meines Lebens. Hier war ich, unfähig, meine Arme zu gebrauchen, und musste mit anhören, wie draußen in der Dunkelheit Menschen vor Schmerzen schrien.

Als Krankenwagen eintrafen, setzte unser Chauffeur die Fahrt nach Kairo fort. Im Kleinbus herrschte Schweigen, wir waren alle in Gedanken versunken. Der Fahrer fuhr nun sehr langsam und vorsichtig, und so brauchten wir noch einmal mehrere Stunden, bis wir endlich Afrikas größte Stadt erreichten.

Es kostete uns noch einen vollen Tag, bis wir Ägypten verlassen konnten, da wir unsere Flugtickets umtauschen mussten. Dazu war es erforderlich, durch Kairo zum Lufthansa-Büro zu fahren, was eine Reise für sich darstellte. Falls Sie schon einmal in Kairo waren, wissen Sie, wovon ich rede. Die schiere Menge von Autos und Menschen und die lärmende Kakofonie lässt New York wie eine Vorstadt wirken. Kairo ist ein wahnsinniges, wirbelndes multidimensionales Mandala aus reinem Chaos.

Nachdem wir im Hotel unsere Sachen gepackt hatten, wollten wir so schnell wie möglich zu dem Airline-Büro, blieben aber im Verkehr stecken. Als wir endlich dort eintrafen, war es kurz nach zwölf Uhr mittags. Die Angestellte, die unsere Tickets bearbeitete, blickte auf. »Ich nehme an, Sie wollen den Flug morgen nehmen.«

Judi entgegnete: »Nein, wir reisen heute ab.«

Die Frau schaute auf die Uhr. »Das schaffen Sie nie.«

Ohne mit der Wimper zu zucken, sagte Judi: »Doch, wir schaffen es.«

Manchmal, wenn es Zeit ist, einen Ort zu verlassen, soll man das so schnell wie möglich tun. Judi und ich hatten darüber gesprochen und waren übereinstimmend der Ansicht, dass die Zeichen unmissverständlich waren – es war höchste Zeit, Kairo den Rücken zu kehren.

Die Airline-Angestellte beeilte sich, unsere Tickets auszustellen, und reservierte vorsichtshalber auch noch Plätze auf einem Flug in zwei Tagen, falls wir es nicht rechtzeitig zum Flughafen schafften. Mit den Tickets in der Hand rannten wir nach draußen zu einem der Guardian-Kleinbusse, und los ging's Richtung Flughafen. Die Fahrt dorthin hätte bei normalem Verkehr eine Stunde gedauert, und die Maschine startete in weniger als eineinhalb Stunden. Die Zeit war nicht bloß knapp; wir mussten sie falten, um es noch zu schaffen.

In dieser Situation wurde ich Zeuge eines der bemerkenswertesten Beispiele für die Kraft der Intuition, das ich je erlebt habe. Unser Reiseführer Ehab und der Fahrer redeten die ganze Zeit auf Arabisch und planten unsere Eilroute zum Flughafen. Sie stoppten an verstopften Kreuzungen, wo Busse, Autos und Kamele Fußgängern auswichen, die auf der Straße um ihr Leben rannten. Ehab und der Fahrer zeigten in unterschiedliche Richtungen und planten, intuitiv und logisch, welchen Weg wir nehmen sollten. Auf wundersame Weise trafen wir etwa zwanzig Minuten, ehe unsere Maschine startete, am Flughafen ein. Das Gate hätte eigentlich bereits geschlossen sein müssen.

Horden – und ich meine *Horden* – von Menschen liefen umher. Man konnte sich kaum bewegen, doch wie ein moderner Horus, der sich von keinem Hindernis beirren ließ, schaffte es Ehab, uns durch die Security und zum Gate zu schleusen, gerade bevor es geschlossen wurde.

Die Frau am Check-in verdrehte die Augen, als sie sah, wie viel Gepäck wir anschleppten – schließlich befanden wir uns ein ganzes Jahr auf Weltreise, mit Videokameras, Audio-Ausrüstung, Kleidung und vielem mehr. Wir sahen aus wie ein Wanderzirkus, aber wir waren nur zu zweit.

Einer meiner drei ägyptischen Ärzte hatte mir ein Attest geschrieben, dass ich wegen meiner verletzten Arme Hilfe beim Tragen benötigte. Die Frau am Check-in ließ es sich nicht ausreden, dass ich außerdem einen Rollstuhl brauchte.

Während sie unser Gepäck wog, winkte einer der Kofferträger mir zu – ein ägyptisches Signal für Bakschisch. Sehen Sie, Ägypten hat, wie viele Drittweltländer, die wir bereist haben, ein ganzes System, um Probleme wie dieses zu lösen. Wir nennen es Bestechung, aber das ist es nicht wirklich, jedenfalls nicht so, wie wir es verstehen. Es ist eher wie Öl für die Maschinerie. Also winkte ich zurück und bat Judi, ihm umgerechnet 20 US-Dollar zu geben. Sie steckte ihm das Geld diskret zu, und er eilte davon, besorgte mir einen Rollstuhl und schob mich zum Zoll. Doch dann sahen wir uns einem unerwarteten Hindernis gegenüber.

Ein klein gewachsener Aufsichtsbeamter trat vor und überprüfte unsere Tickets – offenbar in der Hoffnung, irgendeinen Fehler an unseren Dokumenten zu finden, wegen denen er uns den Zutritt zum Flugzeug verweigern oder eine enorme Summe wegen Gepäck-Übergewichts fordern konnte. Doch ihm war nicht klar, dass alles in Ordnung war und die Airline die Beförderung des Zusatzgepäcks genehmigt hatte. Auch war ihm nicht klar, dass er es mit Judi zu tun bekommen würde – manchmal nenne ich sie Kaliana, nach Kali, der Hindu-Göttin, die zuständig ist für Tod und Transformation.

Normalerweise ist Judi sehr ruhig und freundlich, doch wenn jemand etwas Unanständiges versucht oder Menschen attackiert, die ihr am Herzen liegen, dann ist sie bereit, ihm, natürlich metaphorisch gesprochen, die Kehle durchzuschneiden. Der winzige Mann setzte zu einem Vortrag an, doch Judi fiel ihm ins Wort. Auf alles, was er vorbrachte, hatte sie eine passende Gegenbemerkung. Die anderen Angestellten, die um den Schalter herumstanden, wirkten schockiert. Die Zeit stand still. Schließlich musste der Mann einräumen, dass alles in Ordnung war. Er hob die Hand und ging davon.

Ehab drehte sich zu Judi um und flüsterte: »Das war eindrucksvoll. Sie haben es ihm gezeigt. Ich habe mir schon lange gewünscht, dass das mal jemand mit ihm macht.« Die Check-in-Angestellte gab uns unsere Bordkarten, und der Mann, dem wir die 20 Dollar gegeben hatten, lotste uns rasch durch den Zoll und ins Flugzeug, kurz bevor sie die Tür schlossen.

Während unser Lufthansa-Jet in Richtung Frankfurt am Main abhob, um von dort nach Spanien weiterzufliegen, musste ich an einen Autoaufkleber denken, den ich vor ein paar Jahren gesehen hatte: »Die Frage ist nicht, ob du paranoid bist. Die Frage ist: Bist du paranoid genug?«

Glücklicherweise gab es an der Costa del Sol eine erstklassige medizinische Versorgung und eine Einstellung gegenüber den Patienten, an der das Gesundheitssystem in den USA sich ein Beispiel nehmen sollte. Für eine Serie von MRT-Aufnahmen, die in den Staaten über 3.000 Dollar gekostet hätte, musste ich in Spanien lediglich 250 Dollar zahlen. Nicht nur das, ich konnte mir die Bilder auch noch selbst anschauen und sehen, worüber die Ärzte sprachen. Man händigte sie mir aus, und ich musste sie selbst zum Arzttermin mitbringen. Sie gingen in meinen Besitz über und wurden nicht von einem riesigen Gesundheitssystem gehortet, dem der Einzelne völlig gleichgültig ist. Man behandelte mich mit einem Respekt und einer Höflichkeit, wie ich sie im amerikanischen Medizinwesen selten erlebt habe. Hmm. Was stimmt nicht an diesem Bild?

Nun, um eine lange Geschichte kurz zu fassen, dank den Bemühungen einiger großartiger Ärzte und Physiotherapeuten war ich in der Lage, unsere Seminar- und Vortragsreise durch Europa wie geplant zu absolvieren und kehrte in viel besserer Verfassung nach Hause zurück, als ich Ägypten verlassen hatte.

Auch hatte ich eine Menge gelernt.

Nun bin ich nicht der Ansicht, dass das Universum Lektionen für uns ausheckt. Ich halte es für viel zu unpersönlich, als dass es sich darum scheren würde, was mit mir persönlich geschieht. Ich glaube aber, dass wir, wenn wir aufmerksam hinschauen, so manches über uns selbst und die anderen lernen können.

Hier folgen nun ein paar Dinge, die ich auf unserer Weltreise gelernt habe, auf der wir fast einem Bombenanschlag zum Opfer gefallen, erschossen worden und bei einem Autounfall auf der Sinai-Halbinsel gestorben wären.

1. Werde nicht überheblich. Ich hatte für diese Reise trainiert, indem ich monatelang drei Mal wöchentlich ins Fitnesscenter ging. Als wir aus den USA abreisten, schaffte ich beim Latziehen fast siebzig Kilo. Als wir aus Ägypten abreisten, war ich kaum mehr in der Lage, ein Glas Wasser hochzuheben.

2. Genieße die Zeit, die du auf Erden verbringst, denn sie dauert nicht ewig. Die Anhänger der physischen Unsterblichkeit mögen es mir verzeihen, aber das Leben *ist* endlich. Unsere mehrfachen Begegnungen mit katastrophalen Unglücken führten mir die Unbeständigkeit unseres Daseins vor Augen, und mir wurde erschreckend deutlich, wie hart die Alltagsrealität für viele Menschen ist. Ich muss gestehen, dass ich mich deshalb für einige Zeit ziemlich deprimiert fühlte. Aber längerfristig stärkte diese Erfahrung meine Entschlossenheit, das Beste aus meinem Leben zu machen.

3. Es gibt Zeiten, in denen wir unsere Angelegenheiten selbst in den Griff bekommen müssen, und es gibt Zeiten, in denen wir um Hilfe bitten müssen. Für einen autonomen Typen wie mich war es eine (verfluchte!) Herausforderung und Lernerfahrung, um Hilfe zu bitten, wenn ich ein Glas Wasser trinken oder mir die Jacke anziehen wollte. Wie ich schon sagte, machte mich das sehr demütig, was, auch wenn es mir damals wenig bedeutete, letztlich eine gute Sache war. (PS: Wenn Sie sich fragen, warum Demut eine gute Sache sein soll, dann brauchen Sie vermutlich eine kräftige Dosis davon.)

4. Iss den Nachtisch immer zuerst. Man weiß nie, wann eine Bombe hochgeht.

Originaltitel: »Thoughts from the Edge«
Deutsche Erstveröffentlichung

Psychonavigation

Einfach ausgedrückt ist Psychonavigation die mentale Erfahrung, sich durch den inneren Raum zu bewegen, den wahrnehmbaren Raum des menschlichen Bewusstseins. Das kann eine Bewegung rückwärts oder vorwärts in der Zeit beinhalten und/oder eine Bewegung in andere Bereiche des Raumes als jene, die wir normalerweise wahrnehmen. Manchmal kommt es bei der Psychonavigation zu einer Verschiebung der persönlichen Identität, wodurch Fähigkeiten oder Erkenntnisse gewonnen werden, über die der betreffende Mensch sonst nicht verfügt. Bei diesen Bewusstseinszuständen und der entsprechenden mentalen Aufmerksamkeit kann es auch darum gehen, sich in eine Erfahrung – etwa eine Erinnerung oder Fantasie – hinein und wieder aus ihr heraus zu bewegen, um nützliche Informationen zu erlangen. Psychonavigation ist eine faszinierende Fähigkeit, die offenbar fester Bestandteil der menschlichen Gehirnaktivität ist.

Durch psychoneurologische Forschungen wurde zweifelsfrei nachgewiesen, dass EEG-Aktivität im Alpha-Theta-Bereich eine Fülle außergewöhnlicher Phänomene stimulieren kann – besonders solche, die für die Psychonavigation förderlich sind.

Die Gründe dafür liegen unmittelbar in unserer Neurophysiologie. Wenn die Gehirnaktivität sich von dem normalen Beta-Wachzustand (12-16 Hz) zum entspannteren Alpha-Zustand (8-12 Hz) verlangsamt, erfolgt ein Absinken von Muskelanspannung, Atemfrequenz, Blutdruck und Puls. Auch die Stresshormone, beispielsweise Adrenalin, werden reduziert. Der gesamte physische Organismus entspannt sich mehr oder weniger, abhängig davon, wie tief der Alpha-Zustand ist und wie lange er andauert.

Allgemein gesagt, und beruhend auf meinen eigenen klinischen Beobachtungen als Psychotherapeut während der letzten mehr als drei Jahrzehnte, würde ich sagen, dass eine Alpha-Aktivität bei den meisten Menschen die oben erwähnten Entspannungseffekte erzielt, wenn sie mindestens zwanzig Minuten andauert.

Als Hypnosetherapeut in der Tradition von Dr. Milton Erickson[19] gelang es mir oft, durch eine Kombination seiner Metaphernsprache und einfacher Konzentration seitens der Klienten diese in tief veränderte Bewusstseinszustände zu führen. Ich ließ die Klientin oder den Klienten sich zum Beispiel auf den Atem und einen Arm oder eine Hand konzentrieren. Der mentale Fokus veränderte ihre neurologische Aktivität auf radikale Weise.

An verschiedenen Punkten während unserer Sitzung waren die Klienten sich ihrer äußeren Umgebung, das heißt meines Behandlungszimmers, nicht länger bewusst. Stattdessen gelangten sie in einen tiefen, traumähnlichen Aktivitätszustand. Ich spreche hierbei von Wachtraum-Zuständen, da die Person wach ist und oft sogar in einem Stuhl sitzt, die innere, mentale Erfahrung aber sehr stark einem Traum ähnelt. Theoretisch wird dies durch eine Erhöhung der Theta-Aktivität (4-8 Hz) bewirkt. Theta ist ein viel langsamerer Gehirnzustand als Alpha, und während Alpha durch entspannte Aufmerksamkeit gekennzeichnet ist, schwindet im Theta-Zustand das Bewusstsein der Person für ihre äußere Umgebung immer mehr. Die innere mentale Wirklichkeit wird lebhafter, und in bestimmten Bereichen des Theta-Zustandes (in der Regel den niedrigeren Frequenzen) verliert die Person zunehmend

---

[19] Milton Hyland Erickson (1901-1980) war ein amerikanischer Psychiater, Psychologe und Psychotherapeut, der die moderne Hypnose und Hypnosetherapie maßgeblich prägte. Eine Alternative zur hypnotischen Herbeiführung von Trancezuständen bietet der schwedische Rückführungstherapeut Jan Erik Sigdell, der im Amra Verlag unter anderem das Buch *Unsichtbare Einflüsse* über die Befreiung von fremden Wesenheiten vorlegte. – *Die Red.*

den bewussten Kontakt zur Außenwelt. Dieser Rückgang der auf Sinneseindrücken beruhenden äußeren Wahrnehmung ist möglicherweise einfach darauf zurückzuführen, dass unmittelbar auf Theta der Delta-Zustand folgt (0,5-4 Hz).

Im Delta-Zustand wird die Außenwelt kaum noch wahrgenommen. Und in den unteren Bereichen von Delta gibt es überhaupt keine Bewusstheit mehr. Die einzige Ausnahme von dieser Regel, beruhend auf Forschungen im Bereich Meditation und Schlaf, findet sich bei Meditierenden. Meditationserfahrene Personen berichten oft von einem vierten Bewusstseinszustand, in dem der Körper als schlafend wahrgenommen wird, während der Geist sich seiner selbst bewusst ist. Diese Forschungen wurden überwiegend an der Maharishi International University durchgeführt, wo die Effekte der Transzendentalen Meditation wissenschaftlich untersucht wurden. Die Ergebnisse sind interessant, aber bislang noch nicht wirklich beweiskräftig. Aufgrund meiner eigenen Erfahrungen und denen anderer Meditierender, die mir persönlich bekannt sind und die, wie ich, viele verschiedene Meditationspraktiken anwenden, steht jedenfalls fest: Dieser vierte Bewusstseinszustand ist eine erfahrbare Realität. Doch wenden wir nun unsere Aufmerksamkeit wieder dem Theta-Zustand zu, denn in ihm ist Psychonavigation möglich und erlebbar.

EEG-Realitäten

Zunächst möchte ich betonen, dass ich, wenn ich von Theta, Alpha und dergleichen spreche, damit keineswegs behaupten möchte, dass sich das gesamte Gehirn in einem dieser energetischen Zustände befindet. Es handelt sich bei den Bezeichnungen Alpha und Theta um statistische Richtwerte. Das Gehirn befindet sich niemals in einem einheitlichen Zustand (außer vielleicht während eines Komas, und natürlich nach dem Tod). Aber in einem lebendigen und normal funktionierenden Gehirn gibt es überall zahlreiche Gehirnwellen-Typen, die gleichzeitig erzeugt werden. Das kann man auf einem topografischen EEG deutlich erkennen. Falls Sie eine solche topografische Karte des Gehirns noch nie gesehen haben, lade ich Sie ein, sich auf www.Tom-Kenyon.com ein Beispielbild anzuschauen: Klicken Sie auf den Menüpunkt *Acoustic Brain Research* in der vertikalen Navigationsleiste links und öffnen Sie dort Study 5: »Anecdotal Study Of EEG Effects on ABR Wave Form«. Dort finden Sie Abbildungen dreier topografischer EEGs.

Studien zur topografischen Kartografierung des Gehirns zeigen sehr deutlich, dass im Neocortex ständig eine Vielzahl von Aktivitäten stattfindet. Bei EEG-Studien, die mit dieser Technologie, dem sogenannten Neuromapping, durchgeführt werden, vergleichen die Wissenschaftler alle Rohdaten, die von den Elektroden übermittelt werden, und führen eine statistische Analyse durch, was in der Regel mit Hilfe spezieller Computer-Software automatisch erfolgt. Als Resultat erhält man eine schematische Darstellung der Gehirnwellenaktivität, auf der die Orte der EEG-Aktivität im Gehirn sichtbar sind. Man erkennt darauf, welche Gehirnzustände in den jeweiligen Bereichen vorherrschen und wie stark diese Gehirnwellen sind.

Manche Menschen verwenden euphemistische Redewendungen wie: »Du befindest dich jetzt im Alpha-Zustand«, oder dergleichen. Solche Etikettierungen mögen denen sinnvoll erscheinen, die sie benutzen, aber neurologisch sind sie unzutreffend.

Das mag manchen (allerdings nicht den Wissenschaftlern unter den Lesern) übertrieben technisch erscheinen, doch finde ich es sehr wichtig, dass wir ein klares, genaues Bild der nicht alltäglichen Körper- und Bewusstseinszustände erlangen. Wenn wir uns dem geistigen Phänomen der Psychonavigation zuwenden, sollte unsere Herangehensweise sich auf solide Erkenntnisse stützen. Wir wollen hierbei schließlich keinen Selbsttäuschungen unterliegen. Vielmehr wollen wir einen Aspekt unseres eigenen Bewusstseins entwickeln, der es uns ermöglicht, das übliche Schubladendenken hinter uns zu lassen. Und nach meiner Erfahrung eignet sich nichts besser als die Psychonavigation, um unseren geistigen Horizont zu erweitern und uns neue Denk-Perspektiven zu erschließen.

Die beiden ineinandergreifenden Welten des Theta-Zustandes

Während meiner zehn Jahre in der Gehirnforschung unter der Federführung von Acoustic Brain Research bin ich zu der persönlichen Überzeugung gelangt, dass Theta-Wellen in unserer Neurophysiologie zwei Effekte erzeugen. Zum einen reduzieren sie unsere Wahrnehmung der Außenwelt, während sie gleichzeitig die Tür zu einer inneren Welt öffnen, deren Wahrnehmung auf Sinneseindrücken beruht. Es ist, als ob die äußere Welt verschwindet und stattdessen eine lebendige und scheinbar reale innere Welt in unser Blickfeld rückt.

Klinische Beobachtungen

Ich möchte Ihnen nun ein Beispiel für Psychonavigation vorstellen, das einige der von mir erwähnten theoretischen Ideen veranschaulicht. Eine Frau, nennen wir sie Jane (das ist nicht ihr richtiger Name), wurde wegen einer Depression zu mir geschickt. Sie hatte gerade ihren Mann verloren, mit dem sie über zwanzig Jahre verheiratet gewesen war. In seinen letzten Lebensjahren war er schwer krank gewesen und von seiner Frau gepflegt worden. Jetzt, nach seinem Tod, war sie völlig am Boden zerstört. Sie berichtete mir, dass sie es kaum noch wagte, das Haus zu verlassen, und sich sehr einsam fühlte. Während der letzten Jahre hatte sie ihre ganze Aufmerksamkeit ihrem kranken Mann gewidmet.

Nachdem wir ein wenig über ihre Lebensgeschichte und ihre gegenwärtige mentale/emotionale Verfassung gesprochen hatten, spielte ich ihr von einer CD ein Musikstück vor, das ich speziell dafür komponiert hatte, veränderte Bewusstseinszustände zu erzeugen. Als ich sah, dass die Musik entspannend auf Jane wirkte, sprach ich mit leiser Stimme zu ihr, um ihren sich zusehends vertiefenden Entspannungszustand nicht zu stören. Ich benutzte eine Methode konstruierender Sprache, die man die Ericksonsche Methode nennt. Diese Art des Einsatzes von Worten und Sprechrhythmus beruht auf seiner medizinischen Hypnosearbeit. Hierbei werden im Wesentlichen Metaphern verwendet, in die Botschaften für das Unterbewusstsein eingebaut sind. Besonders schön an den auf Erickson zurückgehenden Metaphern ist, dass sie den Trancezustand vertiefen – das Gehirn wird in die niedrigfrequenten Zustände Alpha, Theta und manchmal sogar Delta versetzt.

Ich begann, Jane eine Geschichte über eine Pflanze zu erzählen, die zu groß geworden und deshalb umgetopft worden war. Zuerst war das ein Schock für die Pflanze, weil der neue Topf überhaupt keine Grenzen zu haben schien. Sie wusste nicht, was sie tun sollte. Doch schließlich breitete sie ihre Wurzeln in dem nährstoffreichen Boden aus, aus dem sie alles aufnahm, was sie für ihr Wachstum brauchte. Am Schluss, nachdem ich diese den Verstand einlullende Geschichte ungefähr zehn Minuten weitergesponnen hatte, erblühte die Pflanze auf ganz neue Weise.

Als Jane in Trance ihre Aufmerksamkeit nach innen richtete, begriff ihr Unterbewusstsein, dass die Geschichte von der Pflanze eigentlich von ihr handelte. Es nahm die Botschaft wörtlich, und als Janes Trance noch tiefer wurde, veränderte sich ihre Wahrnehmung ihrer selbst und der Welt radikal. Sie, ich und das Behandlungszimmer – alles verschwand. Ich weiß das, weil wir nach der Sitzung über ihre Erlebnisse gesprochen haben.

Als während der Sitzung Janes Trance besonders tief war, gab es einen Moment, als Jane sich in eine Pflanze verwandelte. Ihr kognitives Bewusstsein war ausgeschaltet, und sie stellte das Erlebnis in keiner Weise in Frage. Sie war eine Pflanze, und sie wurde umgetopft. Als das geschehen war, sah sie sich auf einer anderen Ebene als Mensch, der sich rückwärts durch alle seine Lebenserfahrungen bewegt. Irgendwie bezog sie Kraft und Einsichten aus diesen Erfahrungen, auf Wegen, die sie nicht verstand, aber dennoch deutlich spürte. Und dann wurde sie, als Pflanze, hinauf zu Gott gebracht. Im glänzenden weißen Licht des Himmels vergab Gott ihr alle Fehler, die sie ihrer Meinung nach begangen hatte, während sie ihren kranken Mann pflegte. An diesem Punkt fing Jane an zu weinen, und ihre Tränen holten sie schließlich aus ihrem Trancezustand zurück, so dass sie sich wieder ihrer selbst und des Behandlungszimmers bewusst wurde.

Dieses Erlebnis wirkte auf sie zutiefst bewegend und befreiend. Als sie zu ihrem zweiten Termin zu mir kam, war die Depression verschwunden. Sie war dabei, neue Freundschaften zu schließen und frühere Bekanntschaften wiederaufleben zu lassen. Meine Arbeit war getan.

Es gibt viele Elemente in dieser Geschichte, auf die wir näher eingehen könnten, unter anderem die wirklich faszinierende Beziehung zwischen Sprache und Neurophysiologie. Aber in diesem Teil des Aufsatzes geht es in erster Linie um die Grundlagen der Psychonavigation. Nutzen wir also Janes Erlebnis, um diese Grundlagen näher zu erläutern.

Neurologie, persönliche Geschichte und Absicht

Neurologie

Die erste Gemeinsamkeit ausnahmslos aller Psychonavigations-Erfahrungen ist die Veränderung der Gehirnwellenaktivität.

Janes Pflanzen-Erfahrung war, wie ich es nenne, ein nicht alltägliches Erlebnis. Für die meisten von uns ist es sehr ungewöhnlich, uns als etwas anderes als ein menschliches Wesen zu erleben. Aber in den fließenden, offeneren Gehirnzuständen Alpha und vor allem Theta sind solche Erlebnisse häufiger.

Die Verwendung von Klängen und Musik zur Herbeiführung veränderter Bewusstseinszustände besitzt eine lange Tradition und ist sehr gut wissenschaftlich dokumentiert. Darauf näher einzugehen, würde den Rahmen dieses Artikels sprengen.

Auf jeden Fall können Klänge und Musik unseren Bewusstseinszustand verändern. Als ich in meiner Praxis Jane die Musik vorspielte, stimulierte ich damit einen Teil ihres Gehirns, der RAS genannt wird, retikuläres Aktivierungssystem, wodurch sich die Gehirnwellenaktivität in Janes Neocortex veränderte. Ihr Gehirn wurde, so könnte man sagen, in einen veränderten Bewusstseinszustand hineingetrieben, der zweifelsohne von einer Zunahme der niedrigen Alpha- und Thetawellen gekennzeichnet war. In Verbindung mit den Sprachmustern der Ericksonschen Hypnose erzeugte Janes Gehirn eine erhebliche Zunahme der Theta-Aktivität, was sich daran zeigt, dass sie sich ihrer äußeren Umgebung nicht länger bewusst war. Dort, im bewusstseinsverändernden Raum des Theta-Zustandes, nahm sie sich selbst als Pflanze wahr und wurde in den Himmel zu Gott gebracht.

Persönliche Geschichte

Psychonavigations-Erfahrungen werden stark von der persönlichen Lebensgeschichte beeinflusst.

Als Jane mir von ihrem Erlebnis erzählte, nachdem sie wieder aus der Trance aufgetaucht war, fragte ich sie, ob sie wirklich Gott begegnet sei. Sie erzählte mir, dass sie ihn klar und deutlich habe sehen können – mit weißem Haar, einem langen, weißen Bart und einem wallenden weißen Gewand. In seiner Gegenwart verspürte sie ein tiefes Gefühl des Friedens, das sie, wie sie sagte, so noch nie zuvor erlebt hatte.

Ich stellte ihr diese Frage als Teil meiner nie endenden persönlichen und informellen Erforschung der Erscheinungsformen Gottes. Nach über zwanzig Jahren meiner diesbezüglichen Forschungen fällt vor allem eines auf, nämlich wie unglaublich vielfältig die

Erfahrungen sind, wenn die Menschen ihrer Version des Göttlichen begegnen.

Janes Verwandlung in eine Pflanze und ihre anschließende Begegnung mit Gott war ein klassisches Psychonavigations-Erlebnis, obwohl man keine Gottesbegegnung haben muss, um solche Erfahrungen zu machen. Viele dieser geistigen Erfahrungen haben überhaupt nichts Spirituelles oder Religiöses an sich. Aber allen gemeinsam ist die Veränderung der zeitlichen und räumlichen Wahrnehmung sowie ein verändertes Erleben der eigenen Identität.

Während Jane damit beschäftigt war, eine Pflanze zu sein, befand sie sich gleichzeitig an einem anderen inneren Ort. Sie bewegte sich rückwärts durch die Zeit, um aus ihren früheren Erfahrungen Stärke und Einsicht zu gewinnen. Sie sah und fühlte, dass es geschah, obwohl sie keine Ahnung hatte, wie so etwas möglich war.

Diese Aufspaltung der eigenen Identität tritt bei der Psychonavigation ziemlich häufig auf. Wenn Menschen sich psychonavigierend vorwärts oder rückwärts durch die Zeit bewegen, erleben sie sich selbst oft gleichzeitig innerhalb und außerhalb der Zeit. Für jemanden, der sich im normalen Wachbewusstsein befindet, scheinen solche Erfahrungen nicht nachvollziehbar zu sein. Aber in veränderten Bewusstseinszuständen, die durch eine starke Erhöhung der Theta-Aktivität gekennzeichnet sind, erscheinen solche Fähigkeiten ganz selbstverständlich und bedürfen keiner weiteren Erklärung. Sie werden unmittelbar erlebt, sogar wenn sie im Widerspruch zu unseren bisherigen Vorstellungen über die Natur von Zeit und Raum stehen.

Absicht

Psychonavigation entsteht aus einem Zusammenspiel aus veränderten Bewusstseinszuständen, persönlicher Lebensgeschichte und Absicht.

Janes Psychonavigations-Erlebnis geschah im Kontext von Therapie und Heilung. Sie hatte sich wegen ihrer Depression in Behandlung begeben, und das Erlebnis ereignete sich im Behandlungszimmer des Therapeuten (also in diesem Fall bei mir).

Diese vorherige Festlegung einer Absicht ist entscheidend dafür, dass solche Erlebnisse auftreten. Sie geschehen nicht einfach aus heiterem Himmel. Es muss ein Auslöser vorhanden sein.

Ich bin überzeugt, dass die Psychonavigation eine dem menschlichen Bewusstsein innewohnende Fähigkeit ist. Alles, was man benötigt, ist ein geeigneter Auslöser und die richtige Umgebung.

Tatsächlich hätte Jane ihr psychonavigatorisches Ereignis in einer ganzen Reihe möglicher Settings erleben können, zum Beispiel während eines Gottesdienstes, bei dem Musik gespielt wird, oder vielleicht auch in einem Traum.

Die drei Elemente erfolgreicher Psychonavigation

In der Psychonavigation muss man sich um die persönliche Lebensgeschichte keine Gedanken machen. Sie ist der Filter und der Informations-Pool, aus dem alle Erfahrungen erschaffen werden. Daher muss man sich nicht unmittelbar damit auseinandersetzen. Sie ist einfach Teil des Gewebes, aus dem sich geistige Erfahrung bildet – besonders während Psychonavigationen.

Den anderen drei Elementen dagegen sollten Sie bewusste Aufmerksamkeit widmen, weil sie die Mittel sind, aus denen Sie, bewusst oder unbewusst, die Erfahrungen der Psychonavigation erzeugen.

Diese drei für jede Psychonavigation unerlässlichen Elemente sind:

1. ein Weg, die Gehirnwellenaktivität so zu beeinflussen, dass eine tiefe Alpha- oder sogar Theta-Aktivität erreicht wird;
2. eine klare Absicht, was erforscht werden soll, das heißt ein bestimmtes Problem, eine Erinnerung, ein Traum oder dergleichen;
3. eine erprobte Methodik.

Methodik

Ah, die Kraft der richtigen Methode! Das ist ein schier unerschöpfliches Thema. Es gibt so viele Wege ins Wunderland (das Magische Fenster zu Alpha und Theta), dass ich sie niemals alle beschreiben könnte, ganz gleich, wie lang dieser Essay würde.

Wenn Sie sich ernsthaft für Psychonavigation interessieren, sollten Sie so viele Methoden wie möglich ausprobieren, mit denen sich dieser innere Zustand herbeiführen lässt. Je mehr Techniken Sie in der Hinterhand haben, desto effektiver werden Sie sein. Wenn Sie einen Weg gefunden haben, sollten Sie sich nicht auf Ihren Lorbeeren ausruhen. Finden Sie weitere Wege.

Nachdem das gesagt ist, möchte ich Ihnen ein paar einfache Prinzipien vorstellen, die Ihnen den Einstieg erleichtern werden. Das erste dieser Prinzipien ist das erste unerlässliche Element, von dem eben die Rede war – die Veränderung des Gehirnzustandes. Wenn Sie regelmäßig meditieren, kennen Sie das bereits, denn Sie erleben es jedes Mal, wenn Sie sich in den meditativen Zustand versetzen. Der Unterschied zur Meditation ist der, dass es *nicht* um die Stille als letztes Ziel geht. Innere Stille ist nur der Zugang, die Schwelle zu einem anderen Bewusstseinszustand.

Ein anderer, sehr wirkungsvoller Weg, die Gehirnwellenaktivität zu verändern, ist die Nutzung bestimmter Musikstücke und/oder Klangmuster. Das ist ebenfalls ein weites Feld, aber einfach ausgedrückt muss es Musik ohne Worte sein, mit einem Klangmuster oder Rhythmus, der anhaltend, langsam und gleichbleibend ist. Diese Art von Musik ist nicht unterhaltsam im herkömmlichen Sinn. Man könnte aber sagen, dass sie mitreißend ist, da sie ein Mittel zu dem Zweck ist, die Gehirnwellenaktivität zu verlangsamen. Es gibt dort draußen eine Unmenge musikalischer Kompositionen, von denen manche ziemlich gut, die meisten jedoch, offen gesagt, eher zweitklassig sind. Wenn ein Musikstück bei Ihnen bewirkt, dass Sie sich entspannt fühlen und Ihre Aufmerksamkeit nach innen richten können, haben Sie offensichtlich etwas gefunden, was für Sie gut funktioniert.

Wenn Sie eine meiner eigenen Aufnahmen ausprobieren möchten, empfehle ich Ihnen *Infinite Pool*. Bei dieser psychoakustischen Aufnahme wird eine sehr komplexe Ton-Matrix erzeugt, die sich perfekt für die Psychonavigation eignet. Tatsächlich halte ich es persönlich für das Beste, was derzeit als akustischer Pfad für psychonavigatorische Bewusstseinszustände erhältlich ist. Nun ja, vielleicht bin ich nicht objektiv, aber urteilen Sie selbst.[20]

Nun zurück zum eigentlichen Punkt. Sie können Ihre Gehirnwellenaktivität durch Meditation und/oder Psychoakustik verändern, und zwar so, dass Sie in einen idealen Zustand für die Psychonavigation gelangen.

Ich persönlich bevorzuge die beiden oben genannten Methoden, aber es gibt noch andere. Sie können auch eine Mind Machine verwenden, ein Gerät, das die sogenannte Frequenzfolgereaktion *(engl. brain entrainment)* nutzt, um durch Klang- und Lichtimpulse die Alpha- und Theta-Aktivität in Ihrem Gehirn zu erhöhen.

<u>Eine Zusatzbemerkung:</u> Ich nehme an, dass manche meiner Leser mit Drogen experimentieren, um außergewöhnliche Bewusstseinszustände zu erreichen. Zweifellos können Drogen die Gehirnwellenaktivität und die Neurotransmitter-Muster verändern, doch es fehlt etwas Entscheidendes. Nicht nur sind die meisten Drogen illegal und besitzen neurotoxische Wirkungen, sie beeinträchtigen auch eine wirkungsvolle Selbstkontrolle, also die Fähigkeit, die eigenen Erfahrungen zu steuern. Selbstverständlich wirken Drogen bewusstseinsverändernd. Aber Sie haben die Effekte nicht unter Kontrolle. Und wenn der Rausch vorüber ist, können Sie diese Zustände nicht bewusst wieder herbeiführen. Beim Drogenkonsum lernt Ihr Gehirn/Bewusstsein nicht, wie es solche Zustände selbst erzeugen kann. Wenn Sie

---

[20] Diese und mehr als dreißig weitere CDs von Tom Kenyon in deutscher Ausstattung sind auf www.AmraVerlag.de erhältlich. Fast in jedes Stück können Sie gratis hineinhören. – *Die Red.*

hingegen lernen, Ihre Gehirnwellenaktivität bewusst zu steuern, steht Ihnen damit ein wundervolles Hilfsmittel zur Verfügung. Dann sind Sie ein echter Psychonaut. Solange Sie nicht gelernt haben, Ihre Ausflüge in die inneren Welten Ihres Bewusstseins bewusst zu steuern, sind Sie Ihrem Reisevehikel beziehungsweise äußeren Hilfsmitteln ausgeliefert. Ich empfehle Ihnen daher, selbst das Ruder Ihres Geistes zu übernehmen und es nicht irgendeiner Droge, einem Kult, einer Religion oder, wenn wir schon dabei sind, dem Fernsehen zu überlassen.

Absicht

Nehmen wir an, Sie haben eine Methode gefunden, um Ihren Bewusstseinszustand zu verändern. Was Sie nun benötigen, ist eine klare Absicht. Psychonavigation ist ein fantastisches mentales Werkzeug. Natürlich können Sie einfach den inneren Raum erkunden und schauen, was geschieht. Aber warum keinen praktischen Nutzen daraus ziehen? Sie können die Psychonavigation einsetzen, um Informationen und Einsichten zu nahezu jedem Thema einzuholen. Definieren Sie eine klare Absicht, bevor Sie beginnen, dann wird der größte Teil der auftretenden Phänomene in Bezug zu dieser Absicht stehen.

Rituale des Bewusstseins

Bei der Psychonavigation reisen wir in unserer Wahrnehmung durch den inneren Raum. Und ganz wie bei Reisen durch den äußeren, physischen Raum benötigen Sie Orientierungshilfen. Wenn Sie beispielsweise mit dem Auto irgendwohin fahren, benutzen Sie vielleicht eine Straßenkarte, um sich zu orientieren. Wenn Sie ein Flugzeug steuern, müssen Sie bei Ihrer Positionsbestimmung zusätzlich die Höhe berücksichtigen.

Bei Reisen durch den inneren Raum orientieren Sie sich an gewissen Schwellen, die Sie überschreiten. Dieses geistige Bild der Schwelle grenzt den normal wahrgenommenen Raum von dem nicht alltäglichen Raum der Psychonavigation ab. Wenn Sie die Schwelle überschreiten, gelangen Sie in eine andere Welt, die erfüllt ist von Magie und enormen Möglichkeiten. Der Raum, den Sie hier erleben, ist fließender. Die Zeit ist veränderbar, man kann sich in ihr vorwärts und rückwärts bewegen oder sogar den Rahmen der herkömmlichen Zeit völlig verlassen. Man kann auch die Erinnerung an ein früheres Ereignis aktivieren und es aus anderen Perspektiven erleben. Durch diese zusätzlichen Perspektiven gewinnen Sie Erkenntnisse, die Ihnen nicht zugänglich sind, solange Sie in einer zweidimensionalen Zeitachse festhängen.

Sie können sich sogar in der Zeit vorwärts bewegen und verschiedene mögliche Zeitachsen erleben, die alle Ausdrucksformen zukünftiger Möglichkeiten und Wahrscheinlichkeiten sind.

Wenn Sie tiefer in diesen inneren geistigen Raum eintauchen, können Sie außergewöhnliche Transformationen der persönlichen Identität erleben. Sie können zum Beispiel ein geflügeltes Wesen werden, das nicht an die Schwerkraft gebunden ist, und dann hinaus zu anderen Welten fliegen. Sie könnten sogar ein Halbgott oder eine andere übermenschlichen Figur werden. Von solchen inneren Entdeckungsreisen können Sie Informationen und Erfahrungen mitbringen, die Ihre normale persönliche Identität bereichern und erweitern werden.

Die Schwelle ist im Wesentlichen ein geistiges Ritual. Sie ist ein Signal an Ihr Unterbewusstsein, dass Sie nun in einen anderen geistigen Raum eintreten wollen, ein inneres Reich, wo die Gesetze von Zeit und Raum nicht so sind wie in der normalen Alltagsrealität der äußeren Wahrnehmung. Ja, es ist gerade diese Veränderung der Zeit- und Raumwahrnehmung, die die Psychonavigation überhaupt erst möglich macht.

Nachfolgend beschreibe ich zwei Arten von Schwellen. Es handelt sich um einfache Hilfsmittel, mit denen Sie in den inneren Raum der Psychonavigation gelangen können, aber es gibt noch Hunderte von anderen Wegen, dies zu tun. Ich schlage Ihnen diese zwei vor, weil sie die Vorstellungskraft nicht zu sehr beanspruchen und sich gut für Anfänger eignen. In zukünftigen Ergänzungen zu diesem Aufsatz werde ich Ihnen komplexere Methoden vorstellen.

Sinnesmodalitäten und die Erschaffung von Schwellen

Ich werde künftig noch näher auf dieses Thema eingehen, aber hier ist es zunächst wichtig, das Grundkonzept zu erwähnen. Und wie sieht dieses Grundkonzept aus? Jeder Mensch erzeugt seine Erfahrung des inneren Raumes entsprechend seiner vorherrschenden Sinnesmodalität. Wenn Sie ein visueller Mensch sind, werden Sie die Schwellen und das, was sich jenseits davon befindet, *sehen*. Wenn Sie kinästhetisch veranlagt sind, also vor allem *fühlen*, sehen Sie möglicherweise überhaupt nichts vor Ihrem inneren Auge. Stattdessen werden Sie die Schwelle spüren. Wenn Sie eine innere Stimme hören, die Ihre Erfahrungen im inneren Raum beschreibt, sind Sie auditiv veranlagt und sehen oder fühlen möglicherweise gar nichts. Auch ist es gut möglich, eine Kombination einiger oder aller dieser Sinnesmodalitäten zu erleben. Eine vierte Möglichkeit besteht darin, dass Sie die Schwelle durch keinen Ihrer Sinne wahrnehmen, sondern durch unmittelbare geistige Offenbarung oder Erkenntnis. Das ist eine Art von innerem Wissen. Sie wissen dann einfach, was die Schwelle ist, wie sie aussieht und was sich auf der anderen Seite befindet. In der reinen Erkenntnis gibt es keine direkten Sinnesinformationen.

Es ist sehr wichtig, dass Sie das verstehen. Psychonavigation ist keine Visualisierung. Man muss dabei nichts sehen. Wenn Sie etwas sehen, prima. Aber falls nicht, machen Sie sich deswegen keine Sorgen. Folgen Sie einfach der Sinneswahrnehmung, die Ihnen am natürlichsten erscheint.

Das Überschreiten der Schwelle

Stellen Sie sich vor, dass Sie eine Tür oder ein Tor durchschreiten. Sagen Sie sich dabei, dass Sie aus der Alltagswelt in eine andere Welt überwechseln.

Wenn Sie vorher eine klare Absicht festgelegt haben, also wissen, was Sie gern erforschen möchten, dann werden Sie in dieser anderen Welt Bilder oder Informationen zu dem von Ihnen zum Ausdruck gebrachten Wunsch vorfinden. Es ist wirklich so einfach. Wenn Sie die Schwelle überschritten haben, folgen Sie Ihrer Intuition und gehen dorthin, wohin es Sie zieht. Schwimmen Sie einfach mit dem Strom. Öffnen Sie sich für die Erfahrungen, die dieser andere Raum für Sie bereithält.

Die Treppe

Diese faszinierende Schwelle ermöglicht Ihnen zwei Dinge gleichzeitig. Erstens grenzt sie den äußeren Wahrnehmungsraum von dem nicht alltäglichen Raum der Psychonavigation ab. Das ist die primäre Funktion aller Schwellen. Zweitens ermöglicht diese spezielle Methode es Ihnen aber zusätzlich, die Richtung der Bewegung zu bestimmen.

Stellen Sie sich vor, dass Sie eine Treppe hinauf- oder hinuntergehen. Wenn Sie über künstlerischen Ehrgeiz verfügen, können Sie sich eine Wendeltreppe oder eine andere fantasievolle Form vorstellen. Wichtig ist, sich bewusst zu entscheiden, ob Sie auf der Treppe nach oben oder nach unten gehen wollen.

Ihr Unterbewusstsein interpretiert diese Bewegungsrichtung als Anweisung, sich in diese Art von innerem Raum hineinzubewegen. Wenn Sie die Treppe hinabsteigen, veranlassen Sie das Unterbewusstsein, seine Inhalte preiszugeben – Erinnerungen und ursprüngliche psychische Kräfte.

Wenn Sie treppauf gehen, aktivieren Sie das, was manchmal Überbewusstsein oder höheres Bewusstsein genannt wird. Das ist das Reich des Lichts, der Engel und der übersinnlichen Wahrnehmung.

Die Schamanen der indigenen Kulturen bezeichnen diese beiden Welten übrigens häufig als die Unterwelt und die Himmlische Welt. Aber wenden wir nun unsere Aufmerksamkeit wieder den Grundlagen zu.

Die Teile des Puzzles zusammensetzen

Bevor Sie mit der Psychonavigation beginnen, schlage ich vor, dass Sie Ihre Absicht festlegen. Entscheiden Sie, welche Informationen oder Einsichten Sie erlangen möchten. Außerdem empfehle ich, dass Sie ein Psychonavigations-»Logbuch« griffbereit halten. Machen Sie sich nach jeder Sitzung ein paar Notizen, mit denen Sie später Ihrem Gedächtnis auf die Sprünge helfen können, wenn Sie die Ergebnisse Ihrer Psycho-Reisen auswerten möchten. Ein solches Logbuch kann von unschätzbarem Wert sein, da der größte Teil der inneren Bilder und Inhalte, die bei den Psycho-Reisen zutage treten, in Zusammenhang mit Ihrer Absicht stehen. Am besten notieren Sie die wesentlichen Elemente Ihrer Reise unmittelbar im Anschluss daran. Psychonavigationen geschehen in einem veränderten Bewusstseinszustand – ganz ähnlich wie Träume. Und wie bei Träumen neigen wir dazu, die Details schnell wieder zu vergessen.

Das liegt daran, dass bestimmte Erinnerungen mit speziellen mentalen und emotionalen Zuständen verknüpft sind. Wenn Sie psychonavigieren, bewegen Sie sich in einer sehr präzisen Verschachtelung neurologischer Ereignisse und der aus ihnen resultierenden Bewusstseinszustände. Wenn Sie diese Bewusstseinszustände wieder verlassen, werden die Erinnerungen an diese Erfahrungen weniger lebhaft und wichtige Informationen verblassen schnell und gehen verloren.

Eine typische Psychonavigations-Sitzung werden Sie höchstwahrscheinlich im Sitzen durchführen. Man kann zwar auch liegend psychonavigieren, aber da sich die Gehirnwellen verlangsamen, besteht dann die Tendenz einzuschlafen. Zweifellos sind diese Art von Schlaf und die Träume, die sich dabei einstellen, interessant, aber es handelt sich dabei nicht um Psychonavigation. Psychonavigation ist kein freier Fall in veränderte Bewusstseinszustände, sondern ein kontrolliertes, bewusst gesteuertes Reisen durch die inneren Räume unseres Geistes.

Verändern Sie Ihren mentalen Zustand, indem Sie die Alpha- und Theta-Aktivität erhöhen. Das ist die neurologische Voraussetzung für alle Arten von Psychonavigation. Achten Sie also darauf, dass Sie eine Methode benutzen, bei der diese Erhöhung der Alpha/Theta-Aktivität stattfindet. Bei den meisten Menschen, vor allem bei Anfängern, heißt das in der Regel, psychoakustische Musik einzusetzen, die zu dem alleinigen Zweck geschaffen wurde, diese Art von neurologischer Aktivität zu unterstützen.

Wenn Sie spüren, wie Sie geistig und körperlich in einen Entspannungszustand sinken, der typisch für eine erhöhte Alpha- und Theta-Aktivität ist, imaginieren Sie eine der Schwellen. Überschreiten Sie diese imaginäre Schwelle und erforschen Sie, was Sie jenseits dieses Portals vorfinden.

Der Raum ist das große Neuland für Pioniere und Entdecker. Und das gilt nicht nur für den äußeren Weltraum, sondern ebenso für den inneren Raum. Psychonavigation öffnet für uns, um Aldous Huxley zu zitieren, die »Pforten der Wahrnehmung«.[21] Hinter diesen inneren Portalen des Geistes warten neue Welten auf Sie, Welten voller Paradoxien und Magie. Es gibt dort Schätze zu entdecken – neue Erkenntnisse, neue Seinsweisen und neue Wege, uns selbst und die Welt zu verstehen. Obwohl die Ausblicke, die sich dort für Sie auftun, atemberaubend und ehrfurchtgebietend

---

21 So auch der Titel einer Essaysammlung des britischen Romanciers Aldous Huxley, der das Wort »psychedelisch« prägte und sich gegen Ende seines Lebens (1894-1963) vor allem spirituellen Themen wie der Parapsychologie und mystischen Philosophie zuwandte. Heute ist er den meisten Menschen als Autor des Romans *Schöne neue Welt* bekannt, einer 1932 erschienenen Zukunftsvision, die eine totalitäre Diktatur beschreibt. – *Die Red.*

sein können, kommt es letztlich in erster Linie darauf an, was Sie mit Ihren Entdeckungen anfangen. Und so mag es sein, dass jene, die mit Hilfe der Psychonavigation zu inneren Reisen aufbrechen, sich den größten Herausforderungen überhaupt gegenübersehen – hier in diesem sonderbaren Land zwischen der Alltagswelt, in der wir alle leben, und den nicht alltäglichen, außerordentlichen Welten, die in unserem eigenen Geist existieren.

Durch die Psychonavigation eröffnen sich Ihnen Welten voller Wunder und Gefahren. Die Wunder sind offensichtlich, die Gefahren liegen mehr im Verborgenen.

Gefahren ergeben sich aus der Tatsache, dass für manche von uns die inneren Welten viel attraktiver sind als die äußere Alltagswelt, in der wir uns ständigen Problemen und Herausforderungen gegenübersehen. Das gilt besonders jetzt, da wir uns mitten in einer konfliktreichen planetaren und kollektiven Phase erhöhter Unsicherheit befinden. Und doch wird in dem Glutofen unserer täglichen Lebenserfahrung Wissen und Weisheit geschmiedet. Daher wäre es ein großer Fehler, die Psychonavigation als Mittel zur Realitätsflucht zu nutzen. Sie ist nämlich, so wie ich es sehe, eine wundervolle Möglichkeit, um eine Brücke zwischen unserer inneren Bewusstseinswelt und der Außenwelt des Lebens zu bauen. Beide Welten bereichern sich gegenseitig, wenn ein freier, offener Austausch zwischen ihnen stattfindet. Und die Welt, in der wir alle leben, benötigt dringend einen solchen Zustrom neuer Erkenntnisse.

Originaltitel: »Psycho-Navigation«
Erstmals auf Deutsch auf www.AmraVerlag.de
als Hintergrundinformation für die CD »Lightship«

Emotionaler Krebs

Während eines Trainings in Anchorage, Alaska, vor einigen Jahren kam mir dieses Konzept zum ersten Mal in den Sinn.

Ich unterrichtete dort, wie man Klänge nutzen kann, um zum Zweck der psychischen Heilung Emotionen zu lösen. Eine Frau, nennen wir sie Rose, stellte sich freiwillig für eine Demonstration der Methode zur Verfügung. Ich bat sie, sich auf einen Bereich ihres Körpers zu konzentrieren, der sich unangenehm anfühlte. Emotionen sitzen häufig in bestimmten Teilen unseres Körpers fest.

Sie klagte über Wundheitsgefühle und Schmerzen in den Nieren. Dann berichtete sie, dass sie gerade erst aus dem Krankenhaus entlassen worden war, wo man sie wegen eines Nierenversagens behandelt hatte. Wie Sie sich sicher vorstellen können, war das eine quälende, Furcht einflößende Erfahrung gewesen. Sie musste nun regelmäßig zur Dialyse, und ihr Name stand auf der Warteliste für eine Nierentransplantation.

Ich zeigte ihr, wie sie ihre Konzentration auf die Nieren lenken konnte, und bat sie, beim Ausatmen Klänge entstehen zu lassen. Ich sagte ihr, dass diese Klänge tatsächlich aus ihren Nieren kämen und dass sie ihnen lauschen sollte, während sie sich entspannte.

Das mag sich ziemlich merkwürdig anhören, aber sie ließ sich darauf ein und brachte leise stöhnende Laute hervor. Dann veränderten sich diese Töne. Erst klangen sie wie ein Säugling oder ein kleines Kind, dann wurden sie zum verzweifelten Weinen eines gepeinigten Kindes. Wir alle in dem Raum waren ergriffen, als wir Zeugen wurden, wie eine erwachsene Frau in den Vierzigern weinte wie ein verängstigtes kleines Mädchen.

Schließlich ließ ihr Weinen nach und wurde wieder zu einem leisen Stöhnen. Sie berührte ihre Nierengegend und öffnete die Augen.

Ungläubig schaute sie mich an. »Die Schmerzen sind verschwunden«, sagte sie. »Ich habe keine Schmerzen mehr!«

Ich bat sie, ihre innere Erfahrung zu beschreiben. Sie sagte, sie sei in die Zeit als zweijähriges Kind zurückgegangen. Sie saß in einem hohen Stühlchen, an das sie sich aus der Kindheit erinnerte. Während ihre Stimme die in ihren Nieren festgehaltene Energie freisetzte, wurde ihr Geist in der Zeit zurückkatapultiert, zurück in eine Kindheitserinnerung. Ihre Mutter hatte damals mit einem anderen Mann zusammengelebt, nicht ihrem leiblichen Vater. Die Mutter war arbeiten gegangen, und ihr Lebensgefährte sollte auf das Kind aufpassen. Aber offenbar hatte er sie als Konkurrentin um die Aufmerksamkeit der Mutter betrachtet. Statt sie normal zu füttern, warf er ihr das Essen ins Gesicht. Das machte ihr Angst, und diesen Schrecken durchlebte sie während meiner Demonstration erneut. Irgendwie profitierten ihre physischen Nieren offenbar von der Erinnerung und dem stimmlichen Artikulieren dieser Angst aus der frühen Kindheit, denn ihre Nierenschmerzen ließen sofort nach.

Während wir diese Demonstration in der Gruppe besprachen, erwähnte eine andere Seminarteilnehmerin, dass ihr Bruder an Magenkrebs gestorben war. Er hatte sehr unter der Gewalttätigkeit seines Vaters leiden müssen. Immer wenn der Vater betrunken oder wütend gewesen war, hatte er seinem Sohn in den Magen getreten oder ihn geschlagen und ihm gesagt, was für ein mieses Stück Abfall er sei.

Roses Erfahrung löste nun bei der Schwester des Verstorbenen ein Aha-Erlebnis aus. Unter Tränen berichtete sie, wie der Vater seine Wut förmlich in den Bauch seines Sohnes hineingeprügelt hatte. Für sie war das die einleuchtende Erklärung für die tödliche Krebserkrankung ihres Bruders.

Die Vorstellung, dass Körpergewebe Emotionen speichern kann, wurde im Westen zum ersten Mal von dem Psychologen Wilhelm Reich[22] formuliert. Doch sie ist sehr viel älter und findet in einer uralten Behandlungsmethode Ausdruck, der Akupunktur. Die Chinesen entwickelten dieses System einer feinstofflichen Energiemedizin bereits vor Jahrtausenden. Emotionen spielen dabei eine wichtige Rolle. Der Akupunktur-Theorie zufolge werden bestimmte Emotionen jeweils in bestimmten Organen gespeichert. In der Lunge werden tendenziell Schmerz und Sorge gespeichert, in den Nieren Angst.

Hatte das Kindheitserlebnis dieser Frau ihre Nieren-Energie geschwächt, wodurch sie dann später anfällig für Nierenversagen wurde? Oder bestand hier keinerlei Zusammenhang? Aber ob nun ein direkter Zusammenhang bestand oder nicht, ich fand es interessant, dass das Wiedererleben des Schmerzes und das stimmliche Artikulieren der Angst die Schmerzen in den physischen Nieren dieser Frau lindern konnten.

So fing ich an, emotionalen Schmerz und seinen Einfluss auf unsere Gesundheit in einem neuen Licht zu sehen. Damals, in den frühen 1990er Jahren, erkannte die allopathische Medizin einen direkten Zusammenhang zwischen Emotionen und Gesundheit nicht an. (In weiten Teilen gilt das leider immer noch.)

Offen gesagt, glaube ich, dass Geld hierbei eine große Rolle spielt. In der allopathischen Medizin haben pharmazeutische Profitinteressen ein immer größeres Gewicht. Und die großen Arznei-

---

22 Wilhelm Reich (1897-1957) war ein österreichischer Psychiater, Psychoanalytiker, Sexualforscher und Soziologe jüdischer Herkunft, der 1939 von seinem Osloer Exil aus nach New York emigrierte und die Körperpsychotherapie mitbegründete. Um diese Zeit entdeckte er auch die Orgon-Energie, die er zunächst als »biologisch« und später als ursprünglich »kosmisch« bezeichnete. Sie basiert auf von ihm beobachteten mikroskopischen Gebilden, die er als »Energiebläschen« (Bionen) interpretierte und »die Übergangsstufen zwischen der leblosen und lebenden Substanz« darstellten. Sie entstünden »ständig in der Natur durch einen Auflösungsprozess anorganischer und organischer Materie, der sich experimentell nachvollziehen« lasse. In der östlichen Wissenschaft kennt man solche »Energiebläschen« als eine natürliche Erscheinungsform von Prana oder Chi. – Die Red.

mittelhersteller sind nicht daran interessiert, Forschungsprojekte zu finanzieren, bei denen ihnen keine hohen Profite winken.

Doch trotz des monolithischen Blocks der Pharmakonzerne, der die Medizin fest im Griff zu halten scheint, hat eine neue Ära der Forschung begonnen. Man nennt dieses Forschungsgebiet, bei dem es um den Einfluss des Bewusstseins auf die Gesundheit geht, Psychoneuroimmunologie.

Damals, in den frühen 1990er Jahren, wurde dieser neue Zweig der Medizin noch als Psychoimmunologie bezeichnet. Dass das Wort heute länger und schwieriger auszusprechen ist, deutet wohl darauf hin, dass diese Forschungsrichtung an Ansehen gewonnen hat.

Neurologie und Psychologie haben sich zusammengetan, um dieses zuvor unerforschte Terrain der menschlichen Biologie zu ergründen. Und es werden hierbei einige interessante Erkenntnisse zutage gefördert.

Das zeigt sich sehr deutlich beim Thema Krebs. Wie Sie sicher wissen, haben Krebserkrankungen in den Industrieländern epidemische Ausmaße angenommen. Und eine wachsende Menge wissenschaftlicher Studien belegt, dass dies mit der steigenden Zahl von Giftstoffen in unserer Nahrung, der Luft und dem Trinkwasser zusammenhängt. Aber zählen Sie besser nicht darauf, dass die Regierungen viel dagegen unternehmen werden. In der Politik geht es in erster Linie um Geld, und mit Maßnahmen gegen die Verschmutzung von Luft und Wasser lassen sich noch keine hohen Profite erzielen.

Dennoch kann man die öffentliche Gesundheit nicht von sozialen und politischen Themen trennen. Mit all ihren Taschenspielertricks können unsere politischen Führer nichts an der Tatsache ändern, dass die Gesundheit der Menschen und der Zustand unserer Umwelt unmittelbar in Zusammenhang stehen.

Aber selbst wenn der Zustand unserer äußeren Umwelt eine bedeutende Rolle für unsere Gesundheit spielt: Es gibt es noch eine andere Art von Umwelt, die man nicht sehen kann, aber fühlen. Damit meine ich unsere emotionale Umwelt. Da ich unsere Gesellschaft aus dem Blickwinkel des Psychotherapeuten betrachte, bin ich mir bewusst, dass etwas existiert, das ich als emotionalen Krebs bezeichne, und wie jeder Krebs kann auch dieser tödlich sein.

Wenn man emotionalen Krebs sich selbst überlässt, kann er Leben zerstören. Zumindest kann er einen Menschen psychisch so verkrüppeln, dass er nicht mehr in der Lage ist, angemessene Entscheidungen zu treffen. In seinen aggressiveren Formen kann er sogar die Zellbiologie so weit beeinträchtigen, dass es zum Ausbruch körperlicher Krankheiten kommt. Und ironischerweise tritt nach meiner Erfahrung diese Art von emotionalem Krebs häufig in spirituellen Gemeinschaften auf, ganz und gar unabhängig von deren philosophischen und/oder religiösen Überzeugungen. An der Durchleuchtung dieser Zusammenhänge sollten wir arbeiten, jeder Einzelne von uns. Es geht um die Freisetzung von Emotionen.

Originaltitel: »Emotional Cancer«
Deutsche Erstveröffentlichung

Das Haus der Beziehung

In mancher Hinsicht sind Beziehungen wie Häuser. Es gibt in ihnen viele Zimmer, und aus jedem Zimmer hat man einen anderen Ausblick auf die Welt. Manche Zimmer haben riesige Fenster, die uns den Blick auf eine Welt voll gewaltiger Möglichkeiten eröffnen. Wenn wir den Tanz der Beziehung in diesen Zimmern leben, scheint das Leben vor Verheißungen und Potenzialen förmlich zu vibrieren. Die Liebe, die romantische ebenso wie ihre anderen Formen, gedeiht in diesen Zimmern.

Aber aus manchen Zimmern blickt man auf Ziegelmauern. Und in manchen ist es so dunkel, dass nicht die kleinste Chance auf Erkenntnis oder Erleuchtung besteht. In unseren Beziehungen finden wir uns manchmal, vielleicht aber auch ziemlich oft, in schwierigen Räumen wieder.

Zwar ist der Aufenthalt in diesen Zimmern schwierig und verlangt besondere Aufmerksamkeit, doch will ich mich in diesem Essay auf einen einzigen Raum beschränken – das Badezimmer, oder die Toilette, um genau zu sein. Noch präziser: *Was tut man, wenn das Klo verstopft ist?*

Natürlich bin ich mir bewusst, dass manche Leute glauben, eine Heilige Beziehung bestünde nur aus herzerwärmenden Gefühlen und Glücks-Regenbögen. Aber manchmal, wenn wir es am wenigsten erwarten, ist plötzlich das Klo verstopft – und dann stecken wir ganz schön in der Scheiße.

Während ich diese Zeilen schreibe, kommt mir ein Erlebnis in den Sinn, dass sich vor vielen Jahren abspielte. Es geschah während eines Intensivseminars zur Persönlichkeitsbildung, das ich gemeinsam mit einem befreundeten Rolfer[23] leitete. Es handelte sich um einen körperorientierten psychologischen Workshop mit etwa einem Dutzend Teilnehmern, die sich alle im Haus des Rolfers versammelt hatten. Bereits während der ersten Stunde zeigte sich, dass es da eine Menge psychischen Müll gab, mit dem wir fertigwerden mussten, wenn Sie verstehen, was ich meine.

Ungefähr zu diesem Zeitpunkt hörten in dem Haus die Toiletten auf zu funktionieren – das ist kein Witz. Die Klospülungen verweigerten den Dienst. Während dieses ganzen zweitägigen Seminars hatten wir keine funktionierenden Toiletten – eine unglaubliche und höchst ärgerliche Synchronizität, oder ein Zufall, wenn Sie es vorziehen, die Dinge rationaler zu betrachten. Wie dem auch sei: Am letzten Tag, in der letzten Stunde des Seminars ertönte aus den Toiletten ein sehr sonderbares Geräusch, und plötzlich fingen alle Klos förmlich an zu rülpsen. Eine Teilnehmerin schlich auf Zehenspitzen in die nächste Toilette, und plötzlich, scheinbar grundlos und wie von Geisterhand betätigt, nahm die Klospülung wieder ihren Dienst auf! In meinen zweiunddreißig Jahren als Psychotherapeut habe ich einige ziemlich sonderbare Synchronizitäten/Zufälle erlebt, aber diese hier gehört eindeutig zu den Top Twenty.

Wenn ich diese Klo-Merkwürdigkeit aus einer symbolischen Perspektive betrachte, dann waren wir offenbar nicht bereit, unsere Scheiße loszulassen. Erst als wir, psychologisch gesprochen, unseren Widerstand aufgaben, befreite das die Klos, und die Spülung funktionierte wieder.

---

23 Rolfing ist eine markenrechtlich geschützte alternativmedizinische Behandlungsmethode der amerikanischen Biochemikerin Ida Rolf (1896-1979), bei der durch Massage »verklebtes« Bindegewebe gelöst und verhärtete Stellen geschmeidig gemacht werden. Dabei gelten fehlerhafte Körperhaltungen als Ursache vieler Erkrankungen, weil der Körper für sie mehr Energie als nötig brauche. – *Die Red.*

Im Haus der Beziehung kommt es immer wieder einmal zu Klo-verstopfungen, was, wie diejenigen Leserinnen und Leser, die in einer Beziehung leben, mir sicher bestätigen werden, meist im un-günstigsten und sozial unpassendsten Moment geschieht.

Nun könnte ich mich endlos über diese Metapher auslassen, denn ich liebe die labyrinthischen Wege, die sich durch Meta-phern in unserem Geist auftun. Aber um der Kürze willen werde ich nun auf den eigentlichen Punkt kommen. In Beziehungen ent-stehen Kloverstopfungen durch nichts anderes als ganz altmodi-sche Gefühle von Groll – jawohl, Groll.

Liebling, warum tust du etwas, das mich nervt?

Jeden, der lange genug in einer Beziehung lebt, befallen gelegent-lich Gefühle von Groll. Sie entstehen, wenn wir im Verlauf unserer persönlichen Interaktionen unser Territorium bedroht fühlen.

Manchmal ist dieser Groll nur schwach, vielleicht wenn unser Freund oder unsere Partnerin sich den letzten Bissen des Desserts nimmt. Ich erinnere mich an eine Szene, die ich in einem Restau-rant am Nachbartisch miterlebte.

Der Kellner nahm die Dessert-Bestellung entgegen, und die Frau sagte: »Für mich nichts, danke. Ich probiere einen Bissen von seinem.«

»Kommt nicht in Frage!«, protestierte ihr männlicher Begleiter. »Du sagst immer, du nimmst nur einen Bissen, und dann isst du mehr vom Nachtisch als ich!«

Ja, so etwas kommt vor. Aber normalerweise geht es bei Groll um bedeutendere Dinge – dass wir ein Versprechen nicht halten oder die Gefühle des Partners verletzen. Groll hat, wie ich es nenne, einen Platz im Kellerregal, wo er vor sich hin gärt. Er wird dort unten im Keller aufbewahrt, so wie meine Tante in ihrem Keller selbsteingekochtes Obst und Gemüse aus ihrem Garten lagerte. Die Einmachgläser stan-den im Kellerregal, bis sie sie brauchte, und dann, mitten im Winter, stellte sie plötzlich ein Glas Erdbeermarmelade auf den Tisch.

Mit Gefühlen von Groll ist es manchmal ganz ähnlich. Es ist ein sonderbarer Zug der menschlichen Natur, dass wir, wenn uns etwas verärgert oder traurig macht, dies manchmal zeigen und manchmal nicht.

Wenn wir gegenüber unserem Partner oder unserer Partnerin nicht authentisch zum Ausdruck bringen, was wir gerade fühlen, besonders wenn es sich um Groll oder Ärger handelt, neigen wir dazu, diese Gefühle, bildlich gesprochen, im Keller ins Regal zu stellen. Und wenn wir es am wenigsten erwarten, holt unser Partner seinen gehorteten Groll aus dem dunklen Regal im Keller und knallt ihn vor uns auf den Tisch. Das Klo ist verstopft und läuft über.

Diese Art von alltäglichem Ärger und Groll kann schon schwierig genug zu managen sein, aber es gibt eine noch heimtückischere Form von Grollgefühlen, die in unserem Unterbewusstsein lauert. Kehren wir zu der Haus-Metapher zurück. Es gibt da noch einen anderen Groll, der tief unten im Keller vor sich hin gärt, weit weg von den anderen Zimmern. Meistens ist uns kaum bewusst, dass er überhaupt existiert. Nur wenn er, unwillkommen und unangemeldet, in unser Wohn- oder Schlafzimmer hereinplatzt, wird uns bewusst, dass es ihn gibt und wir ihn bei früheren Anlässen in uns vergraben haben.

Was für ein Groll ist das, von dem ich hier spreche? Er entsteht, wenn unsere Partnerin oder unser Partner unseren Erwartungen nicht gerecht wird. Um dieses kleine Monster näher zu erklären, müssen wir einen Spaziergang in unseren inneren Keller unternehmen – unser Unterbewusstsein.

Es ist schwierig, sich dort unten zurechtzufinden, denn wenn Sie tief hinunter in den Keller steigen, werden Sie schläfrig und neigen dazu, zu vergessen, was Sie eigentlich dort unten wollen. Bevor wir uns also in diese innere Fallgrube hineinwagen, sollten wir darüber sprechen, was uns dort unten erwartet.

Der Androgyn in uns

So seltsam das für manche von Ihnen auch klingen mag, jeder und jede von uns ist eigentlich Zwei – jedenfalls in psychologischer

Hinsicht. Damit meine ich *nicht* das, was mitunter als Teilpersönlichkeiten bezeichnet wird – Aspekte unserer Persönlichkeit, die bisweilen ein Eigenleben führen können. Praktisch jeder, der schon einmal echte Selbsterforschung betrieben hat, ist auf die sonderbare Wahrheit gestoßen, dass es in uns mehr als ein Selbst gibt. Und einige dieser Teilpersönlichkeiten liegen häufig im Widerstreit miteinander.

Nehmen wir an, Sie haben beschlossen, mit dem Rauchen aufzuhören. Sobald Sie sich auf diese Art unter psychische Spannung setzen, ist es fast, als hätten Sie zwei Selbste. Eines möchte aufhören, das andere möchte weiterhin zur Zigarette greifen. Wenn Sie über eine lebhafte Vorstellungskraft verfügen, erscheint Ihnen der Teil, der das Rauchen aufgeben möchte, vielleicht wie ein Engel, und der andere – nun ja, Sie wissen schon.

Auch wenn der Umgang mit solchen Teilpersönlichkeiten ein faszinierendes und für die Selbst-Transformation wichtiges Thema ist, wohnt das kleine Monster, um das es *hier geht, auf einer tieferen Ebene der Psyche.* Um sie und ihn aufzuspüren, müssen wir in den dunkelsten Teil des Kellers hinabsteigen, und dunkel bedeutet in diesem Fall: das tiefe Unbewusste. Sicher ist Ihnen aufgefallen, dass ich nicht »es« gesagt habe, sondern »sie und er«. Dieses Monster ist männlich und weiblich zugleich.

Auf einer tiefen archetypischen und psychologischen Ebene ist jeder Mensch eine ungewöhnliche Dyade. Der Psychiater Carl Gustav Jung bezeichnete diese Dyade als Anima und Animus. Die Anima ist unser weibliches Selbst, während der Animus unser männliches Selbst ist. Diese beiden Selbste beziehen sich nicht auf das biologische Geschlecht, sondern es handelt sich um psychisch-spirituelle Aspekte unseres Bewusstseins. So besitzen alle Männer einen inneren maskulinen und feminen Aspekt, und alle Frauen besitzen auch einen männlichen Wesensanteil.

Diese machtvollen inneren Elemente Anima und Animus bilden sich aus einer Kombination unserer angeborenen spirituellen Essenz mit unseren primären Beziehungen, das heißt der Mutter und dem Vater. In manchen Fällen kann statt eines Elternteils auch eine andere signifikante Figur diese Rolle übernehmen und vom Kind internalisiert werden – zum Beispiel eine starke Großmutter, ein Großvater oder eine andere wichtige Bezugsperson.

Die menschliche Psychologie ist ein trüber Hexenkessel – und so repräsentieren gewisse Männertypen Aspekte unserer eigenen introjizierten Männlichkeit, während gewisse Frauentypen Aspekte unserer eigenen introjizierten Weiblichkeit repräsentieren. Das liegt daran, dass der äußere Mann oder die äußere Frau Qualitäten und Einstellungen zum Ausdruck bringen, die zu unserer inneren Anima und unserem inneren Animus passen oder dazu in Resonanz stehen.

Eigenartigerweise ist die Person in der Außenwelt sich oft gar nicht bewusst, dass sie die Anima oder den Animus des anderen Individuums aktiviert. Der Mensch aber, dessen Anima oder Animus durch die Gegenwart eines anderen Mannes oder einer anderen Frau aktiviert wurde, fühlt sich von dieser Person magnetisch angezogen oder von ihr abgestoßen. Diese Anziehung oder Abstoßung hat weniger mit dem tatsächlichen Wesen der anderen Person zu tun, als mit inneren psychischen Kräften der eigenen Anima oder des Animus.

Lassen Sie mich das etwas genauer erläutern, in der Hoffnung, dieses Konzept besser verdeutlichen zu können.

Bob (nicht sein wirklicher Name) kam zu mir, weil er Schwierigkeiten mit seiner Frau hatte. Es handelte sich um seine dritte Ehe, und als wir sein psychisches Territorium untersuchten, zeigte sich, dass dieses Problem in gleicher Weise auch in seinen früheren Ehen aufgetaucht war. Bei allen drei Frauen hatte er sich anfangs von ihrer körperlichen Schönheit angezogen gefühlt, und alle waren blond. Doch im weiteren Verlauf der Ehe stellte sich bei ihm das Gefühl ein, dass seine Frauen ständig an ihm herumkritisierten und ihn nicht wirklich respektierten. Tiefe emotionale Differenzen stellten sich ein, und die Ehe driftete auseinander. Natürlich war das Bobs Version.

Karen, seine jetzige Frau (auch nicht ihr wirklicher Name) hatte dagegen das Gefühl, dass Bob jedes Mal ausrastete, wenn sie ihn auf negative Verhaltensweisen hinwies – zum Beispiel, dass er ständig seine schmutzige Kleidung auf dem Boden herumliegen ließ. Sie fand die Bitte, dass er seine Sachen aufhob und wegräumte, durchaus vernünftig und angemessen. Aber Bob empfand es als eine völlig überzogene Kritik, durch die er seine ganze Männlichkeit in Frage gestellt fühlte.

Wie sich herausstellte, handelte es sich bei Bobs Mutter um eine Blondine, entsprechend Karen und seinen beiden früheren Frauen. Auch seine Mutter war sehr gutaussehend, hatte sogar einmal einen Schönheitswettbewerb gewonnen. Aber in der Beziehung zu ihrem Sohn gab es ein toxisches Element. Sie hasste Männer und ließ sich oft über die Schlechtigkeit der Männer im Allgemeinen und Bobs Vater im Besonderen aus. Dies brachte Bob in einen psychischen Konflikt, den man in der Psychologie ein »double bind« nennt.[24] Mit anderen Worten: Er steckte in der Klemme. Er war ein Junge – was bedeutete, dass er eines Tages ein Mann sein und damit die Wut seiner Mutter auf sich ziehen würde. Selbst jetzt war er schon andauernd Zielscheibe für ihre herabsetzenden Bemerkungen. Sie kritisierte ihn bei den geringsten Anlässen, und so kam es, dass er ihre Kritik verinnerlichte. Seine Anima, die von Natur aus eigentlich eine Quelle der Intuition und inneren Verbundenheit hätte sein sollen, wurde vergiftet. Sie, Bobs Anima, trug das Gift seiner Mutter in sich. Weil sich Bob dessen nicht bewusst gewesen war, hatte er sich bislang nicht der psychospirituellen Aufgabe gestellt, seine innere weibliche Negativität zu transformieren. Stattdessen projizierte er sie nach außen.

---

[24] Ein »double bind« beschreibt nach Gregory Bateson (1904-1980) die lähmende, weil doppelte Bindung eines Menschen an widersprüchliche Botschaften oder Signale in Form von gesprochenen Worten, Tonfall, Gesten oder Handlungen. Beispielhaft für solche schizophrenen Strukturen ist der Satz: »Wasch mir den Pelz, aber mach mich nicht nass.« Die Person kann sich nicht an das eine Gebot halten, ohne das andere zu brechen. – *Die Red.*

Wenn Bob eine Beziehung mit einer Frau einging, geschah das in der unbewussten Hoffnung, dass diese schöne Göttin, in die er sich verliebt hatte, ihn erlösen würde. Sie würde nicht die toxische Mutter sein, mit der er aufgewachsen war. Sie würde das bedingungslos liebende, ihn vollkommen akzeptierende weibliche Wesen sein, nach dem er sich sehnte. Leider scheiterte diese psychische innere Agenda stets an der Wirklichkeit. Die bedingungslos liebende Frau verwandelte sich, so erlebte er es innerlich, in ein nörgelndes, zänkisches Weib. In Wahrheit agierte Bob wie ein Idiot. Er übernahm keine Verantwortung für sein eigenes Verhalten, was zu berechtigter Kritik seitens seiner Partnerinnen führte. Die bittere Ironie bestand darin, dass sie niemals Bobs Männlichkeit in Frage stellten oder ihn in seinem eigentlichen Sein kritisierten. Sie wollten einfach nur, dass er seine schmutzige Wäsche wegräumte!

Dieses kleine Beispiel zeigt, wie verheerend es sich auf unsere Beziehungen auswirken kann, wenn Anima oder Animus nicht bewusst integriert werden. Das gilt selbstverständlich umgekehrt auch für Frauen gegenüber Männern. Wenn die Vater/Tochter-Beziehung unausgewogen war, projiziert eine Frau möglicherweise den perfekten Männer-Archetypen – zum Beispiel den Ritter in schimmernder Rüstung, den allwissenden Gott/Mann oder ein ähnlich lächerliches Klischee – auf den realen Beziehungspartner. Und wenn sie von ihrem Vater ständig kritisiert wurde, wird sie sich durch ihren Partner kritisiert und zu wenig gewürdigt fühlen. In extremen Fällen wird sie das Gefühl haben, keinerlei Rechte zu besitzen – dass es allein auf die Wünsche und Bedürfnisse des Mannes ankommt, und sie ihre eigenen Bedürfnisse hintanstellen muss – ein Glaube, der leider bis zum heutigen Tag von einem großen Teil der Menschheit für wahr gehalten wird. Eine Frau, die durch ihren Vater psychisch vergiftet wurde, muss diese Negativität transformieren. Nur so kann sie zu einem eigenen Macht- und Identitätsgefühl gelangen.

Wie heterosexuelle Beziehungen können auch gleichgeschlechtliche Beziehungen durch ungelöste Konflikte in der Mutter- oder

Vater-Beziehung belastet sein. Die Dynamiken sind hierbei sehr ähnlich, weil unsere Anima und unser Animus, wie bereits erwähnt, nicht zum biologischen Geschlecht in Bezug stehen, sondern zu universellen Aspekten des menschlichen Bewusstseins. Psychische Projektionen sind daher nicht auf heterosexuelle Beziehungen beschränkt. Sie können ebenso in gleichgeschlechtlichen Partnerschaften auftreten.

In manchen Fällen habe ich erlebt, dass Menschen, die sich für schwul oder lesbisch hielten, in Wahrheit ihre verdrängte Anima oder ihren verdrängten Animus auf gleichgeschlechtliche Sexualpartner projizierten. Beispielsweise kann ein Mann die Anziehungskraft, die andere Männer auf ihn ausüben, fehlinterpretieren. Sie ist möglicherweise gar nicht sexueller, sondern psychischer Natur. Vielleicht projiziert er seinen verleugneten Animus, oder er versucht, ein emotionales Vakuum zu füllen, das durch einen Vater ausgelöst wurde, der physisch abwesend war oder ihm keine ausreichende Zuwendung schenkte. So kann es sich auch bei einer Frau verhalten. Um nicht missverstanden zu werden: Ich behaupte keineswegs, dass alle gleichgeschlechtlichen Beziehungen Resultat dieser Art von psychischer Projektion sind. Das trifft nur in manchen Fällen zu.

In der Jungschen Psychologie gehört es zu den wichtigsten Aufgaben eines Menschen, seine Anima und seinen Animus ins Gleichgewicht zu bringen, damit die beiden innewohnenden Fähigkeiten genutzt werden können, um ein psychisch ausgewogenes Leben zu führen.

Was hat das alles, könnten Sie sich fragen, denn nun mit unseren persönlichen Beziehungen zu tun? Sehr viel! Wie kommt es, dass wir uns zu einem Menschen hingezogen fühlen? Zweifellos spielen Geschmack und Persönlichkeit dabei eine Rolle, aber auch die unsichtbaren Kräfte Anima und Animus.

Ein Mann mag sich wegen eines bestimmten Merkmals von einer Frau angezogen fühlen, weil er dieses Merkmal aus seiner eigenen Anima heraus auf einen anderen Menschen projiziert. Oft geschieht das, weil er seine weibliche Seite verleugnet. Das treibt ihn dazu, sie in der Außenwelt zu suchen – um sein ureigenes Wesen durch die Gegenwart einer Frau zu vervollständigen, die für ihn diese Eigenschaften verkörpert.

Auch könnte er versuchen, eine psychische innere Leere zu füllen, die durch eine abhängige und negative Beziehung zu seiner Mutter, oder eine andere zentrale weibliche Figur in seiner Kindheit, hervorgerufen wurde. In diesem Fall könnte er unbewusst Lebensenergie und Inspiration von seinen Beziehungspartnerinnen beziehen, weil er – wie er glaubt – psychisch ohne sie nicht überleben kann. Solche Beziehungen sind für den Partner, auf den projiziert wird, schwächend und erschöpfend und letztlich für beide frustrierend, weil eine andere Person diese psychischen Löcher niemals füllen kann. Das wäre eine unmögliche Herkulesaufgabe.

Eine ähnliche Dynamik zeigt sich manchmal bei einer Frau, die sich von bestimmten Männern angezogen fühlt. Eine Frau kann leicht ihren Animus auf einen Mann projizieren und sich eine Beziehung zu ihm wünschen. Wenn die Projektion stark genug ist, verliebt sie sich leider nur in ihre eigene Projektion und sieht den Charakter des realen Mannes nicht. Manche Frauen lassen sich mit für sie unpassenden Partnern ein, weil sie das Potenzial der Person »sehen«, aber die Gefahrensignale im tatsächlichen Verhalten ihres Partners ausblenden. Ich glaube, solche Menschen sollten sich unbedingt darüber klar werden, dass man keine erfüllte Beziehung zu einem *Potenzial* haben kann. Frauen, die sich in die Projektionen ihres eigenen Animus verlieben, machen oft die Erfahrung, dass ihre Männer zu Phantomen werden – geheimnisvoll und attraktiv, aber ohne wirkliche Substanz.

Sowohl aus der Jungschen wie aus der alchemistischen Perspektive zählt es zu den schwierigsten und wichtigsten Aufgaben, den Prozess der psychischen Projektion zu stoppen und Verantwortung für die eigene Anima und den eigenen Animus zu übernehmen, was uns wieder zum Haus der Beziehungen zurückführt.

Manchmal sehen wir unseren Partner mit einer Klarheit, die uns atemlos macht. Manchmal hingegen vermögen wir den Partner oder die Partnerin durch den hypnotischen Nebel unserer Projektionen hindurch kaum zu erkennen.

Dieser Nebel entsteht meistens, wenn wir psychisch unter Stress stehen, Angst haben oder uns bedroht fühlen. Ähnelt eine Handlung unseres Partners den Verhaltensweisen von Bezugspersonen aus unserer frühen Kindheit, ist das ein fruchtbarer Boden für psychische Projektionen.

Ausgelöst wird dieser innere Aufruhr durch den Schock einer psychischen Diskrepanz – zwischen den hypnotischen Effekten unserer Projektionen und der Realität des Augenblicks. Wenden wir unsere Aufmerksamkeit für einen Moment wieder Bob und Karen zu.

Als Karen Bob bat, seine schmutzige Wäsche wegzuräumen, handelte sich das aus ihrer Perspektive um eine kleine und nachvollziehbare Bitte. Doch in Bobs Wahrnehmung stellte sich das Szenario ganz anders dar. Als er um Karens Hand anhielt, hatte er gar nicht sie als konkrete Person gemeint, sondern die bedingungslos liebende Göttin, die er auf sie projizierte. Die wirkliche Karen war hinter der nebelhaften, romantischen und trügerischen Welt von Bobs Projektion verschwunden. Nun muss man Bob zugute halten, dass er sicherlich manche Aspekte von Karen als realem und gutherzigem Menschen erkannte und wertschätzte. Aber er vermischte das mit einer Menge Projektion. Und so war die Bühne für den dritten Akt der Tragödie vorbereitet.

Im Rahmen ihres Alltags wies Karen Bob lediglich darauf hin, etwas mehr Verantwortung für die Ordnung und Sauberkeit in der gemeinsamen Wohnung zu übernehmen. Aber er internalisierte Karens Bemerkungen als kritisch und herabsetzend. In diesen Momenten, wenn er, wie Karen es beschrieb, »durchdrehte«, sah er nicht länger seine Frau – er sah seine Mutter. Mit anderen Worten: Das Gift, das seine Mutter ihm in der Kindheit injiziert hatte, verschmutzte nun seine Beziehung zu Karen.

Bobs Anima war gestört, und er würde sich, seine Anima und seine Frau nur aus diesen Fesseln befreien können, indem er sich von dieser toxischen Mutter löste.

Als Teil der Therapie arbeiteten wir mit einem transformierenden Bilderleben, das Psychosynthese genannt wird, an seiner Anima und seinem Animus.

Doch während wir uns so um seine innere Welt kümmerten, musste Bob sich auch mit seiner äußeren Realität auseinandersetzen – der Dynamik seiner Beziehung mit Karen. Zuallererst musste er lernen, ordentlicher zu werden und besser aufzuräumen. Solche alltäglichen Dinge sind wesentlich für eine funktionierende Beziehung, und es erstaunte mich, dass Bob auf manchen Gebieten so klug und auf anderen so dumm sein konnte. Aber wenn es um unsere emotionalen Probleme geht, ist das oft der Fall.

Um die Probleme mit seiner Frau zu beheben, musste Bob an der inneren Welt seiner Gedanken und Gefühle ebenso arbeiten wie an seiner äußeren Welt – seinem Verhalten. Wenn Sie also sich selbst wirklich transformieren wollen, erfordert das sowohl innere als auch äußere Arbeit. Sie dürfen nicht nur darüber nachdenken, Sie müssen aktiv etwas unternehmen.

Bob und Karen lernten, auf neue Art miteinander zu kommunizieren, ohne sich gegenseitig Vorwürfe zu machen und in irrationale Verhaltensmuster abzugleiten. Dieser Teil ihrer Heilung war mühsam, um es vorsichtig auszudrücken, und es half sehr, dass ich mit ihnen einige Grundprinzipien zwischenmenschlicher Beziehungen besprach.

Diese Prinzipien zu erläutern, würde den Rahmen des vorliegenden Essays sprengen, aber wenn es zwischen Ihnen und Ihrem Partner Kommunikationsprobleme gibt, kann Ihnen das Buch *So viel Liebe, wie Du brauchst* von Harville Hendrix weiterhelfen.[25] Hendrix' Buch befasst sich mit den Basics, es ist eine Art Einmal-

---

[25] Eine überarbeitete und erweiterte Ausgabe zum 20-jährigen Buchjubiläum mit neuen Übungen für Paarbeziehungen, einem neuen Vorwort und einem neuen Kapitel erschien 2008 auf Deutsch im Renate Götz Verlag. – *Die Red.*

eins der Kommunikation. Daher wird seine Einfachheit einigen Leuten missfallen. Aber ich sage immer, dass es manchmal gut ist, sich in die Grundlagen eines Themas zu vertiefen – besonders wenn man sie nie erlernt hat.

Die traurige Wahrheit ist leider, dass die meisten Menschen diese grundlegenden Fähigkeiten nicht beherrschen. Doch ohne sie besteht wenig Hoffnung, dass eine Beziehung sich zu dem entwickelt, was sie sein könnte – eine lebensspendende Quelle mentalen, emotionalen und spirituellen Wohlbefindens. Stattdessen degenerieren die meisten Beziehungen früher oder später zu einer dieser Seifenopern, wie man sie im Nachmittagsfernsehen anschauen kann. Sehr viele Beziehungen ließen sich, da bin ich überzeugt, vor diesem Schicksal bewahren, wenn die Partner es nur ein wenig besser verstünden, miteinander zu reden und einander zuzuhören.

Die Küche von Hoffnung und Verzweiflung

An einer Stelle im Haus der Beziehung befindet sich die Küche. Dort bereiten wir die Nahrung zu, die uns am Leben erhält. Ich weiß von einem Psychiater in New York, der in seine Praxis eine Küche einbauen ließ. Nach jeder Therapiesitzung führte er seinen Patienten in diese Küche und bot ihm eine Suppe an, die er selbst gekocht hatte, nach geheimen, von ihm im Laufe der Jahre perfektionierten Rezepten. Nach seiner festen Überzeugung verstärkte es die Wirkung seiner Psychotherapie, dass seine Klienten zusätzlich physische Nahrung erhielten, die mit Liebe und Bewusstheit zubereitet worden war.

In der Küche der Beziehung bestehen die Zutaten der Suppe daraus, wie wir miteinander sprechen, wie wir uns berühren und wie wir all diese unzähligen kleinen Dinge für- und miteinander tun, oder gegeneinander.

Von dieser Suppe essen wir täglich, wenn wir mit einem anderen Menschen zusammenleben. Und die Gefühle und Gedankenformen, die wir gemeinsam erleben, werden von uns genauso verstoffwechselt wie die Nährstoffe, die wir mit dem Essen zu uns nehmen. Die emotionale Färbung unserer Beziehungen kann uns inspirieren, sie kann uns aber auch im immer Gleichen gefangenhalten oder uns herabziehen. So wird unser Bild des Lebens und unser Selbstbild unmittelbar durch die Hoffnung oder Verzweiflung beeinflusst, die wir täglich emotional zu uns nehmen.

Mann gegen Frau

Vor ein paar Monaten fiel mir ein Autoaufkleber mit folgendem Text auf: »Frauen sind von der Venus, Männer sind Idioten.«

Ich nehme an, dass die Besitzerin des blauen Vans einfach von ihren männlichen Gefährten genug hatte. In der Tat können Mann-Frau-Beziehungen anstrengend sein, schon aus rein biologischen Gründen. Unsere Gehirne funktionieren unterschiedlich, und unsere Hormone sind anders – was bedeutet, dass wir die Welt auf radikal unterschiedliche Weise wahrnehmen.

Der verstorbene Ethnobiologe Terence McKenna[26] sagte einmal, dass das Testosteron – das beim Mann dominierende Hormon – eigentlich nur drei Fragen kennt. Wenn ein Mann auf jemand Unbekannten trifft, fragt seine tiefere Biologie: Kann ich Sex damit haben? Wenn nicht, kann ich es aufessen? Und wenn nicht, kann ich es töten?

Das ist zugegebenermaßen eine grobe Vereinfachung, denn nicht alle Männer passen in diese Nische, aber was das männliche Verhalten angeht, ist etwas Wahres daran. Zudem sind offenbar viele Männer von dem tiefsitzenden Wunsch getrieben,

---

26 Terence McKenna (1946-2000) forschte im südamerikanischen Regenwald und sammelte dort Erfahrungen mit vielen schamanistischen Techniken. Er veröffentlichte mehrere Bücher über Bewusstseinserweiterung, pflanzliche Drogen sowie psychoaktive Pilze. Heute gilt er als Wegbereiter der Ethnopharmakologie, der traditionellen Pharmakologie fremder Völker. Sein bekanntestes Buch ist *Die Speisen der Götter*, Lörrach 1996. – *Die Red.*

so viele Frauen wie möglich zu besamen. Das steht in krassem Gegensatz zu dem von vielen Frauen gehegten Wunsch, einen festen Partner zu finden, mit dem sie ein Nest bauen können. Und all das geht, jedenfalls sagen das die Biologen, auf unsere evolutionären Wurzeln zurück.

Wenn Mann und Frau eine Beziehung eingehen, sollten sie sich darüber im Klaren sein, dass sie die Welt ziemlich unterschiedlich wahrnehmen. Und viele dieser Unterschiede beruhen auf biologischen Gegebenheiten – gewissermaßen auf der Hardware.

Allerdings ist keineswegs geklärt, was bei den Unterschieden zwischen Männern und Frauen eine größere Rolle spielt – die Natur oder die Erziehung. Anders formuliert: Wie viel von den Unterschieden zwischen den Geschlechtern beruht auf unserer Biologie und wie viel auf unserer Sozialisierung? Diese Frage ist noch nicht beantwortet, aber Kinderpsychologen haben einige interessante Beobachtungen gemacht.

Eine Gruppe Jungen und Mädchen im Alter von unter zwei Jahren, noch ohne Sprachfähigkeit und offenbar mit geringer Sozialisierung, wurden vor einen Fernseher gesetzt, wo man ihnen Zeichentrickfilme zeigte. Ohne für die Kinder ersichtlichen Grund stoppte die Vorführung, so dass sie plötzlich vor einem leeren Bildschirm saßen. Wenn die Mädchen zu dem Fernsehgerät wackelten oder krabbelten und vergeblich versuchten, es wieder zum Laufen zu bringen, fingen sie nahezu ausnahmslos an zu weinen.

Die Jungen dagegen schlugen auf den Fernseher ein oder traten dagegen, wenn er nicht mehr funktionierte. Demnach scheint es zwischen den Geschlechtern einen angeborenen Unterschied im Umgang mit Frustrationen zu geben.

Es bestehen auch fundamentale Unterschiede bei der Informationsverarbeitung im Gehirn. Manche Neurologen schätzen, dass die durchschnittliche Frau (was immer das sein soll) über 23% mehr Verbindungen im *Corpus callosum* verfügt als der durchschnittliche Mann (was immer auch das sein soll). Das bedeutet, dass bei Frauen mehr Kommunikationskanäle zwischen den beiden Gehirnhälften geöffnet sind. Infolgedessen fällt es Frauen unter anderem leichter als Männern, ihre Gefühle in Worte zu fassen.

Ich bin jedoch der Ansicht, dass manche Unterschiede zwischen Mann und Frau das Ergebnis unserer Sozialisierung sind. An einem Sommernachmittag vor einigen Jahren fuhr ich mit meinem damals siebenjährigen Sohn Kanu. Als wir an den Anlegesteg zurückkehrten und aus dem Boot stiegen, fiel er hin, wobei er unsanft mit dem Bein gegen das Geländer prallte. Er umklammerte das Bein und verzog das Gesicht. Der heftige Schmerz trieb ihm Tränen in die Augen, aber er gab keinen Laut von sich. Ich war verblüfft. Obwohl ich ihm nie eingeredet hatte, dass ein Junge nicht weinen darf, hatte er diese Regel offenbar doch irgendwo aufgeschnappt.

Es gibt ein paar solcher als ungeschriebene Gesetze geltenden Männerregeln. Nicht zu weinen und keine Verletzlichkeit zu zeigen gehört sicher zu den wichtigeren. Diese angeborene Scheu – oder in manchen Fällen Unfähigkeit – der Männer, ihre Gefühle und Verletzlichkeit zu zeigen, ist in Beziehungen zum anderen Geschlecht problematisch. Stark verallgemeinernd gesagt ist Frauen in der Partnerschaft emotionale Verbundenheit sehr wichtig. Offen über die eigenen Gefühle zu sprechen und die emotionale Verletzlichkeit, die damit einhergeht, ist für sie ein wichtiges Kriterium für eine funktionierende Beziehung. Männer dagegen neigen stärker zu Autonomie. Emotionale Verletzlichkeit kann sich für sie bedrohlich anfühlen – je nachdem, welche Lebenserfahrungen der Mann in dieser Hinsicht bisher gemacht hat.

Andererseits habe ich Klientinnen erlebt, denen das gleiche Problem zu schaffen machte. Sie waren unfähig zu empfinden, und ihr emotionales Leben fand nur in ihrem Kopf statt. Obwohl diese Frauen in biologischer Hinsicht eindeutig weiblich waren, zeigten sie – jedenfalls gemäß unserer kulturellen Voreingenommenheit – eindeutig männliche Wesenszüge. Daher bin ich der Ansicht, dass der Umgang mit Gefühlen und Intellekt weniger geschlechtsspezifisch ist, als viele Menschen glauben.

Dies weist uns auf eine der vielen Schwierigkeiten bei der Definition geschlechtsspezifischen Verhaltens hin – dass dabei nämlich unsere kulturellen Filter ins Spiel kommen. Wir erwarten bei Männern und Frauen, dass sie sich auf eine bestimmte Weise verhalten. Manchmal verhalten sie sich tatsächlich entsprechend, oft aber auch nicht. Menschen auf strikte geschlechtliche Stereotypen einzuengen, ist letztlich eine Form von geistiger und sozialer Unfreiheit. In Wirklichkeit verhalten manche Männer sich eher wie Frauen (durch die Brille unserer gesellschaftlichen Vorurteile betrachtet), während manche Frauen sich eher männlich verhalten. Das kann auf eine Vielzahl von Faktoren zurückzuführen sein, von denen ihre persönliche Anima oder ihr Animus ein möglicher ist. Jedenfalls sind Schwierigkeiten in einer Partnerschaft zu erwarten, wenn der eine Partner die Welt ausschließlich mit seinem Intellekt betrachtet, während der andere sie rein auf der Gefühlsebene wahrnimmt.

Im Allgemeinen gibt es mehrere Faktoren, die Männern im Umgang mit Frauen Schwierigkeiten bereiten können. Zum einen neigen, wie wir bereits erwähnten, Männer dazu, sich keine emotionale Blöße geben zu wollen, weil sie das verunsichert. Daher sprechen sie nicht gern über ihre Gefühle. Frauen empfinden dieses Verhalten als problematisch, weil sie, allgemein ausgedrückt, Gefühle als Barometer für die Qualität der Beziehung verwenden.

Eine weitere Herausforderung stellt die Neigung von Männern dar, lösungsorientiert zu denken, wenn emotionale Probleme auftauchen. Das habe ich in der Paartherapie wieder und wieder erlebt. Wenn die Frau über schwieriges emotionales Material sprach, geriet der Mann unvermeidlich in Panik.

Männer sind tendenziell autonom und handlungsorientiert. Wenn ihre Partnerin belastende Gefühle offenbart, möchten sie etwas tun, um das Problem zu beheben. Doch wenn eine Frau ihre Gefühle zeigt, möchte sie oft gar nicht, dass ihr Partner etwas tut. Sie möchte einfach, dass er ihr zuhört, sie versteht und ihre Gefühle anerkennt, statt sie kleinzureden.

Leugnung und Stolz

Die meisten von uns geben Irrtümer oder Fehler nicht gern zu. Und wenn wir dabei ertappt werden, dass wir etwas tun, von dem wir wissen, dass wir es eigentlich nicht tun sollten, greifen viele von uns zu Ausflüchten und Lügen.

Ich erinnere mich an ein Erlebnis, das ich vor einigen Jahren mit meiner früheren Schwiegermutter hatte. Sie war Diabetikerin und durfte eigentlich keine Süßigkeiten essen, schaffte es aber einfach nicht, sich an dieses Verbot zu halten. Als wir eines Nachmittags auf ein Taxi warteten, bemerkte ich, wie sie schnell etwas aus ihrer Handtasche nahm und in den Mund steckte. Es roch unverkennbar nach Schokolade. Ihr Mann drehte sich zu ihr um und sagte: »Isst du etwa wieder Süßes?«

»Nein!«, sagte sie mit vollem Mund. Er nahm ihr die Handtasche ab, öffnete sie, und es kam ein Süßigkeitenvorrat zum Vorschein, der jedes an Halloween Zuckerzeug sammelnde Kind stolz gemacht hätte.

Viele von uns, mich eingeschlossen, arbeiten mit dem Merlin-Faktor. Damit meine ich keineswegs den legendären Zauberer, sondern den Hund unserer Familie. Merlin war ein Mischling aus Bernhardiner, Bluthund, Dänischer Dogge und Mastiff. In seiner besten Zeit wog Merlin über siebzig Kilo und maß von Schwanz bis Schnauze knapp einen Meter dreiundachtzig.

Wenn seine Menschen es ihm erlaubten, versuchte er, es sich auf deren Schoß bequem zu machen. Auch schaute er gern mit der Familie Fernsehen. Er konnte – das ist keine Übertreibung – sich mit den Vorderpfoten auf dem Fußboden abstützen, wenn er auf dem Sofa saß. So groß war er.

Aber besonders gern breitete er sich auf dem Sofa aus – neben uns, hinter uns und über uns. Das war uns nicht recht, weil ... nun ja, er war ja zum Teil Bluthund, und sein Körpergeruch konnte überwältigend sein, besonders wenn er sich in Hirschdung gewälzt hatte, was im Wald hinter unserem Haus zu seinen Lieblingsbeschäftigungen gehörte.

Dieses Ritual, sich auf dem Sofa auszubreiten, praktizierte er mehrmals pro Woche. Und er weckte bei mir die Vermutung, dass die Psychologie des Leugnens vermutlich von Hunden erfunden wurde. Sehen Sie, Merlin dachte, wir würden *ihn* nicht sehen, wenn er *uns* nicht sieht. Also entwickelte er seine ganz spezielle Methode, sich immer weiter aufs Sofa vorzuschleichen – obwohl er wusste, dass er das nicht durfte. Er kroch rückwärts auf das Sofa, ja, rückwärts. Dabei schaute er von uns weg, als würde er dadurch unsichtbar. Unvermeidlich sagte einer von uns Menschen dann: »MERRRLIN«, in jenem missbilligenden Tonfall, den Hunde fast immer verstehen. Daraufhin schaute er uns spürbar schockiert an – als wollte er sagen: Wieso habt ihr mich gesehen?

Menschliches Leugnen funktioniert sehr ähnlich. Wenn wir so tun, als würden wir etwas nicht bemerken, dann oft deshalb, damit die anderen in unserer Umgebung es hoffentlich auch nicht bemerken. Das kann manchmal schon ziemlich lustig sein, doch in Beziehungen stellt es ein echtes Problem dar, und zwar, um es präziser auszudrücken, vor allem in Heiligen Beziehungen.

In manchen Beziehungen läuft es mit dem Leugnen gut. Ja, ohne den Mechanismus des Leugnens würden sie sogar zerbrechen. Die Heilige Beziehung dagegen beruht auf einem Fundament aus gegenseitigem Vertrauen und Wahrhaftigkeit. Ohne Ehrlichkeit zwischen den Partnern gibt es keine Heilige Beziehung. Für diesen Beziehungstyp ist Leugnen daher tödlich.

Das Bestreben, in einer Beziehung jederzeit klar und aufrichtig zu sein, kann uns wahre Demut lehren. Es kann aber, ehrlich gesagt, auch ganz schön an die Nerven gehen. Wenn man sich selbst oder dem Partner offen eingesteht, dass man Einstellungen oder Verhaltensweisen an den Tag legt, die der Beziehung nicht dienlich sind, wird man zwangsläufig mit dem eigenen Charakter konfrontiert – oder, genauer gesagt, mit den eigenen charakterlichen Schwächen und Mängeln.

Nie werde ich die Bemerkung einer Freundin vergessen, die damals weit über achtzig Jahre alt war. Sie sagte: »Wir alle haben peinliche Schwächen und Fehler. Wichtig ist, wie wir mit ihnen umgehen. Darauf kommt es an.«

Die Ehrlichkeit und Untadeligkeit, die für eine Heilige Beziehung erforderlich sind, bringen unsere verborgenen Fehler und Schwächen schnell ans Tageslicht. Mit dieser Art von Selbsterkenntnis klarzukommen, ist nicht leicht, aber ohne sie sind echtes psychisches und spirituelles Wachstum unmöglich – jedenfalls meiner Meinung nach.

Viele von uns empfinden es als dermaßen demoralisierend, mit ihren eigenen Schwächen und Fehlern konfrontiert zu werden, dass wir entweder so tun, als würden diese Fehler gar nicht existieren, oder, wenn wir gezwungen werden, sie zur Kenntnis zu nehmen, flüchten wir uns in den Stolz.

Damit meine ich nicht die Art von Stolz, der mit einem gesunden Selbstwertgefühl einhergeht. Ich spreche von einem falschen Stolz, mit dem wir uns an Problemen vorbeimogeln. Dieser Stolz ist oft das Einzige, mit dem wir uns aus der Affäre ziehen können, wenn wir uns vor wahrer Selbsterkenntnis drücken wollen. Arroganz wäre vielleicht das treffendere Wort, aber das Wörterbuch in meinem Laptop sagt mir, dass beide durchaus synonym verwendet werden können. Arroganz stößt andere Menschen ab. Sie erzeugt eine Art Mauer. Gegenüber einem Menschen, der eine solche Einstellung an den Tag legt, kapitulieren die meisten Leute und ziehen sich zurück.

Ich finde es hilfreich, meinen arroganten Unterpersönlichkeiten Namen zu geben. Charles Thomas ist eine von ihnen. So hieß mein Vater, und mein Animus (ein internalisierter männlicher Aspekt) verfügt, leider, über einige negative Eigenschaften – Sturheit zum Beispiel. Ein anderer meiner inneren Aspekte wendet gern die Vogel-Strauß-Taktik an. Wie Sie sicher wissen, stecken Strauße angesichts einer Gefahr oder Bedrohung den Kopf in den Sand. Das ist wohl ihre Version der Merlin-Methode, wie sie unser bereits erwähnter Familienhund praktizierte.

Nun, jedenfalls können wir die emotionale Aufladung dieser problematischen Aspekte unserer Psyche etwas mildern, wenn wir ihnen Spitznamen geben. Probieren Sie es aus. Wenn eine dieser boshaften, lästigen Unterpersönlichkeiten das nächste Mal aus Ihrer psychischen Unterwelt auftaucht, schockieren Sie sie dadurch, dass Sie ihr einen Spitznamen verpassen.

Diesen lustigen kleinen Trick empfehle ich, weil alle, die eine Heilige Beziehung führen möchten, ihre fünf Sinne beisammen haben sollten. Wir benötigen dafür sämtliche verfügbaren Ressourcen. Und wenn sich bei uns ein psychischer Aspekt bemerkbar macht, der nicht nur wenig hilfreich, sondern eindeutig negativ ist, müssen wir sofort etwas unternehmen. Negative Persönlichkeitsaspekte können eine Beziehung schnell ruinieren. Daher rate ich, sich sofort mit ihnen auseinanderzusetzen, und nichts wirkt dabei so rasch wie der Humor.

Jene, die das Experiment einer Heiligen Beziehung zu leben versuchen, tun dies ohne Landkarten und ohne in unserer Kultur auf viel Vorwissen zurückgreifen zu können. Es handelt sich um einen bislang nur von wenigen beschrittenen Weg. Daher gebe ich aus meiner eigenen Erfahrung anderen Reisenden diesen einfachen, praktischen Rat: Leugnung, Stolz und Arroganz sind unsere wohl schlimmsten und am schwersten zu durchschauenden Feinde. Sie können zu Stolperfallen werden, wenn wir es am wenigsten erwarten. In solchen Situationen empfehle ich Ihnen, tief in Ihr Inneres zu blicken. Was versuchen Sie zu vermeiden und warum?

Aufrichtiges Verstehen

Wenn ich jenen, die im Haus der Beziehung leben, einen Rat geben kann, dann den: Versuchen Sie aufrichtig, einander zu verstehen, ohne die eigenen unerfüllten Wünsche auf die Partnerin oder den Partner zu projizieren. Und wir sollten die Unterschiede zwischen uns feiern. Schließlich ist es unsere Einzigartigkeit, die das Leben interessant macht. Für eine erfüllte Beziehung ist es nicht erforderlich, dass beide Partner das Gleiche tun oder dass sie die Welt auf die gleiche Weise sehen und erleben – solange es zwischen ihnen Akzeptanz, Wertschätzung und gegenseitigen Respekt gibt.

Und schließlich sollten Sie sich darüber im Klaren sein, dass »Klo-Verstopfungen« ab und zu unvermeidlich sind. In einem solchen Fall hat sich bei einem Partner oder bei beiden dermaßen viel Groll (Scheiße) aufgestaut, dass es nun an der Zeit ist, sich bewusst mit dem Groll auseinanderzusetzen. Zugegebenermaßen ist es einfacher, sich mit negativen Gefühlen zu befassen, solange sie noch klein sind, aber wenn Sie diese Gelegenheit versäumt haben sollten und die Toilette jetzt völlig verstopft ist, muss dringend etwas dagegen unternommen werden.

Es wird Sie vielleicht erstaunen, wie viele Leute der Ansicht sind, wenn »Abflussprobleme« auftreten oder die Dinge emotional schwierig werden, wäre das ein Hinweis darauf, dass man das Haus der Beziehung verlassen sollte. Diesen Leuten sage ich: *Werdet erwachsen!* Übernehmt Verantwortung. Redet offen mit dem Partner oder der Partnerin. Räumt euer Haus auf und klärt eure Gefühle. Und fresst in Zukunft keine negativen Gefühle mehr in euch hinein, sondern sprecht sofort darüber, wenn sie auftreten – ohne Schuldzuweisungen und Vorwürfe, ohne Manipulation und ohne dass die Gefährtin oder der Gefährte beschämt wird.

Nun, manchmal kann es in Ihrem eigenen Interesse wirklich das Beste sein, wenn Sie das Haus verlassen und eigene Wege gehen. Wenn Ihr Partner Sie körperlich bedroht oder emotional missbraucht, ist es oft eine gute Entscheidung, das Weite zu suchen. Es gibt Beziehungen, für die es sich *nicht* zu kämpfen lohnt. Manche sind toxisch, und dann ist eine Trennung die bessere Wahl. Nur kenne ich leider kein magisches Instrument, mit dem Sie messen könnten, ob Ihr Haus es verdient, gerettet zu werden. Das können Sie einzig und allein selbst entscheiden. Aber wenn Ihr Partner oder Ihre Partnerin nicht bereit ist, über Ihre negativen Gefühle bezüglich der Beziehung offen zu sprechen, wenn er oder sie darauf beharrt, es wäre alles in bester Ordnung, obwohl Sie tief drinnen deutlich spüren, dass dem nicht so ist – dann könnte es eine gute Idee sein, die Koffer zu packen, oder wenn das nicht möglich ist, zumindest Wege zu finden, dass Sie, psychologisch gesprochen, gut für sich selbst sorgen. Mit anderen Worten: Lassen Sie sich Ihr Selbstgefühl oder Ihre Selbstachtung nicht von einer negativen Beziehung untergraben.

Wenn Sie sich aber dafür entscheiden, im Haus der Beziehung zu bleiben, und den Mut aufbringen, sich selbst und dem Partner zu ermöglichen, das eigene wahre Sein zu entfalten, sind die Resultate oft zauberhaft und wundervoll. Partner, bei denen psychische Projektionen und Grollgefühle echter Nähe im Weg standen, erleben plötzlich, dass sie einander wirklich entdecken und wertschätzen lernen – oft zum ersten Mal.

Die Zimmer des Hauses, die dunkel waren, werden plötzlich durch das hart erarbeitete und kostbare Licht der Selbsterkenntnis erhellt. Und die Zimmer, aus denen man auf Steinmauern schaute, füllen sich plötzlich mit Sonnenlicht, weil die Wände, die uns voneinander und von der Welt trennten, sich einfach auflösen.

Das alchemistische Symbol von Animus und Anima

In manchen alchemistischen Traditionen, besonders in Europa, nennt man das Ausbalancieren von Anima und Animus den Heiligen Androgyn. Er wird als Hermaphrodit dargestellt – halb Mann und halb Frau. In manchen Traditionen wird diese Gestalt sogar tatsächlich als Heiliger Hermaphrodit bezeichnet, wobei sich in dem Wort Hermaphrodit Hermes und Aphrodite vereinigen, das männliche und das weibliche Gesicht des Göttlichen.

In der alchemistischen Ikonografie wird der Androgyn oft als Gestalt dargestellt, die aus einem Schmelzofen oder einem Feuer kommt, manchmal mit der Sonne und dem Mond über ihrem Kopf. Das Feuer steht für die alchemistischen Flammen der Reinigung, der man sich unterziehen muss, um den Stein der Weisen zu erlangen – einen Zustand erhöhten spirituellen Gewahrseins, jedenfalls in den esoterischen Formen der inneren Alchemie. In den exoterischen oder äußeren Formen der Alchemie galt der Stein der Weisen als ein entscheidender Katalysator, mit dessen Hilfe man Blei oder andere unedle Metalle in Gold verwandeln konnte.

In der esoterischen Alchemie symbolisieren die Sonne und der Mond über dem Hermaphroditen die Herbeiführung eines Gleichgewichts zwischen den solaren und lunaren Aspekten des Bewusstseins. Alchemistisch ausgedrückt repräsentiert die Sonne das Männliche (Animus) und den Geist, während der Mond für das Weibliche (Anima) und die Materie steht. Die heilige Aufgabe der spirituellen Alchemie besteht darin, den Heiligen Androgyn oder Hermaphroditen zu erschaffen, wodurch der Mensch Zugang zu den höheren Ebenen der spirituellen Wahrnehmung erhält.

Dies ähnelt stark der Aufgabe der Jungschen Psychologie, aber bei der alchemistischen Form ist der Kontext spirituell. Bei Jung ist der Kontext psychologisch – oder vielleicht psychospirituell.

Eine Verwendung des Hermaphroditen wie in der alchemistischen Ikonografie findet sich auch in anderen Traditionen. Es gibt eine hoch androgyne Form des Shiva. Shiva ist der Herr des Todes und der Beschützer der Yogis und Yoginis, und in seiner androgynen Form verschmilzt er mit Shakti, der weiblichen Kraft des Kosmos.

In seiner Ardhanarishwara-Form wird Shiva als Hermaphrodit dargestellt und besitzt männliche und weibliche Geschlechtsorgane. Diese ungewöhnliche Symbolik kündet von einem der tiefsten Geheimnisse des tantrischen Yoga – dass der Mensch große spirituelle Macht erlangt, wenn er die männlichen und weiblichen Aspekte seines Wesens ins Gleichgewicht bringt.[27]

---

[27] In diesem Zusammenhang dürfen wir auf *Tantra des Klangs* hinweisen, ein Buch

Dieses Harmonisieren der inneren Energien wird bei bestimmten Formen des Yoga als zentrale Aufgabe angesehen. Gemäß der yogischen Anatomie gibt es im Menschen drei feinstoffliche Kanäle, die entlang der Wirbelsäule bis zum Scheitel führen. Der zentrale Kanal, Sushuma, ist der Weg der Kundalini-Shakti, die als zusammengerollte Schlange der Lebensenergie und als weiblich dargestellt wird. Wenn sie entlang der Wirbelsäule aufsteigt, vereint sie sich oben im Kopf mit Shiva und bringt so Erleuchtung oder Befreiung hervor.

Auf jeder Seite neben dem Sushuma gibt es einen weiteren Kanal. Der eine wird mit der inneren Sonne (dem maskulinen Aspekt des Bewusstseins) assoziiert, während der andere mit dem inneren Mond (dem weiblichen Aspekt des Bewusstseins) assoziiert wird. Der Sonnen-Kanal heißt Pingala, und der lunare Weg wird Ida genannt. Die Energien von Pingala und Ida ins Gleichgewicht zu bringen ermöglicht dem Yogi oder der Yogini, einen Blick auf das stets gegenwärtige transzendente Selbst zu werfen.

Das Thema der Ausbalancierung der maskulinen und femininen Bewusstseinsaspekte taucht auch im tibetischen Buddhismus auf, nämlich in Form des Kalachakra, in dem die Vereinigung männlicher und weiblicher Götter im Akt sexueller und spiritueller Ekstase beschrieben wird. Gemäß dem Kalachakra ist die Ausgewogenheit zwischen dem Männlichen und dem Weiblichen die Wurzel aller Existenz und Schöpfung, sei sie menschlich oder übermenschlich.[28]

Wenn wir unsere Aufmerksamkeit von den östlichen Traditionen dem jüdisch-christlichen Bereich zuwenden, begegnet uns

---

mit beigelegter CD des Ehepaars Jonathan und Andi Goldman. Hier wird die energetische Verschmelzung des Männlichen und Weiblichen durch gemeinsames oder auch alleiniges Tönen herbeigeführt. Mehr darüber, einschließlich umfangreicher Hörproben, auf www.AmraVerlag.de. – *Die Red.*

[28] Es existiert auch eine CD von Tom Kenyon zur tantrischen Vereinigung, die mit der Flinken Beschützerin Tara und dem Buddha Chenrezig arbeitet: *Das Kalachakra des Großen Mitgefühls.* Auf www.AmraVerlag.de stehen Hörproben und Auszüge aus dem Booklet mit der deutschen Übersetzung der geführten Meditation. – *Die Red.*

das Thema des Heiligen Hermaphroditen an höchst unerwarteter Stelle: im Thomas-Evangelium.

Das Thomas-Evangelium ein Manuskript, das bis zur Mitte des 20. Jahrhunderts als verschollen galt, aber schließlich als Bestandteil der in Nag Hammadi in Ägypten aufgefundenen Texte wiederentdeckt wurde. Darin heißt es: »Wenn ihr aus zwei eins macht und wenn ihr das Innere wie das Äußere macht und das Äußere wie das Innere und das Obere wie das Untere und wenn ihr aus dem Männlichen und dem Weiblichen *eine* Sache macht, so dass das Männliche nicht männlich und das Weibliche nicht weiblich ist ..., dann werdet ihr in das Königreich eingehen.«

Ich glaube nicht, dass diese Textpassage irgendetwas mit physiologischer Androgynität zu tun hat. Vielmehr ist mit dem Königreich ein geistiger Zustand gemeint, den wir erreichen können, wenn wir die männlichen und die weiblichen Aspekte unseres Bewusstseins ins Gleichgewicht bringen.

Originaltitel: »House of Relationship«
Deutsche Erstveröffentlichung

Im Mandala des Großen Mitgefühls

Vorbereitungen

Zunächst sollte man sich mit den grundlegenden Konzepten vertraut machen.

Mandalas sind gemalte geometrische Figuren, die zu Kräften oder Aspekten des Bewusstseins in Bezug stehen. Sie werden bei bestimmten Formen buddhistischer und yogischer Meditation intensiv eingesetzt. Ein typisches Mandala weist ein Zentrum und vier Richtungen auf. Abhängig von der Art des Mandalas kann die zentrale Figur – es kann sich auch um mehrere Zentralfiguren handeln – von den äußeren Bereichen abgetrennt sein oder Energie in den äußeren Raum strahlen.

Bei dieser Übung bezieht sich das Mandala auf alle Phänomene, die sich gerade im Universum ereignen. Und im Zentrum dieses Mandalas, das Ihr Leben symbolisiert, befinden Sie sich selbst, denn aus Ihrer persönlichen Perspektive erleben Sie die Welt. Entsprechend befindet sich auch jeder andere Mensch im Zentrum seines Lebens-Mandalas.

Das bedeutet, dass jeder Mensch die Welt anders erlebt, weil unsere Zentren – unsere persönliche Sinneswahrnehmung und Seinsweise – sich unterscheiden.

Tantrische Yogis und Yoginis sehen dies etwas anders, abhängig von der Tradition, in der sie arbeiten. Aber im Wesentlichen würden sie zustimmen, dass unser Erleben der äußeren Welt Resultat feinstofflicher Energien in unserem Nervensystem ist. Mit anderen Worten: Die Welt existiert zwar durchaus unabhängig von uns und unserer mental-emotionalen Erfahrung. Wie wir die Welt erleben, resultiert aber daraus, wie wir sie mit Hilfe unserer Sinne internalisieren.

Dem buddhistischen Tantra zufolge lösen sich diese feinstofflichen Energien des Bewusstseins – auf Tibetisch »Lung« genannt, was feinstoffliche Wind-Elemente bedeutet – im Augenblick des Todes auf, und damit verschwindet auch unser Welterleben. Lung ist nicht dasselbe wie der Atem, sondern meint eher das Fließen der Lebensenergie durch winzige, Nadi genannte Energiebahnen in unseren feinstofflichen Körpern. Taoisten bezeichnen diese Energie als Chi, während Yogis sie Prana nennen.

Die Praxis des Mandalas des Großen Mitgefühls beruht auf der Erkenntnis, dass in jedem Augenblick unzählige Wesen leiden. Aus Sicht des buddhistischen Tantra ist Leiden die Folge eines Anhaftens an den Sinneserfahrungen. Daher leidet ein Mensch, wenn er über seine Sinne einen Verlust empfindet.

Als Menschen können wir praktisch in allen Lebensbereichen Leid erfahren – der Verlust von Beziehungen, materiellen Gütern, Geld, Gesundheit und so weiter. Die Liste ist praktisch endlos.

Diese Übung beruht auf der Erkenntnis, dass Leiden unvermeidlich ist. Tantrisch Übende versuchen daher nicht, das Leiden zu beenden, sondern in ihrem Bewusstsein die Wurzeln des Leidens zu transformieren. (Das Bewusstsein wird im Buddhismus als Geist bezeichnet.) Wenn wir einem anderen Wesen dabei helfen können, Leid zu lindern oder zu vermeiden, können wir das natürlich tun. Und gewiss werden wir auch alles Erforderliche tun, um unser persönliches Leiden zu lindern. Doch alle diese Handlungen geschehen in einem ganz bestimmten Kontext – dem Wissen, dass alle Wesen leiden, weil sie sich in Samsara befinden – der Illusion einer relativen Existenz in der materiellen Welt.

Die Aufgabe der tantrisch Übenden besteht also darin, ihre eigene Negativität so zu transformieren, dass die Glückseligkeit des Nirwana inmitten von Samsara verwirklicht wird.

Meiner Erfahrung nach herrscht um die Begriffe Nirwana und Samsara eine ziemliche Verwirrung. Zum einen hängt das davon ab, von welcher Strömung im Buddhismus die Rede ist. Manche Traditionen richten ihr Augenmerk darauf, diese Sinneswelt hinter sich zu lassen und im Tod die Glückseligkeit des Nirwana zu erfahren. Andere Überlieferungen sagen, dass man das Nirwana mitten in diesem Leben erfahren kann, sozusagen auf dem Nährboden der Sinneserfahrungen in Samsara. Diese Schulen vertreten die Auffassung, dass ein Mensch jedes Mal Nirwana erlebt, wenn er oder sie das Zentrum der Bewusstheit erreicht. Vielen yogischen und tantrischen Traditionen zufolge ist dieser Mittelpunkt der Bewusstheit (unser transzendentes Selbst) seiner Natur nach reine Glückseligkeit (im Sanskrit Ananda genannt).

Die meisten Menschen müssen erst sterben, um den Sinneszirkus des Lebens zum Schweigen zu bringen, so dass sie, wenigstens vorübergehend, die Glückseligkeit des Nirwana erfahren können. Tantrische Meister oder Meisterinnen jedoch sind in der Lage, jedes Mal kurze Nirwana-Erfahrungen zu machen, wenn sie in tiefe Meditation eintreten (Samadhi). Für tantrisch Übende ist es zwar ein wichtiges Zeichen ihres Fortschritts, wenn sie solche Glückseligkeit erleben, aber es ist keineswegs das Ziel.

Das buddhistische Tantra befasst sich mit den Realitäten des Lebens in Samsara. Sein Ziel ist nicht weniger als die Auflösung der Illusionen von Samsara, während man sich zugleich mitten in Samsara befindet. Das ist eine Herkulesaufgabe, und jene, die sie auf sich nehmen, nennt man im Buddhismus tantrische Helden und Heldinnen.

Die Praxis

Zeiten persönlichen Leidens, sei es mental, emotional, spirituell oder körperlich, sind ideal, um mit dem Mandala des Großen Mitgefühls zu arbeiten.

Ich sage das, weil diese Übung uns in die Lage versetzt, die Natur unseres Leidens besser zu verstehen, und außerdem erwerben wir durch sie spirituelle Verdienste (also positive Energie). Die Schönheit der Übung besteht darin, dass diese Verdienste inmitten unseres Leidens erzeugt werden, und sie können auch dazu genutzt werden, das Leiden anderer fühlender Wesen zu lindern.

Ich muss an dieser Stelle etwas vom Thema abweichen und über das sprechen, was ich für ein großes Missverständnis bezüglich der Natur spiritueller Verdienste in spirituellen Gemeinschaften generell und buddhistischen *Sanghas* im Besonderen halte.

Wahrer Verdienst entsteht, wenn wir spontan aus dem Herzen geben oder die wohltätige Handlung eines anderen annehmen, ohne den Wunsch auf persönliche Belohnung. Dieser spontane Ausdruck von Bodhicitta (Ihrem angeborenen Buddha-Geist) erzeugt spirituellen Verdienst. Es gibt keinen Buddha in den himmlischen Welten, der in einem Buch vermerkt, wenn Sie Gutes oder Schlechtes tun. Vielmehr stärken positive Handlungen unsere angeborene Bodhicitta. Ein Resultat davon ist, dass Prajna oder transzendente Weisheit zunehmen. Mit anderen Worten: Solche Handlungen bringen uns der Erleuchtung näher.

Wenn wir etwas Gutes aus dem Motiv heraus tun, uns Verdienst zu erwerben, geschieht genau das nicht. Dadurch wird nur unsere Selbstbesessenheit verstärkt, und meiner Erfahrung nach ist nichts so abstoßend wie das spirituelle Ego. Ein gutes, altmodisches unspirituelles Ego ziehe ich jederzeit dieser selbstgefälligen Aufgeblasenheit vor.

Für das Üben sind keine besonderen Haltungen nötig, kein Weihrauch, keine Gebete, noch nicht einmal Stille. Ich habe sie schon praktiziert, während ich einkaufte, und sogar beim Autofahren. Idealerweise übt man mitten in der sengenden Hitze des eigenen Leidens - in dem Moment, wenn dieses Leiden geschieht.

Die Übung besteht aus drei Teilen - Konzentration, Mantra sowie der Vereinigung von Vision und Emanation.

Konzentration

Zentrieren Sie Ihre Aufmerksamkeit in der Brustmitte, hinter dem Brustbein, ungefähr mittig zwischen Brust und Wirbelsäule. Das ist der Sitz Ihres Herzchakras, und dort erzeugen Sie die Energie des Großen Mitgefühls.

Mantra

Das Mantra für diese Übung ist das von Avalokiteshvara (Sanskrit) oder Chenrezig (auf Tibetisch), dem Buddha des universellen Mitgefühls. Dieser Buddha erscheint in vielen Gestalten. Eine davon besitzt tausend Arme und tausend Hände. In jeder Hand befindet sich ein Auge. Mit diesen tausend Augen wird der Buddha Zeuge der Leiden der Wesen in Samsara.

Von entscheidender Bedeutung ist, dass Sie erkennen, dass es sich bei dieser Buddha-Gestalt um nicht weniger als Ihre eigene höchste spirituelle Natur handelt. Sie ist nicht von Ihnen getrennt, sondern ein archetypisches Wesen, das eine Ihnen selbst innewohnende Qualität verkörpert - das Mitgefühl.

Nach tantrischem Verständnis tragen Mantras die Energie der Gottheit, mit der sie korrespondieren, und die Gottheit wohnt in dem Schwingungsfeld des Mantras. Die Gottheiten im buddhistischen Tantra sind jedoch nicht mit den Schöpfergöttern anderer Religionen zu vergleichen. Bei diesen tantrischen Gottheiten handelt es sich um Manifestationen von Kräften oder Aspekten unseres eigenen Bewusstseins. Wenn man, innerlich oder laut, ein

Mantra chantet, aktiviert man die innewohnende Gottheit dieses Mantras. In diesem Fall benutzen wir das Mantra *Om mani peme hung* oder, wenn Sie die Sanskrit-Version der tibetischen vorziehen, *Om mani padme hum.*

Es bedeutet: *Heil dem Juwel im Lotos.* Das Juwel ist das Mitgefühl, und der Lotos ist das Herzchakra.

Die Vision und Emanation

Wenn Sie mit der Übung des Mandalas des Großen Mitgefühls beginnen, machen Sie sich zunächst bewusst, dass andere Wesen ebenfalls leiden, ganz gleich, wie schlecht es Ihnen selbst momentan gehen mag.

Während Sie sich auf diese klare geistige Vorstellung konzentrieren, fühlen und sehen Sie sich selbst im Zentrum eines gigantischen Mandalas, das den gesamten Raum ausfüllt. Es gibt im Universum keinen Ort, der außerhalb dieses dreidimensionalen Mandalas liegt, in dessen Mitte Sie sich befinden. Das ist die Vision.

Konzentrieren Sie sich jetzt einfach auf Ihr Herzchakra. Atmen Sie natürlich. Wiederholen Sie bei jedem Einatmen im Stillen das Mantra, so dass Sie seine feinstoffliche Schwingungsenergie in Ihrem Herzen spüren. Während Sie ganz normal und natürlich ausatmen, senden Sie die Emanationen des Mitgefühls aus Ihrem Herzen zu all den anderen fühlenden Wesen, die in diesem Moment ebenfalls leiden.

Sie müssen nichts weiter tun, als sich auf die Absicht konzentrieren, dass die Emanationen des Mantras und Ihr Mitgefühl aus Ihrem Herzen zu den anderen leidenden Wesen gesendet werden.

Je nachdem, wie Ihre Feinfühligkeit bereits entwickelt ist, kann es sein, dass Sie den Vorgang lediglich als Idee erleben oder aber wirklich spüren, wie die Schwingungsenergie des Mitgefühls aus Ihrem Herzchakra auf alle leidenden Wesen ausstrahlt. Wenn Sie sich des spirituellen Lichts bewusst sind, kann es sein, dass Sie Licht in verschiedenen Farben wahrnehmen, das aus Ihrem Herzen ausgesandt wird, zum Wohl anderer leidender Wesen. Wenn Phänomene auftreten, etwa Licht- oder Klangwahrnehmungen oder andere Sinneseindrücke, lassen Sie es einfach geschehen. Schenken Sie ihnen keine besondere Aufmerksamkeit. Sie sind nicht der Grund, warum Sie diese Übung machen. Sie sind einfach Begleiterscheinungen des Wirkens der feinstofflichen Bewusstseinsenergien.

Der Sinn dieser Übung besteht darin, Ihre Einsicht bezüglich Ihres persönlichen Leidens zu vertiefen und spirituellen Verdienst aufzubauen, indem Sie eine wohltätige Energie in die Welt ausstrahlen.

Es ist für diese Übung aber keineswegs notwendig, dass Sie selbst leiden. Man kann sie jederzeit praktizieren, wann immer man den Wunsch verspürt, fühlenden Wesen wohltätige Energien zu übermitteln. Falls Sie selbst leiden, verändert sich durch die Übung die Qualität Ihres Leidens, und Sie werden es besser verstehen.

Manchmal ist unser persönliches Leiden so groß, dass wir nicht die Willenskraft aufbringen, das Mantra zu wiederholen. Ist das bei Ihnen der Fall, senden Sie einfach beim Ausatmen Mitgefühl hinaus in das Mandala des Universums.

Und was genau ist eigentlich Mitgefühl? Ganz wörtlich bedeutet es, dass wir mit anderen Wesen mitfühlen. Das ist etwas anderes als Mitleid. Mitgefühl erkennt an, dass wir alle leiden. Wenn man einem anderen Mitgefühl entgegenbringt, wird man zum Zeugen seines Leidens – nicht mehr und nicht weniger. Doch durch die Macht, die darin liegt, dass wir liebevoll und fürsorglich gegenseitige Zeugen unseres Leidens sind, wird auf geheimnisvolle Weise das Leiden der anderen ebenso transformiert wie unser eigenes.

Ein kurzes Gebet zur Überwindung von Hindernissen

Denen, die diese Übung auf sich nehmen wollen, empfehle ich unterstützend dieses einfache Gebet:

Mögen alle Erleuchteten dir zu Hilfe kommen. Mögest du den Weg
zu dem Juwel finden, das im Lotos deines Herzens wohnt.
Und mögest du zum Wohle aller Wesen dieses Ziel erreichen.
Mögen alle Wesen des Sambhogaya, des reinen Landes
von Licht und Klang, mit dir sein.
Möge die Gnade des Bodhisattvas Tara dich segnen.
Om Tare Tutare Ture So Ha.
Mögen alle Wesen glücklich sein. Mögen alle Wesen frei sein.[29]

Einige Klarstellungen für Praktizierende des Buddhismus

Zunächst einmal handelt es sich hierbei um eine Übung aus dem Mahayana, in dem Sinne, dass ihr Ziel darin besteht, wohltätige Energien auf alle auszustrahlen, die im Griff von Samsara leiden. Es handelt sich jedoch nicht um eine Tonglen-Übung. Beim Tonglen, wie Sie vielleicht bereits wissen, nimmt der Übende die Negativität anderer auf sich und transformiert sie. Aber das ist weder die Absicht noch die Methode beim Mandala des Großen Mitgefühls.

Das zugrundeliegende Konzept ist etwas mehr dem Hinayana als dem Mahayana zuzuordnen. Jedes fühlende Wesen ist Mitschöpfer seiner Realität und seines Lebens. Daher liegt es in seiner eigenen Verantwortung, seine persönliche Negativität zu transformieren – nicht in Ihrer Verantwortung.

Wenn Sie selbst leiden, verändert das Praktizieren des Mandalas die Qualität Ihres Leidens. Es beschleunigt Ihr Bodhicitta, und Sie gelangen zu tieferen Einsichten, warum und wie Sie sich selbst Leiden erschaffen. Aus tantrischer Sicht gehört dies zu den großen Gaben, die das Mandala des Großen Mitgefühls für uns bereithält. Es hilft Ihnen dabei, sich Ihrer inneren Aspekte und

---

[29] Tom Kenyon hat eine CD aufgenommen, deren 16-seitiges Booklet genaue Erklärungen enthält, wie der Meditierende durch sein spirituelles Licht alle fühlenden Wesen des Planeten Erde und die Erde selbst unterstützen kann: *Weiße Tara.* Textauszüge sowie Hörproben finden Sie auf www.AmraVerlag.de. – *Die Red.*

Neigungen bewusst zu werden, die bewirken, dass Ihre persönlichen Formen des Leidens sich ständig fortsetzen oder wiederholen. Gleichzeitig wird während des Übens positive Energie auf andere fühlenden Wesen ausgestrahlt.

Wenn Sie das Mandala praktizieren und dabei nicht leiden, bauen Sie ebenfalls spirituelle Verdienste auf, sofern Sie mit der richtigen Geisteshaltung üben. Aber zu keiner Zeit während des Übens wird Ihnen dazu geraten, die Negativität anderer auf sich zu nehmen. Das wäre bei dieser Übung ein klarer Fehler und Irrtum.

Mit anderen Worten: Die Grenzen zwischen Selbst und Nicht-Selbst auf der Ebene der physikalischen Welt (Nirmanakaya) bleiben bei dieser Übung intakt.

* * * *

Wie bereits erwähnt, kann die Übung auch durchgeführt werden, wenn Sie selbst gerade nicht leiden. In solchen Zeiten, wenn Sie die Übung ausschließlich praktizieren, um positive Energie in den Kosmos auszusenden, können Sie, sofern Sie dies wünschen, die persönliche Form des kurzen Gebets zur Beseitigung von Hindernissen rezitieren. Das steht im Einklang mit traditionellen tantrischen Meditationen aus dem Mahayana, bei denen Schutzgottheiten angerufen werden und man außerdem den eigenen spirituellen Verdienst dafür verwendet, den Aufstieg allen Lebens zu fördern.

Die persönliche Form dieses Gebets lautet folgendermaßen:

Mögen alle Erleuchteten mir zu Hilfe kommen. Möge ich den Weg
zu dem Juwel finden, das im Lotos meines Herzens wohnt.
Und möge ich zum Wohle aller Wesen dieses Ziel erreichen.
Mögen alle Wesen des Sambhogaya, des reinen Landes
von Licht und Klang, mit mir sein.
Möge die Gnade des Bodhisattvas Tara mich segnen.
Om Tare Tutare Ture So Ha.
Mögen alle Wesen glücklich sein. Mögen alle Wesen frei sein.

Ich weise jedoch darauf hin, dass das Praktizieren des Mandalas des Großen Mitgefühls dazu gedacht ist, in der Hitze der samsarischen Täuschung gebraucht zu werden. In solchen Momenten ist es nicht nötig, das Gebet zu rezitieren. In Momenten extremen Leidens kann es sehr schwierig sein, derartige Praktiken durchzuführen. Konzentrieren Sie sich dann einfach auf die Vision und beginnen Sie ohne alle Formalitäten mit dem Üben.

Ich erwähne das für jene Mitglieder des *Sangha*, die sich in die Anhaftung an Form und Dogma der richtigen Meditation verstrickt haben.

Originaltitel: »The Mandala of Great Compassion«
Deutsche Erstveröffentlichung

Weißgold-Alchemie

Eine Botschaft der Hathoren

Wie kann ein einzelner Mensch inmitten so gewaltiger planetarer Veränderungen etwas Positives bewirken?

Wenn man die Krisen betrachtet, die auf so vielen Ebenen stattfinden – die Verschmutzung von Luft und Wasser, das kurz vor dem Kollaps stehende Ökosystem, die geologischen Veränderungen, die gerade erst beginnen, die drastischen Wetteränderungen, durch die Ernten in Gefahr sind, sowie den Zusammenbruch der Gesellschaft und von Institutionen – kann das überwältigend wirken und Ohnmachtsgefühle verursachen.

Aus unserer höheren Perspektive sehen wir, dass die planetaren Herausforderungen immer deutlicher spürbar werden. Die Prophezeiungen über bevorstehende Veränderungen der Erde waren korrekt, aber die Zeitachsen stimmten nicht. Dank der Anstrengungen vieler, vieler Menschen, die allein und gemeinschaftlich auf den Ebenen des Bewusstseins arbeiteten, konnten die besonders schädlichen planetaren Effekte abgewendet werden. Jedenfalls vorerst. Aber diese Zeit der Gnade neigt sich dem Ende zu.

Das sagen wir nicht, um euch zu erschrecken, sondern um einen Kontext für ein besseres Verständnis zu schaffen. Der

Wachstumsprozess macht es erforderlich, dass sich etwas auflöst. Wenn der Samen zu wachsen beginnt, durchbricht er die alte Hülle, die ihn zuvor schützte. Durch diesen Prozess geht eure Kultur gegenwärtig auf vielen Ebenen.

Die alten Muster, mit der Welt, dem Leben, der Ökonomie und dem Ökosystem umzugehen, funktionieren nicht mehr. Eure Institutionen, die immer noch versuchen, die Dinge auf die alte Art zu tun, geraten zusehends ins Schwimmen. Aber ihr werdet Zeugen des Todeskampfes kultureller Dinosaurier. Das ist eine sehr schwierige Zeit, weil die neue Seinsweise – kollektiv in Beziehung zum Leben – sich erst heranbildet, aber noch nicht fertig entwickelt ist. Je mehr der durch Wachstum und Veränderung ausgelöste Druck zunimmt, desto mehr Stress wird auf allen Ebenen entstehen. Ihr werdet erhöhten Stress in den tektonischen Platten sehen, also in den Kontinenten selbst; Stress im Ökosystem, dem Organismus der Erde; Stress in den Institutionen eurer Gesellschaft, die sich bemühen, mit den massiven Veränderungen fertigzuwerden; und schließlich auch individuellen Stress, während ihr persönlich versucht, die immer mehr zunehmenden Veränderungen zu bewältigen.

Um ein Problem zu lösen, ist es manchmal am Effektivsten, sich auf die nächste Ebene oberhalb des Problems zu begeben. Statt euch direkt mit dem Problem zu befassen, betrachtet ihr es von einer höheren Warte aus. Und wenn ihr energetisch besser im Gleichgewicht seid, werdet ihr diese Ereignisse und Situationen effektiver bewältigen. Die uralte alchemistische Weißgold-Übung ermöglicht es dem Individuum, sich bemerkenswert schnell und leicht auf eine höhere Bewusstseinsebene zu begeben. Das Bewusstsein schwingt sich gewissermaßen über den Problemen in die Höhe und entdeckt neue Möglichkeiten und Zusammenhänge, die es zuvor nicht sehen konnte. So könnt ihr die Alchemie des Bewusstseins nutzen, um sofortige praktische Ergebnisse zu erzielen. Und wenn die einzelnen Menschen ideenreicher und kreativer Auswege aus dem von den Veränderungen verursachten

Chaos finden, wird auch die Gesellschaft inspiriert, und es wird euch kollektiv gelingen, die Probleme zu lösen, die im Moment noch unlösbar erscheinen.

Es gibt, was die Schaffung eines neuen Gleichgewichts angeht, noch einen dritten Aspekt, dem ihr euch widmen solltet, und das ist die Erde selbst, als bewusstes, lebendiges Wesen. Indem ihr durch eine alchemistische Meditation Weißgold zirkulieren lasst, wirkt ihr verfeinernd und harmonisierend auf die Erde ein.

Die Erde ist sehr gut in der Lage, sich von den angerichteten Schäden zu erholen, aber dieser Reinigungsprozess des Planeten könnte für die Menschheit verheerend ausgehen. Gegenwärtig ist unklar, wie die Sache sich entwickeln wird. Doch ihr habt das in hohem Maße selbst in der Hand, individuell und gemeinschaftlich.

Aus der globalen Perspektive kann das Einbringen von Weißgold in die Energiebahnen der Erde dazu beitragen, dass immer mehr Menschen aufwachen. Es kann dazu beitragen, dass ihr als Menschheit insgesamt eure Situation erkennt. Daher ist die Welt-Alchemie-Meditation zwar einerseits auf die Erde ausgerichtet, doch zugleich kommt sie euch selbst zugute. Wenn ihr kollektiv die Heiligkeit allen Lebens erkennt und es als eure Pflicht akzeptiert, es zu schützen, dann könnt ihr dadurch Katastrophen vermeiden. Zeigt ihr euch dagegen der Situation nicht gewachsen, wird die Erde euch einfach abschütteln, und eure Geschichte und Kultur wird in Vergessenheit geraten wie so viele andere vor euch.

Doch ob eure Gesellschaft nun überlebt oder nicht, wenn ihr die Weißgold-Alchemie meistert, werdet ihr höhere Bewusstseinszustände erreichen. Neue Wege werden sich für euch auftun, die andere möglicherweise nicht zu sehen vermögen.

Wichtig für die Übung ist, dass Silber und Gold nicht willkürlich gewählt wurden. Die spezifischen Schwingungsenergien dieser Farben und ihre Essenzen interagieren auf spezifische Weise, um Weißgold zu erschaffen. Und für diesen Prozess ist es von entscheidender Bedeutung, dass die präzise Schwingungsnatur von Weißgold erreicht wird.

Wenn ihr zum Beispiel das sichtbare Spektrum betrachtet, werdet ihr bemerken, dass die Farbe Rot stimuliert, während die Farbe Blau beruhigt. Das veranschaulicht auf einfache Weise, wie unterschiedlich die Schwingungseffekte der Farben sein können. Werden Farben in der Meditation benutzt, sind die Effekte ähnlich, jedoch feiner. Die Schwingungsnatur von Silber ist beruhigend und fördert die geistige Aufnahmebereitschaft. Die Schwingungsnatur von Gold ist stimulierend und aktiv. Auf einer tieferen Ebene des Bewusstseins stehen Gold und Silber in unmittelbarer Beziehung zu den inneren männlichen/weiblichen sowie den solaren/lunaren Aspekten eurer feinstofflichen Energien. Wenn der Übende mit den Farben Gold und Silber arbeitet, bringt er sich in Harmonie mit diesem tieferen kosmischen Prinzip. Die Wurzeln dieser tiefen Erkenntnisse sind interstellarer Natur und werden von vielen intergalaktischen Kulturen geteilt. Es ist einer der schnellsten Wege zur Anhebung eures Bewusstseins, den wir euch anbieten können. Und deshalb zeigen wir euch diesen Weg jetzt.

Während eure Erde beschleunigte Phasen der Transformation durchläuft, werdet ihr immer chaotischere Zustände überstehen müssen. Diese chaotischen Zustände stellen einen notwendigen Übergang von einem Level der Energie und Bewusstheit zum nächsten dar. Dieses Chaos zeigt sich in eurem individuellen Leben ebenso wie gesellschaftlich und global. In der Physik dieses Universums gibt es keine andere Möglichkeit des Übergangs.

Wie ihr mit diesen chaotischen Zuständen umgeht, hat einen erheblichen Einfluss darauf, ob ihr sie mehr oder weniger unbeschadet übersteht. Wir stellen euch hier eine sehr einfache alchemistische Methode vor, mit deren Hilfe ihr eure feinstofflichen Energien harmonisieren könnt. Das ermöglicht es euch, in diesen Zeiten des chaotischen Übergangs selbst im Gleichgewicht zu bleiben.

Zusätzlich zeigen wir euch eine Möglichkeit auf, wie ihr mit dieser alchemistischen Methode auch weltweit arbeiten könnt. Aus alchemistischer Sicht lassen sich höhere Bewusstseinszustände erreichen, wenn der solare und der lunare Kanal eures ätherischen Körpers (KA-Körper) miteinander in Harmonie sind. Es geht darum, die aktiven und rezeptiven Aspekte des Selbst in Einklang zu bringen. Wenn ihr diese Aufgabe individuell meistert, reinigt ihr damit die feinstofflichen Kanäle eures Körpers und bringt euer Bewusstsein besser ins Gleichgewicht. Indem ihr diese alchemistische Meditation regelmäßig praktiziert, gewinnt ihr spürbar an Kraft, was euch in die Lage versetzt, die derzeitigen chaotischen Verhältnisse besser zu bewältigen.

Die individuelle Meditation

Wenn ihr diese alchemistische Meditation durchführen möchtet, setzt euch bequem hin oder legt euch hin. Lenkt eure Aufmerksamkeit auf den Bereich, der etwa zwei bis drei Zentimeter hinter eurem Nasenbein liegt. In diesem Teil des Gehirns befinden sich die Hypophyse und der Hypothalamus. Die Hypophyse steuert euer endokrines System und ist ein wichtiger Schlüssel zu höheren Bewusstseinszuständen. Und der Hypothalamus ist das Zentrum im Gehirn, das für die Weiterleitung von Informationen zuständig ist. In diesem Bereich, aber auf einer feinstofflicheren Ebene in eurem ätherischen Körper, dem KA, gibt es einen Energiewirbel, ein Chakra, das man das Dritte Auge oder Ajna-Zentrum nennt. Auf der rechten Seite von Ajna befindet sich eine kleine Sonne, und auf seiner linken Seite ein kleiner Mond. Die hermetischen Alchemisten im alten Ägypten prägten den Satz: »Wie oben, so unten. Wie innen, so außen.« Das bedeutet, dass jede Ebene der Schöpfung auf der nächsten Ebene darüber und darunter wiederholt wird.

Wenn ihr beispielsweise ein Atom betrachtet, seht ihr, dass die Elektronen auf elliptischen oder sphärischen Bahnen um den Atomkern kreisen. Auf der Ebene des Sonnensystems bewegen sich die Planeten in ganz ähnlicher Weise um die Sonne. Innerhalb des menschlichen Energiekörpers, des KA, erstrecken sich die solaren Energien der Sonne auf der rechten Seite des Ajna bis hinauf in die Mitte des Kopfes in den Bereich der Epiphyse und entlang der Wirbelsäule hinab bis zum Basischakra oder Muladhara. Das ist der sogenannte *Sonnenkreislauf*.

Auf der linken Seite des Ajna erstreckt sich der *Mondkreislauf* bis hinauf zur Epiphyse. Dann verläuft er auf der linken Seite entlang der Wirbelsäule hinunter zum Muladhara am unteren Ende der Wirbelsäule. Die Sonne emittiert eine goldene Energie, die sich ähnlich wie eine goldene Flüssigkeit verhält. Der Mond emittiert eine silberne Energie, die wie eine silberne Flüssigkeit wahrnehmbar ist. Wenn Gold und Silber sich mischen, entsteht Weißgold, das auf der alchemistischen Ebene das Destillat des Gleichgewichts zwischen dem solaren und dem lunaren, dem männlichen und dem weiblichen Kreislauf repräsentiert.

Zu den Eigenschaften dieses Weißgoldes zählt die Fähigkeit, die feinstofflichen Kanäle im Körper zu reinigen, die von den Yogis und Yoginis Nadis genannt werden. Dieses Weißgold hat eine sofort einsetzende wohltuende und harmonisierende Wirkung auf das Bewusstsein. Es kann enorm zur Verfeinerung des Bewusstseins beitragen. Man kann die Methode daher für sich allein einsetzen oder als Vorbereitung für eine tiefere Meditation, da sie das Eintreten in höhere Bewusstseinszustände sehr erleichtert.

Setzt oder legt euch zur Durchführung der Meditation hin

Schließt die Augen und findet ein Atemmuster, das sich angenehm und entspannend anfühlt. Entspannt euch mit jedem Einatmen immer mehr. Es kann sinnvoll sein, Musik zu hören, die ihr als entspannend empfindet und die euch hilft, eure Aufmerksamkeit nach innen zu richten. Wir haben Klangfolgen vorbereitet, die aufgenommen wurden und diesen alchemistischen Prozess wirkungsvoll unterstützen. Sie zu hören ist aber keineswegs erforderlich, um Nutzen aus der Meditation zu ziehen. Die Töne erhöhen einfach nur die Wirksamkeit.

Leitet, während ihr einatmet, das goldene Licht der Sonne aus der Ajna/Hypophysen-Zone hinter dem Nasenbein hinauf in die Kopfmitte zur Epiphyse.

Lasst diese Gold-Energie beim Ausatmen durch das Gehirn zirkulieren und entlang der Wirbelsäule hinunter in das Muladhara oder Basischakra strömen.

Beim nächsten Einatmen leitet ihr das silberne Licht des Mondes aus dem Ajna/Hypophysen-Zentrum hinauf in die Epiphyse.

Beim Ausatmen lasst das silberne Licht durch das Gehirn zirkulieren und entlang der Wirbelsäule hinunter in das Muladhara oder Basischakra strömen.

Beim dritten Atemzug leitet ihr goldenes und silbernes Licht aus Sonne und Mond gleichzeitig nach oben in die Epiphyse. Dort treffen sie aufeinander und werden zu Weißgold transformiert.

Beim Ausatmen lasst ihr dann das Weißgold durch das Gehirn zirkulieren und entlang der Wirbelsäule hinunter in das Muladhara oder Basischakra strömen. Das war ein vollständiger Zyklus.

Wir empfehlen, dass ihr diesen Zyklus noch mindestens drei Mal wiederholt, um in den Genuss der alchemistischen Wirkung des Weißgoldes zu kommen. Das dauert nur ein paar Minuten, hat aber enorme positive Effekte. Probiert es aus, bevor ihr eure anderen Meditationen praktiziert. Ihr werdet feststellen, dass deren Wirkung dadurch erheblich verbessert wird. Als eigenständige Meditation empfehlen wir euch, den Zyklus etwa zehn Minuten lang zu wiederholen und auch anschließend ein paar Minuten auszuruhen.

Das ist der individuelle alchemistische Prozess. Wenn ihr ihn regelmäßig anwendet, werdet ihr feststellen, dass ihr besser in Harmonie mit euch selbst seid und dadurch das Chaos wesentlich besser bewältigt. Eure Intelligenz und Kreativität werden gesteigert, und ebenso eure intuitiven Fähigkeiten. Alle diese Effekte sind einfach Resultat der Aktivierung und Ausbalancierung der inneren solaren und lunaren Kreisläufe.

Die Welt-Alchemie-Meditation

Jenen, die durch die Welt-Alchemie der Erde dienen möchten, empfehlen wir die folgende einfache Meditation.

Führt zur Vorbereitung die eben beschriebene individuelle Meditation mindestens fünf bis zehn Minuten aus. Damit bringt ihr eure eigene Energie ins Gleichgewicht, was eine Voraussetzung dafür ist, auf diese Art global zu arbeiten. Nachdem ihr mehrere Minuten lang mit den solaren und lunaren Kreisläufen gearbeitet und das Weißgold erzeugt habt, verlagert eure Aufmerksamkeit von euch selbst zur Erde.

Benutzt wie zuvor die drei Atemzüge, aber auf andere Weise. Beim ersten Einatmen leitet ihr die Energien von Sonne und Mond durch den Weltraum zur Erde. Stellt euch diesen Vorgang so vor, wie es sich für euch angenehm anfühlt. Lasst das goldene und das silberne Licht von Sonne und Mond sich über dem Nordpol der Erde vereinigen und sich in Weißgold verwandeln. Leitet dann, während ihr weiter einatmet, das Weißgold durch den Nordpol ins Zentrum der Erde und lasst es beim Ausatmen durch die Erde zirkulieren.

Beim nächsten Einatmen zieht ihr die Energien von Sonne und Mond über dem Südpol zusammen und erzeugt dort das Weißgold. Leitet das Weißgold durch den Südpol ins Zentrum der Erde und lasst es beim Ausatmen durch die Erde zirkulieren.

Beim dritten Atemzug leitet ihr das goldene Licht der Sonne und das silberne Licht des Mondes gleichzeitig zu Nord- und Südpol, wo sie zu Weißgold transformiert werden. Leitet danach, während ihr weiter einatmet, das Weißgold durch beide Pole ins Zentrum der Erde. Beim Ausatmen lasst ihr es dann durch die Erde zirkulieren. Wiederholt diesen Vorgang, so oft ihr möchtet.

Wenn ihr die Meditation beendet, wäre es gut, sich anschließend ein paar Minuten auszuruhen.

Versteht bitte, dass es eure eigene Absicht ist, die auf der alchemistischen Bewusstseinsebene die harmonisierende, ausbalancierende Wirkung erzeugt. Seit euch also darüber im Klaren, dass ihr durch die Konzentration auf die solare Energie euer eigenes inneres solares Licht aktiviert, eure Fähigkeit, aktiv zu handeln. Und wenn ihr euch auf den Mond konzentriert, aktiviert ihr euer inneres lunares Licht und eure Fähigkeit, zu empfangen. Dass ihr euren empfangenden und euren aktiven Aspekt ins Gleichgewicht bringt, ist äußerst wichtig für eure harmonische Evolution.

Wir begrüßen es sehr, wenn ihr auf diese Weise für die globale Evolution arbeiten wollt. Wir bitten euch, regelmäßig mit dieser alchemistischen Meditation zu arbeiten, allein oder gemeinsam mit anderen. Dem Gruppenbewusstsein wohnt eine große Kraft inne, und wenn zwei oder mehr von euch sich versammeln, entsteht eine dritte Energie. Diese dritte Energie ist stärker als die Energien der Einzelpersonen, und sie wächst exponentiell.[30]

In einer eurer alten Kulturen bedeutet das Ideogramm für Transformation »Gefahr« und »Chance«. Ihr befindet euch zweifellos in einer Periode planetarer Transformation, die an Chancen ebenso reich ist wie an Gefahren. Wenn ihr einen Weg findet, die feinstofflichen solaren und lunaren Energien in eurem KA-Körper auszubalancieren, reitet ihr gewissermaßen auf der Welle, wobei wir mit Welle die Welle der gegenwärtigen Veränderungen meinen. Ihr werdet dann viel besser mit dem, was um euch herum geschieht, zurechtkommen und die Herausforderungen mit größerer Kreativität und Intelligenz meistern, so dass aus Schwierigkeiten echte Chancen werden. Wir wünschen euch das Beste.

---

30 Hinsichtlich der Wirkung gemeinschaftlicher Meditationen gibt es einiges zu bedenken. Die Hathoren haben in ihrer Botschaft *Zu Gast im Haus der Fülle* darauf hingewiesen, die ebenfalls Bestandteil dieser Sammlung ist. – *Die Red.*

Über die alchemistische Weißgold-Meditation

Diese Informationen wurden durch Tom Kenyon auf Oudish übermittelt, der maltesischen Insel, die auch als Gozo bekannt ist. Etwa eine Woche vorher hatten die Hathoren übermittelt, dass eine Welt-Alchemie-Meditation praktiziert werden sollte, um die Folgen einiger der negativen Ereignisse auf der Welt zu lindern.

Da eine solche direkte Bitte normalerweise nicht ihre Art ist, schien uns die Sache von großer Dringlichkeit zu sein. Um diese Bitte unserer älteren Brüder und Schwestern zu ehren und zu erfüllen, veröffentlichten wir diese Botschaft mit einer geführten Version der Meditation. Die geführte Version ist die persönliche Version, nicht die globale Version. Arbeiten Sie also einfach mit der persönlichen Version und folgen Sie dann den in der Botschaft enthaltenen Anweisungen für die globale Version. Diese Anweisungen sind vollständig, so dass Sie die CD *White Gold Alchemy* mit der geführten Meditation nicht benötigen. Sie liegt auch nur in englischer Sprache vor und wird nicht auf Deutsch erscheinen. Wer sie dennoch beziehen möchte, gehe bitte auf www.TomKenyon.com. Dort kann sie aus den USA bestellt werden.

Die Hathoren haben einen Pfad bereitet, der uns und ihre Klänge nach der Durchgabe ihrer Botschaft nach Istanbul führte, dann nach Moskau, Kiew, Frankreich, Griechenland, Portugal, Spanien, Zürich, München und schließlich nach Findhorn. Viele Menschen haben die Weißgold-Alchemie seitdem praktiziert, und so kann sich die Wirkung der Klänge und Töne, die diesen Pfad markieren, ein ums andere Mal stärker entfalten.

Von Oudish aus segnen euch Tom und Judi.

Originaltitel: »White Gold Alchemy«
Deutsche Erstveröffentlichung

Die Alchemie
der Beziehung

Viele von uns verhalten sich in Beziehungen, als würden sie Poker spielen. Wir tun alles, um die Oberhand zu gewinnen. Und wenn das misslingt, bluffen wir. Wir tun so, als hätten wir Spielkarten auf der Hand, die gar nicht wirklich da sind. Wir betrügen. Wir lügen.

Nach diesem Modell laufen in unserem postmodernen Zeitalter viele Beziehungen ab, doch es ist nicht das Modell der Heiligen Beziehung, wie es in Judis und meinem Buch *Das Manuskript der Magdalena* beschrieben wird.[31]

Lassen Sie es mich geradeheraus sagen: Heilige Beziehungen eignen sich nicht für jeden. Tatsächlich habe ich den Verdacht, dass die Zahl der Menschen, die dazu fähig oder wenigstens willens sind, weit geringer ist als die Zahl derer, die es vorziehen, emotionale Kartenspiele zu spielen.

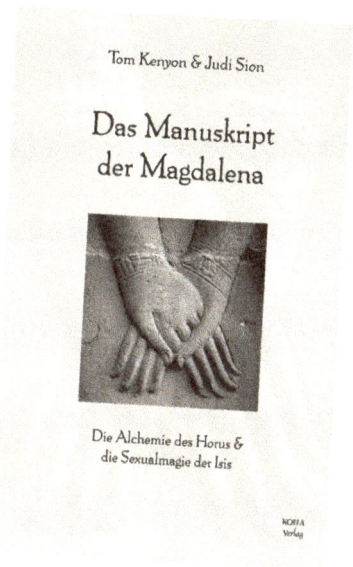

Tom Kenyon & Judi Sion

**Das Manuskript
der Magdalena**

Die Alchemie des Horus &
die Sexualmagie der Isis

KOHA
Verlag

---

[31] Das Buch erschien 2003 im Koha Verlag und ist, wie alle deutschen Veröffentlichungen des Autors, erhältlich auf www.AmraVerlag.de. – *Die Red.*

Diese Form der Beziehung erfordert äußerste Aufrichtigkeit sich selbst und der Partnerin oder dem Partner gegenüber. Statt unsere Karten zu verbergen, legen wir sie offen auf den Tisch. All unsere Hoffnungen, all unsere Ängste, all unsere kleinlichen und eifersüchtigen Gedanken, all unsere Manipulationen. Alles wird offen im hellen Licht der Bewusstheit ausgebreitet, so dass unser Partner es sehen kann. Und er oder sie muss das Gleiche tun. Es wird nicht funktionieren, wenn wir uns Hintertüren offenhalten, durch die wir uns mental davonschleichen können. Es wird nicht funktionieren, wenn beide Partner nicht absolut aufrichtig zueinander sind.

Diese radikale Aufrichtigkeit ist unverzichtbar, weil die Alchemie der Beziehung sonst nicht stattfinden kann. Für viele Leute mag dieser Begriff neu sein, sogar für Studenten der inneren Alchemie, denn die Dynamiken intimer Beziehungen werden innerhalb der vier großen alchemistischen Richtungen – ägyptisch, taoistisch, yogisches Tantra und buddhistisches Tantra – nur selten erörtert.

Daher ist es sicher hilfreich, wenn ich definiere, was ich damit meine. Wie bei allen Formen der Alchemie geht es auch bei der Heiligen Beziehung darum, eine Form in eine andere zu verwandeln. Bei der Form handelt es sich in diesem Fall um die Dynamik, die zwischen zwei in einer intimen Beziehung lebenden Partnern zur Gewohnheit geworden ist. Nach einer Weile neigt eine Partnerschaft dazu, in festen Bahnen zu erstarren. Die Lebendigkeit, die am Anfang der Beziehung existierte, beginnt zu verblassen. Beide Partner werden immer unbewusster. Die harte Realität sieht aber nun einmal so aus, dass es Achtsamkeit und ständiges Bemühen erfordert, eine Partnerschaft bewusst und lebendig zu halten.

Viele Beziehungen bleiben auf der Strecke, weil die Partner nicht bereit oder unfähig sind, die nötige Anstrengung aufzubringen, die zum Erhalt der Partnerschaft notwendig ist. Statt gemeinsam die Frische jedes neuen Augenblicks zu erleben, nistet sich mit der Zeit eine triste Stimmung ein. Was einst aufregend war, erscheint nun langweilig. Und, schlimmer noch, eine psychische und emotionale Lethargie macht sich breit. Beide Partner verfallen immer mehr in eine abgestumpfte Unbewusstheit.

Diese Art von Unbewusstheit ist die Totenglocke für psychische Bewusstheit und Erkenntnis. Und sie hat auch einen negativen Effekt auf unser spirituelles Leben.

Also ist die Form, die in der Partnerschaft verändert werden muss, die Form jener Interaktionen, die zwischen den Partnern gewohnheitsmäßig stattfinden.

Wie bei allen Arten der Alchemie benötigt man auch hier ein Gefäß, in dem die alchemistischen Reaktionen stattfinden können. In diesem Fall besteht dieses Gefäß aus *Geborgenheit und Wertschätzung*, die den sicheren Raum für die Transformation schaffen.

Wenn es an Geborgenheit und Wertschätzung mangelt, kann diese Form der Alchemie nicht vollzogen werden. Falls Sie diese Alchemie in Ihrer Partnerschaft erproben wollen, empfehle ich, zunächst eine Analyse durchzuführen. Fragen Sie sich aufrichtig, ob Sie in Ihrer Beziehung Geborgenheit und Wertschätzung empfinden. Wenn nicht, wäre es Zeitverschwendung, mit Ihrem momentanen Partner diese Form der Alchemie zu praktizieren. In diesem Fall schlage ich vor, dass Sie sich den allein durchführbaren Übungen zuwenden, die im *Manuskript der Maria Magdalena* erwähnt werden. Wenn Sie es dennoch versuchen möchten, sprechen Sie mit Ihrem Partner über den Mangel an Sicherheit, Geborgenheit und Wertschätzung, den Sie empfinden. Nur wenn er oder sie sich offen darauf einlässt, diesen Mangel zu beheben, sollten Sie diese gemeinsame Alchemie in Erwägung ziehen.

Nun haben wir zwei der drei für die Alchemie notwendigen Elemente: etwas, das transformiert werden soll (ihre gewohnheitsmäßigen Verhaltensmuster in der Partnerschaft) und das Gefäß (sozusagen das Sicherheitsnetz der Beziehung zwischen Ihnen und Ihrem Partner/Ihrer Partnerin). Es ist noch ein drittes Element erforderlich, nämlich die Energie, durch welche die Reaktion in

Gang gesetzt wird. In Beziehungen ist normalerweise viel Energie in Form neurotischer Verhaltensweisen, Hoffnungen, Ängsten und Sehnsüchten gebunden. Damit werden wir uns gleich näher befassen, aber zunächst möchte ich über *Stahl* sprechen.

Unser psychisches Selbst ähnelt einem Schwert, das aus Metall-Legierungen angefertigt ist. Es wurde im heißen Schmelzofen unserer Kindheit geschmiedet, unter den formativen Zwängen unserer frühen Erfahrungen. In dieser frühen Lebensphase werden die Elemente unserer Psyche zusammengeschweißt. Und wie beim Stahl geschieht das unter großer Hitze und starkem Druck. Manche von uns wurden von herrischen oder gar offen feindseligen oder destruktiven Eltern misshandelt. Manche wurden sich selbst überlassen, ohne Unterstützung und Rat. Jede Eltern/Kind-Beziehung bewegt sich irgendwo zwischen diesen beiden Polaritäten. Die Möglichkeiten, wie auf Kinder Druck ausgeübt werden kann, sind schier endlos. Und das gilt dann auch für die psychischen Legierungen, die aus solchen Erfahrungen resultieren.

In Gruppen, die sich mit persönlichem Wachstum beschäftigen, wird viel über das »innere Kind« gesprochen. Zwar kann es durchaus sinnvoll sein, zu diesem jüngeren Selbst Kontakt zu suchen, angenehm ist das aber nicht immer. In unserer Kultur gibt es den Mythos, dass die Kindheit eine Zeit der Unschuld ist, eine Zeit, in der mit unserer Welt alles in Ordnung ist. Bei manchen Kindern trifft das zu, aber bei vielen eindeutig nicht.

Ich erinnere mich an eine Party, die vor einigen Jahren im Haus eines Therapeutenkollegen stattfand. Viele Gäste waren praktizierende Therapeuten, Psychologen oder Psychiater. Ich hatte es mir auf einem übergroßen Sofa bequem gemacht, und während ich an meiner Pepsi nippte, wurde ich Zeuge eines bemerkenswerten Vorfalls. Ein Therapeut hatte seinen Sohn und dessen besten Freund mitgebracht. Es war offensichtlich, dass die beiden Jungen gute Kumpel waren. Sie spielten Karten und verhielten sich dabei gegenseitig respektvoll. Niemand versuchte, den anderen zu betrügen. Es herrschte offenbar eine wirklich gute Kameradschaft zwischen ihnen.

Dann betrat der Vater des Jungen den Raum und fragte, ob die Jungen irgendetwas brauchten. Sie hoben ihre Engelsgesichter und lächelten. »Nein«, sagten sie mit lieben Kleine-Jungen-Stimmen. Der Vater gab seinen Sohn einen freundlichen Klaps auf den Rücken, und im Hinausgehen bekam auch dessen Freund lässig einen solchen Klaps. Für einen Moment schaute der Sohn völlig entsetzt. Man sah ihm an, dass er glaubte, seinen Augen nicht zu trauen. Und dann, im Moment als der Vater ins andere Zimmer verschwunden war, holte sein Sohn aus und schlug seinem besten Freund ins Gesicht!

Das war keine kindliche Unschuld. Das war kindlicher Zorn. Der Sohn war nicht bereit, die Zuneigung seines Vaters mit anderen zu teilen, noch nicht einmal mit seinem besten Freund. Diese Form der Eifersucht ist typisch für höhere Säugetiere, und wir sind, all unseren selbstgerechten, selbstbeweihräuchernden Illusionen zum Trotz, immer noch Säugetiere. Wie hoch wir uns spirituell auch entwickeln mögen, so lange wir leben, teilen wir bestimmte Wesenszüge mit unseren Brüdern und Schwestern aus dem Tierreich.

Das Innenleben eines Kindes sieht oft ganz anders aus, als die Erwachsenen in seiner Umgebung sich das vorstellen. Umgeben von Gefahren und Chancen, wird die Psyche des Kindes dadurch geformt, wie es auf diese äußeren Reize reagiert. Nicht nur lebensbedrohende Situationen mit psychisch gestörten Eltern oder Kindesmissbrauch sind prägend, sondern auch scheinbar nebensächliche Dinge wie wer mit wem auf den Schulball geht. Die Erfahrung, um das eigene Überleben kämpfen zu müssen, kann das Verhalten eines Kindes bis ins Erwachsenenalter bestimmen, aber die kleinen Entscheidungen im Alltag, zum Beispiel, mit welchen Kindern man spielt, haben ebenfalls Auswirkungen. Alle diese größeren und kleineren Entscheidungen erzeugen innere psychische Hitze und Druck. So wird die Legierung der eigenen Persönlichkeit geschmiedet. Wenn wir erwachsen werden, ist unser Schwert ausgehärtet und die Legierung unserer Persönlichkeit fertig.

Manche von uns gehen mit messerscharfen Klingen aus der Kindheitsschmiede hervor, bei anderen sind die Klingen stumpf. Manche messen ihr Schwert gern mit anderen, andere gehen jeder Auseinandersetzung aus dem Weg.

Wenn Stahl aus der Gießerei kommt, behält es seine ursprüngliche Form normalerweise bei. Die Legierung lässt sich nur verändern, wenn man den Stahl wieder so stark erhitzt wie bei seiner Herstellung.

Bei der alchemistischen Arbeit mit der Heiligen Beziehung begeben wir uns freiwillig wieder zurück in den Schmelztiegel. Die Hitze, die entsteht, wenn die Neurosen zweier Menschen sich aneinander reiben, kann ziemlich intensiv sein. Wenn die beiden Partner in diesen sengend heißen Augenblicken den Mut aufbringen, radikal ehrlich zu sich selbst und zum anderen zu sein, können die psychischen Legierungen transformiert werden. So kann, dank der durch die psychische Wahrheit freigesetzten Energie, eine neue Lebendigkeit in die Beziehung einkehren.

Nun ist es leider so, dass die meisten von uns alles tun, um psychische Hitze zu vermeiden. Wenn es ungemütlich wird, machen viele Leute sich lieber aus dem Staub. Bei manchen heißt das wirklich, dass sie ihre Sachen packen und die Stadt verlassen oder sich zumindest außer Sichtweite flüchten. Oder wir bleiben zwar physisch anwesend, ziehen uns jedoch emotional zurück. Wir stumpfen ab. Wir werden zu Automaten. Wir laufen herum und reden, fast als wäre alles normal, aber wir haben uns in Wirklichkeit tief, tief in unser Inneres zurückgezogen.

Wieder andere betäuben sich mit Alkohol oder Drogen. Oder wir benutzen den Fernseher als Droge. Schließlich sind wir Menschen clever und kreativ. Wir finden alle möglichen Wege, uns vor uns selbst zu verstecken. Diese Wege sind so zahlreich, dass ich sie hier nicht alle auflisten kann. Aber ich vermute, Sie haben verstanden, worauf ich hinaus will. Die Frage, um die es geht, lautet: Wie verhalten Sie sich, wenn eine Situation Ihnen psychisch zu heiß wird? Was tun Sie, wenn Sie mit etwas konfrontiert werden, das Sie nicht fühlen wollen?

Für Menschen, die in einer Heiligen Beziehung leben, sind solche Gefühle ein Weckruf. Sie zeigen an, dass es nun darauf ankommt, radikal aufrichtig zu sein, und dass beide Partner ihren wahren Gefühlen Ausdruck verleihen müssen, wie peinlich oder angstauslösend das auch sein mag. Wenn sie einander die Wahrheit sagen, wird der Beziehungsdynamik ein belebendes Element hinzugefügt. Psychische Aufrichtigkeit führt zu psychischer Einsicht. Und wo Einsicht ist, da besteht Hoffnung auf Bewusstheit, und Bewusstheit ermöglicht Veränderung.

Dieser Essay kann nicht wirklich ein Leitfaden für die Alchemie der Beziehung sein. Ich denke, es ist hauptsächlich eine Warnung. Magdalena erwähnte es in ihrem Manuskript. Sie sprach davon, dass wir vor Verschleierungen auf der Hut sein sollen. Das klingt wundervoll exotisch, nicht wahr? Doch wenn Sie selbst den Schleier vor dem Gesicht tragen, ist es gar nicht exotisch. Und es ist nicht sehr exotisch, wenn der Schmiedeofen der Beziehung so heiß wird, dass Sie das Gefühl haben, sich aufzulösen (psychologisch gesprochen). Es erfordert Mut und seelische Stärke, auch dann im Schmiedeofen zu bleiben, wenn die Hitze die Stabilität des eigenen Selbstbildes bedroht. Die meisten von uns mögen es gar nicht, dumm, ängstlich, kleinkariert oder eifersüchtig auszusehen. Und oft verwenden wir große Mühe darauf, solche Gefühle vor uns selbst und anderen zu verbergen.

Doch in der Heiligen Beziehung kommen diese Dinge unvermeidlich an die Oberfläche, wie Schlamm, der am Boden eines Fasses aufgewirbelt wird. Das bedeutet aber keinesfalls, dass wir (in der Heiligen Beziehung) etwas falsch machen. Im Gegenteil – es deutet darauf hin, dass Sie auf dem richtigen Weg sind. Magdalena sagt im Manuskript, dass durch die Macht der Alchemie die Schlacke herausgepresst wird. Das kann in den Phasen faszinierend sein, wenn sie aus Ihrem Partner herausgepresst wird, aber wenn der Pressvorgang bei Ihnen selbst stattfindet, ist es ganz schön erschreckend.

Das, was eine Heilige Beziehung heilig macht, ist, dass es sich dabei um eine heilige Art des Seins handelt. Das Wort »heilig« bedeutet eigentlich, etwas heil zu machen. Ein heiliger Akt ist also ein Akt der Heilung. Im Schmelztiegel gegenseitiger Sicherheit, Aufrichtigkeit und Wertschätzung wird es möglich, eine neue Form des Selbst zu schmieden. Dieses neue Selbst ist psychisch ehrlicher, bewusster und freier. Und wie der Phönix, der sich aus seiner eigenen Asche erhebt, hat es Flügel. Es kann zu Orten fliegen, von denen es zuvor nur träumen konnte.

Dort warten Mysterien und Schätze auf jene, die mutig genug sind, die eigenen Tiefen und jene des Partners oder der Partnerin zu erforschen. Doch, wie schon gesagt, eignet sich dieser Weg nicht für alle. Wenn Sie zu den geeigneten Kandidaten gehören, werden Sie das in der Seele, im Herzen spüren.

Seien Sie sich aber darüber im Klaren, dass es für diesen Weg keine Karten und Leitfäden gibt. Führung findet sich nur sehr wenig. Der Weg zur Spiritualität war traditionell einsam. Doch wenn auch Einsamkeit für jene, die in einer Heiligen Beziehung leben, manchmal notwendig ist, so gilt, dass diese beiden Menschen den Weg zur Göttlichkeit Seite an Seite beschreiten – durch Himmel und Hölle, hinauf auf die strahlenden Gipfel, wo alle Dinge plötzlich kristallklar vor uns liegen, und durch die finsteren Täler des psychischen Todes, wo man oft die Hand nicht vor Augen sieht. Und doch erwächst uns aus dieser Dunkelheit des Nichtwissens eine ursprüngliche Kraft. Für die Bewältigung dieser heiligen Aufgabe benötigen wir eine heilige Dreifaltigkeit aus wechselseitiger Sicherheit, psychischer Ehrlichkeit und Wertschätzung für den geliebten Partner.

Ich wünsche Ihnen eine gute Reise!

Originaltitel: »Alchemy of Relationship«
Deutsche Erstveröffentlichung

Wenn unser
Instinkt trügt

Es war ein perfekter australischer Tag: blauer Himmel mit ein paar
fluffigen Wolken. Die Luft war mild, und wir fühlten uns gut, obwohl der Zoll unsere indianischen Trommeln kassiert hatte, weil
man den Verdacht hegte, es könnte sich um terroristische Waffen
handeln. Sie waren der Ansicht, Rohleder könnte benutzt werden,
um Anthrax[32] ins Land zu schmuggeln. Wir versuchten, dem Zoll-
beamten klarzumachen, dass es sich um gegerbtes Leder handelte,
aber es war zwecklos. Sie beschlagnahmten sie und berechneten
uns eine Lagergebühr. Die Einfuhr wollten sie nur erlauben, wenn
sie die Trommeln mit Pestiziden und anderen Chemikalien ein-
sprühten und zusätzlich bestrahlten. Da zogen wir es dann doch
vor, sie bis zu unserer Abreise einlagern zu lassen.

Wir verbrachten die Nacht in einem Bed & Breakfast, und am
nächsten Morgen packten wir und fuhren nach Norden. Im Garten des B&B bemerkte Judi beim Losfahren einen interessanten
Vogel, der einer Elster ähnlich sah, aber mit einer anderen Zeich-

---

32 Anthrax oder Milzbrand wird von einem Bakterium ausgelöst, dem *Bacillus an-
thracis*. Der Erreger kann mit Antibiotika gut bekämpft werden, gefährlich ist
aber das Gift, das er bildet und das sich im Körper ausbreiten kann. 2001 erhielten zwei US-Senatoren und Redaktionen amerikanischer Medienunternehmen
Briefe mit Pulver des Erregers. Es war als islamistischer Terroranschlag getarnt,
doch die Ermittlungen des FBI ergaben, dass die Erreger aus einem amerikanischen Forschungslabor für Biowaffen stammten. Fünf Menschen, die die Briefe
öffneten, starben an der Krankheit. – *Die Red.*

nung. Als sie ihn unserer Wirtin beschrieb, sagte diese: »Oh, das ist ein Metzgervogel.«

Ich saß hinter dem Steuer und bog vom Parkplatz auf die linke Fahrspur. In Australien fährt man auf der anderen Straßenseite, ein unverkennbares Zeichen für den Einfluss des britischen Empire.

Judi erzählte mir später, sie hätte sagen wollen, dass der Metzgervogel hoffentlich nicht bedeutete, dass jemand abgeschlachtet werden würde, schwieg aber doch. Wir fuhren auf einer schmalen Landstraße durch offenes Weideland. Um eine Kurve besser überblicken zu können, zog ich ein Stück nach rechts. Dann sah ich den entgegenkommenden Wagen. Er war so nah, dass ich keine Chance mehr hatte, abzubremsen.

Mein Instinkt übernahm die Kontrolle. Als alter Hase mit über dreißig Jahren Fahrpraxis war ich nie in einen Unfall verwickelt gewesen, war mehreren Unfällen erfolgreich ausgewichen und hatte noch nicht einmal ein Strafmandat wegen zu schnellem Fahren bekommen (bis auf eines an dem Tag, an dem ich mit achtzehn die Führerscheinprüfung bestanden hatte). Mein durch diese langjährige Erfahrung geprägter Instinkt veranlasste mich, nach rechts auszuweichen. Es gab keinen Seitenstreifen, so dass wir gegen einen Hügel prallten, wobei die eine Seite des Wagens sich noch auf der Straße befand.

Die entgegenkommende Fahrerin wich instinktiv nach links aus, so dass unsere Autos zusammenstießen. Ich habe das ganze Erlebnis als extrem surrealistisch in Erinnerung. Ich sah in Zeitlupe, wie die Wagen aufeinanderprallten.

Die Front beider Autos kollabierte durch die Wucht des Aufpralls, und plötzlich herrschte Totenstille. Man hörte nur noch, wie leise Flüssigkeiten aus den Fahrzeugen sickerten. Ich dachte, unser Wagen hätte Feuer gefangen, weil alles voller Rauch war, aber es handelte sich nur um den chemischen Staub aus dem nutzlosen Airbag. Ich sagte zu Judi, wir müssten schnell aussteigen. Dann lief ich auf ihre Seite, um die Beifahrertür zu öffnen, die von dem Aufprall verbeult war. Es gelang mir, und ich half

Judi heraus. Sie zitterte, wie ich, konnte aber gehen, einigermaßen jedenfalls.

Ich ging zu dem anderen Wagen. Außer der Fahrerin gab es keine weiteren Insassen. Sie war zwar sichtlich geschockt, aber nicht ernstlich verletzt.

Eine andere Frau hielt an, um zu sehen, ob wir Hilfe brauchten. Eine Frau aus einem Haus in der Nähe eilte ebenfalls zu Hilfe. Zusammen brachten wir Judi und die Fahrerin zu dem Haus, in dem die Frau ihnen Liegestühle und Wasser anbot. Mein Kopf schmerzte, aber ich sah, dass die Unfallwagen an einer gefährlich unübersichtlichen Stelle standen. Also ging ich zur Straße zurück, um andere Fahrer zu warnen, damit sich nicht noch ein weiteres Unglück ereignete.

Dabei schaute ich mir die beiden Autos näher an. Die Fahrerin sagte der Polizei, sie sei geschätzte neunzig Stundenkilometer schnell gefahren. Ich war mit etwa dreißig Kilometern gefahren. Das war also eine kombinierte Geschwindigkeit von 120 km/h, und das sah man den Wagen an. Beide waren schrottreif, und ich fragte mich, warum wir den Unfall fast unverletzt überstanden hatten. So, wie die Autos aussahen, hätten wir eigentlich tot sein müssen oder in einem Zustand, bei dem wir uns gewünscht hätten, es zu sein.

Offenbar hatten alle unsere Schutzengel Überstunden gemacht, um uns zu behüten. Judi war mit dem Kopf gegen die Scheibe geprallt, so dass darin ein Riss entstanden war, aber wie durch ein Wunder nicht in ihrem Schädel. Trotz ein paar, offenbar durch den nutzlosen Airbag verursachten Hautabschürfungen, glaubte ich, halbwegs okay zu sein. Die Fahrerin des anderen Wagens war ebenfalls unverletzt, bis auf Abschürfungen durch ihren Airbag und ein paar Prellungen am Arm.

Nachdem Judi und ich nach einer Untersuchung das Krankenhaus wieder verlassen konnten, nahmen wir uns ein Hotelzimmer und liefen dann in der Kleinstadt herum, um uns seelisch zu sortieren und über den Unfall zu sprechen. Zu unserem Erstaunen fühlten wir uns gar nicht so schlecht. Wir konnten klar denken, oder glaubten das jedenfalls. Und die Dinge schienen okay zu sein.

Uns war nicht klar, dass wir unter Schock standen. Zu den Nebenwirkungen eines solchen Schocks gehört es, dass man nichts fühlt. Das Gehirn verfügt über einen uralten Mechanismus, der aktiviert wird, wenn es zu einem Schock kommt. Man gerät in einen Zustand großer Distanz zu sich selbst, und viele Schmerzrezeptoren werden scheinbar taub.

Am nächsten Tag setzte die Erkenntnis ein, dass es uns doch nicht so gut ging, wie wir geglaubt hatten. Die Taubheitsgefühle verschwanden, und nun spürten wir, was mit uns los war. Außerdem erzählte unser Gepäck wortlos von der Gewalt des Aufpralls. Die Gestänge waren zerbrochen und die Schlösser klemmten. Unsere tibetischen Thangkas, die wir in Nepal gekauft hatten, waren aus ihren PVC-Hüllen gerissen worden.[33]

Während der nächsten sechs Wochen hingen wir in einem Surfer-Ort namens Byron Bay herum, zu wund und desorientiert, um viel mehr zu tun, als am Strand zu liegen. Zum Glück fanden wir dort gute Physiotherapeuten, mit deren Hilfe wir allmählich wieder in Ordnung kamen.

Mir fiel es sehr schwer, den Unfall seelisch zu verarbeiten. Seit ich meine Zuflucht im Buddhismus gefunden hatte, bemühte ich mich nach Kräften, Harmlosigkeit zu praktizieren. Nie hatte ich wissentlich einem anderen Menschen Schaden zugefügt. Und wenn ich jemandem in emotionaler Hinsicht auf die Zehen getreten war, hatte ich stets mein Bestes getan, die Sache wieder in Ordnung zu bringen. Aber nun waren durch mein Verschulden zwei Menschen verletzt worden. Nicht nur das, außerdem war ich noch für den Totalschaden zweier Autos verantwortlich.

---

[33] Thangkas sind Rollbilder des tantrischen Buddhismus. Sie werden zur Meditation in Tempeln oder Hausaltären aufgehängt sowie bei Prozessionen mitgeführt. Dargestellt werden Buddhas, Bodhisattvas, Schutzgottheiten, Lamas, Symbole wie das Mandala, das Lebensrad und anderes mehr. – *Die Red.*

Der Mann vom Autoverleih reagierte, als ich ihn nach dem Unfall anrief, auf typisch australische Art: »Bin froh, dass Sie okay sind! Verdammt ... Ich bin jetzt seit dreizehn Jahren in dem Geschäft. Nach dem ersten Jahr hab ich's aufgegeben, um ein ruiniertes Auto zu weinen. Wissen Sie, Autos sind ersetzbar, aber einen Menschen kann man nicht ersetzen. Also, Kopf hoch! Wenn wir Ihnen wieder helfen können, lassen Sie's mich wissen.«

Doch mein Gewissen ließ mir trotzdem keine Ruhe. Ich hatte durch mein nachlässiges Verhalten einen schweren Unfall verursacht. Obendrein merkte ich, wie ich mich immer mehr in mich selbst zurückzog. Ich fing an, alle Zeichen einer Depression zu zeigen – gestörter Schlaf, Energiemangel, Antriebslosigkeit, Gleichgültigkeit.

Nur ganz allmählich wurde ich mir meiner widersprüchlichen Gefühle bewusst. Ich würde hier liebend gern berichten, dass ich meine Depression aufrecht und mit Leichtigkeit überwand. Immerhin bin ich Psychotherapeut und verfüge über das Fachwissen, um mir selbst zu helfen. Doch dass wir den emotionalen Prozess intellektuell verstehen, erspart es uns nicht, ihn zu durchlaufen. Und das Seltsame an einer Depression ist, dass man gar nicht den Antrieb verspürt, sich selbst zu helfen. Schuldgefühle sind eine faszinierende und schreckliche Sache.

Das Ganze wurde dadurch verkompliziert, dass Judi und ich uns Gehirnerschütterungen zugezogen hatten. Sie waren nicht so schlimm, dass wir im Krankenhaus bleiben mussten, aber stark genug, dass für uns alles irgendwie anders wirkte als sonst. Im Rückblick denke ich, dass wir rund fünf Wochen lang mehr oder weniger unter Schock standen. Während dieser Zeit, besonders während der Depression, legte ich Verhaltensweisen an den Tag, von denen ich wusste, dass sie nicht gut für mich waren.

Ich wollte nichts tun, jedenfalls nichts Positives. In der ersten Woche suchte ich Trost in Unmengen von Junkfood. Ich wusste, dass dieses nährwertarme Zeug mir nicht guttat, aber das war mir egal. Sehen Sie, ich habe eine »Unterpersönlichkeit« in mir, die ich »das Nagetier« nenne. Er ist ein zweihundert Pfund schwerer Hamster, und solange er etwas isst, geht es ihm gut. Wenn für mich die Welt sehr merkwürdig wird, wie nach dem Autounfall, übernimmt der Hamster. Überall ließ ich leere Eiskrem-Packungen, Keksschachteln, Erdnussschalen und Spuren anderen Knabberzeugs herumliegen.

Es gehört zu den verdammenswerten Seiten des Menschseins, dass wir, wenn wir unter extremem Stress stehen, Zuflucht bei Verhaltensweisen suchen, durch die sich unser Zustand garantiert nicht verbessert.

Mit Judis Hilfe gelang es mir schließlich, mich am eigenen Schopf wieder aus der emotionalen Mülltonne zu ziehen.

Durch den »Unfall« habe ich viel über mich selbst gelernt. Zu den Dingen, die ich lernte, gehört, welche Kraft einer Paarbeziehung innewohnt.

Heute wird viel über Beziehungen geredet, und vielleicht liegt das daran, dass niemand weiß, wie man sie führt. Die Schablonen für Paarbeziehungen haben wir meistens von unseren Eltern übernommen. Viele von uns Baby-Boomern wuchsen mit Fernseh-Gefährten wie *Ozzie and Harriet* und *Father Knows Best* auf, in denen die amerikanische Familienwelt der 1950er Jahre idealisiert wurde.[34] Diese Art, mit Beziehungen umzugehen, funktioniert nun aber überhaupt nicht. Natürlich spiegelten diese Fernsehserien einfach die amerikanische Psyche jener Zeit wider. Und wurde damals nicht das Kunstleder erfunden, und Plastik? Ich glaube, das war auch die Zeit, als viele Leute ihre Sofas mit Vinyl-Bezügen bedeckten. Emotionale Aufrichtigkeit wurde nicht ermutigt, und in der heilen Welt der Fernsehunterhaltung auch gar nicht angestrebt.

---

[34] Die Sitcoms *The Adventures of Ozzie and Harriet* (1952-1966) und *Father Knows Best* (1954-1960) idealisierten das Familienleben der amerikanischen Mittelschicht. Ursprünglich 1944 und 1949 als Radioshows gestartet, wurden sie sehr erfolgreich in das neue Medium des Fernsehens übertragen und gelten heute als Inbegriff der amerikanischen Popkultur. – *Die Red.*

Negative Botschaften zum Thema emotionale Aufrichtigkeit gibt es in unserer Kultur bis heute reichlich, trotz der sexuellen Revolution und der Tatsache, dass wir einen Menschen auf den Mond geschickt haben. Und solche Tabus gegen die emotionale Wahrheit sitzen bei vielen von uns tief.

Als Judi und ich es schließlich schafften, unsere Wahrheiten offen auszusprechen und die schmerzhaften Gefühle bezüglich des Autounfalls zum Ausdruck zu bringen, fingen wir endlich an, uns besser zu fühlen.

Ich behaupte keineswegs, ein »Beziehungs-Experte« zu sein. Ich kann nur berichten, was bei mir funktioniert hat, und was nicht. Und ich habe herausgefunden, dass emotionale Aufrichtigkeit uns selbst und dem Partner/der Partnerin gegenüber die beste Medizin in schwierigen Lebenslagen ist.

Ich erinnerte mich an eine Bemerkung, die Magdalena nur wenige Tage vor dem Unfall zum Thema Beziehungen gemacht hatte: »Das Glück einer Beziehung besteht darin, dass sie das Herz öffnet. Die Arbeit in der Beziehung ist das, was aus der Offenheit des Herzens hervorströmt.« Aus meinem Herzen strömte eine Flut widersprüchlicher Gefühle hervor - Dankbarkeit dafür, noch am Leben zu sein, Erstaunen, dass niemand ums Leben gekommen war, und die Frage, »warum« es passiert war.

Inzwischen, Jahre später, bin ich der Ansicht, dass es nicht so sehr auf das »Warum« einer Erfahrung ankommt, sondern darauf, was wir mit ihr anfangen.

Außerdem trägt es nicht viel zur Auflösung einer Situation bei, wenn wir sie uns selbst erklären. Es kommt vor allem darauf an, wie wir mit ihr umgehen.

Als ich anfing, mir meinen Gefühlsmorast von der Seele zu reden, lichtete sich der graue Nebel, der mich eingehüllt hatte. Ich konnte klarer denken. Und was mich besonders faszinierte, war, welche Rolle mein Instinkt gespielt hatte.

Ich war instinktiv nach rechts ausgewichen. Aber dieser Instinkt war falsch gewesen und hatte den Unfall verursacht.

Wenn unser Leben in Gefahr ist, handeln wir automatisch. Unser Instinkt übernimmt die Kontrolle. Das geschieht im Grunde immer dann, wenn eine Situation uns an die Grenzen unserer Fähigkeiten bringt. Bei Autounfällen ist das offensichtlich, in unserem Gefühlsleben weniger.

Doch hier geschieht etwas sehr Ähnliches. Eine emotionale Überforderung kann durch viele Dinge ausgelöst werden: Arbeitsplatzverlust, Tod eines nahen Angehörigen, ein großer Streit oder eine nationale Katastrophe. Aber ich glaube, es gibt nichts, was uns so schnell und immer wieder an die Grenze unser emotionalen Kapazitäten bringt wie zwischenmenschliche Beziehungen.

Bei manchen Menschen wird das in ihrer Paarbeziehung der Fall sein. Für andere sind es Probleme mit Freunden, Nachbarn, Kollegen oder Vorgesetzten. Und wer als Einsiedler lebt, muss sich der wohl schwierigsten aller Beziehungen stellen – der zu sich selbst. Ich meine, wenn Sie als Eremit leben, können Sie niemandem sonst die Verantwortung für Ihre Probleme in die Schuhe schieben, nicht wahr? Es gibt nur Sie selbst.

Beziehungen sind wie Spiegel. Wir glauben, wir sähen den anderen Menschen, aber in vielerlei Hinsicht sehen wir uns selbst.

Das ist sicher einer der Gründe, warum Beziehungen eine so katalytische Wirkung haben, warum sie beunruhigend und verwirrend sein können.

Amerikas Beziehung zur übrigen Welt ist auf dem Tiefpunkt angelangt. Viele von uns sind sehr beunruhigt angesichts der nationalen und weltweiten Entwicklung der Dinge. Doch ist Amerikas Beziehung zur übrigen Welt nur ein Teil unseres Problems.

Um unsere Beziehung zur Erde ist es nicht gut bestellt. Das Ökosystem zeigt Anzeichen von Erschöpfung. Die Lemuren auf Madagaskar verschwinden, da sie sich aufgrund von Umweltbelastungen nicht mehr ausreichend fortpflanzen. Und andere Pflanzen und Tiere sind ebenfalls von der Ausrottung bedroht.

Nicht nur das, auch unsere Beziehungen untereinander sind starken Belastungen ausgesetzt. Straßenunruhen, Teenager-Selbstmorde und Gewaltverbrechen nehmen zu. Immer häufiger kommt es zu sinnloser Brutalität.

Da so viele zwischenmenschliche, nationale, internationale und ökologische Beziehungen aus dem Gleichgewicht geraten sind, taumelt die ganze Welt einer Katastrophe entgegen.

Einer meiner buddhistischen Freunde kehrte kürzlich von einem Besuch in den USA in seine asiatische Heimat zurück. Er war tief besorgt. »Der Welt stehen schlimme Zeiten bevor«, sagte er, »und mein Herz ist von tiefer Sorge erfüllt.«

Viele von uns kennen dieses Gefühl, denn unsere Spiritualität steht in starkem Gegensatz dazu, wie es auf der Welt zugeht.

In Situationen wie dieser fällt mir immer ein Ausspruch von Sogyal Rinpoche ein, einem lebenden Dzogchen-Meister des tibetischen Buddhismus: »Wenn dir etwas das Herz bricht, lass es brechen!«[35]

Damit meint er, denke ich, dass wir unsere Momente emotionalen Leidens nutzen können, um unsere Erleuchtung voranzutreiben. Alle Wesen leiden von Zeit zu Zeit. So ist das Leben hier. Doch wenn das Leiden sich unserer Haustür nähert, empfinden wir Kummer.

Diese Traurigkeit erzeugt eine Öffnung, wenn auch eine schmerzliche, und alle diese Öffnungserfahrungen unseres Herzens dienen unserer Erleuchtung. Die Geschichten, die wir uns selbst darüber erzählen, warum wir eine solche Traurigkeit empfinden, sind einfach nur Geschichten. Das, worauf es bei der spirituellen Reise ankommt, ist die Transformation dessen, was wir bislang zu verbergen suchten und was uns vom Leben und unserem spirituellen Wesenskern trennt. Und manchmal können die traurigen Wechselfälle des

---

[35] Dzogchen (»Die Große Vollkommenheit«) bezeichnet Lehren, die traditionell im tibetischen Buddhismus und Bön als Essenz der Lehren Buddhas weitergegeben werden. International besonders erfolgreich ist Sogyal Rinpoches *Tibetisches Buch vom Leben und Sterben*, das einen Schlüssel zum tieferen Verständnis von Leben und Tod bietet. Ein zweiter Titel von ihm, der buddhistische Weisheiten für jeden Tag des Jahres enthält, ist *Funken der Erleuchtung*. Beide liegen mit festem Einband und als Taschenbuch vor. – *Die Red.*

Lebens die Wände der Trennung zwischen uns und der Welt schneller niederreißen als alles andere.

Ich glaube nicht an Prophezeiungen oder Vorherbestimmung. Ich glaube den Wahrsagern und Panikmachern nicht, die immer wieder mal behaupten, dass Ende der Welt stünde kurz bevor. Aber ich sehe die Zukunft auch nicht naiv durch eine rosarote Brille. Ich denke nicht, dass die Dinge auf magische Weise besser werden oder dass ein Mutterschiff gütiger Außerirdischer vom Himmel herabschwebt und uns vor uns selbst beschützt.[36]

Ich glaube, dass wir gerade Zeugen des Zusammenbruchs der alten Welt werden. Und jene, die auf der Basis der alten irdischen Auffassungen von Politik und Ökonomie ihre Machtspiele betreiben, bemühen sich derzeit nach Kräften, das Monopoly-Spiel auch weiterhin zu beherrschen. Wir befinden uns mitten in einer planetaren Revolution mit so vielen Fronten und so vielen Problemen, dass man es kaum begreifen kann. Aber alle Revolutionen bringen Leid ebenso wie Befreiung.

Als die Computer-Revolution eine Automatisierung der Industriearbeit ermöglichte, wurden Tausende Menschen erwerbslos. Ihre finanzielle Lage verschlechterte sich dramatisch. Manche haben sich davon nie wieder erholt. Andere schulten um, erweiterten ihre Qualifikationen und fanden neue, gut bezahlte Jobs.

Wie so oft im Leben, kommt es nicht so sehr darauf an, was uns widerfährt, sondern was wir damit anfangen.

Entscheidend ist, sich immer wieder bewusstzumachen, dass wir in allen Situationen die Wahl haben. Ob wir uns dessen bewusst sind oder nicht, ob wir von dieser Entscheidungsfreiheit Gebrauch machen oder nicht, spielt keine Rolle. Sie ist immer vorhanden.

---

[36] Zugegebenermaßen channelt Tom Kenyon allerdings auch gesprochene Botschaften und Musik der Arcturianer, deren Raumschiffe er hier auf der Erde – zum ersten Mal in Südfrankreich – bereits mental wahrgenommen hat. Dazu liegen von ihm das Buch *Lichtboten vom Arcturus* sowie die CDs *Reine Liebe vom Arcturus* und *Lightship* vor. Hörproben finden Sie auf www.AmraVerlag.de. – *Die Red.*

Als ich nach dem »Unfall« depressiv und innerlich taub geworden war, dauerte es ein paar Wochen, bis ich wieder so weit zu Verstand gekommen war, dass ich in meiner Lage volle Wahlfreiheit hatte. Ich war geschockt, stand unter starkem emotionalen Stress. Der instinktgesteuerte Teil meines Bewusstseins trieb mich in die Isolation, wodurch sich meine Depression nur noch weiter verschlimmerte.

Nun ist eine Depression letztlich der Versuch, Emotionen auszuweichen, die wir nicht fühlen wollen, weil wir sie für unakzeptabel oder allzu unangenehm halten. Also unterdrücken wir sie, was uns eine Menge Energie kostet, so viel, dass wir uns deprimiert fühlen. (Anmerkung: Das trifft auf jene Depressionen zu, die als Reaktion auf bestimmte Lebenserfahrungen auftreten, etwa den Tod des Lebenspartners, Arbeitsplatzverlust und dergleichen. Es gilt nicht für Depressionen, die durch chemische Störungen im Gehirn verursacht werden.)

Wie mein Instinkt mich veranlasst hatte, dem entgegenkommenden Wagen in die falsche Richtung auszuweichen, sagte er mir dann, dass ich mich vor der Welt und sogar vor meinen Gefühlen zurückziehen sollte.

Aber die Welt der Beziehungen und die Wahrheit meiner Gefühle befreiten mich von meinem emotionalen Leiden an den Folgen des »Unfalls«. Ich glaube, es ist eine große Hilfe in schwierigen Zeiten, wenn wir ehrlich mit uns selbst und anderen sind.

Ich erwähne das, weil ich den Eindruck habe, dass immer mehr Menschen unter einer Art Kulturschock stehen. Die Veränderungen und Gefahren stehen uns so deutlich vor Augen, dass viele von uns »zumachen«. Unser Instinkt sagt uns, dass wir uns vor bestimmten Gefühlen verschließen sollen.

Judi und ich bekommen aus aller Welt E-Mails von Menschen, die uns berichten, dass sie emotional an der Grenze ihrer Belastbarkeit stehen. Das Leben wird ihnen zu schwierig. Beziehungen werden stärkeren Zerreißproben ausgesetzt als je zuvor, und viele Leute haben das Gefühl, dass ihr Leben aus den Fugen gerät.

Manche sehen sich nicht in der Lage, mit der zunehmenden Gewalt in der Welt klarzukommen, und andere sind einfach des Existenzkampfes müde.

Aber wie mein Mathematiklehrer auf der Highschool zu sagen pflegte: »Es muss erst schlimmer werden, ehe es besser werden kann.« Leider scheint mir das eine zutreffende Beschreibung der momentanen Weltlage zu sein. Die globale Revolution kann darauf hinauslaufen, den menschlichen Geist zu befreien oder ihn einzusperren. Aber wie das Resultat auch aussehen mag, wir werden noch viel mehr globale Konflikte und Leiden erleben.

Vielleicht schaffen wir den Weg durch das Nadelöhr und kommen unbeschadet durch das nächste Jahrzehnt. Vielleicht gelingt uns das nicht. In hundert Jahren werden unsere Ängste und Nöte nur noch wenig bedeuten. Entscheidend ist, wie wir diese Momente durchleben – aber nicht für unsere Nachfahren, sondern für uns selbst.

In der Welt der Seele existiert nämlich keine Zeit. Am Ende zählt nur die von uns gesammelte Lebenserfahrung. Die Persönlichkeiten und die Situationen, die uns heute so viel bedeuten, werden wieder in die Leere zurückkehren, aus der sie kamen. Jahre später wird das alles wie ein Traum erscheinen, was es in Wahrheit auch ist. Es ist ein Traum, den wir erschaffen und für real halten. Aus der Perspektive der Seele sind die wichtigen Dinge im Leben nicht das, wofür wir sie halten. Die Qualitäten von Herz und Geist, die wir durch das Leben gewinnen, sind der Schatz – nicht das, was wir tun, oder der Besitz, den wir anhäufen.

Und daher wird es am Ende unseres Lebens, wenn wir vom Großen Rad des Lebens heruntergenommen werden, nur einige wenige Fragen geben. Sind wir mitfühlender geworden, oder hassen wir mehr? Haben wir gelernt, uns für das Leben zu öffnen und es anzunehmen, oder sind wir vor ihm davongelaufen?

Das sind die wichtigen Fragen, denke ich. Es erfordert spirituellen Mut, sich die Offenheit des Herzens zu bewahren, das steht fest. Aber ich habe festgestellt, dass es im Leben nichts Lohnenderes gibt.

Verberge dein Herz nicht, sondern offenbare es,

auf dass auch meines offenbar werde

und ich annehme, wozu ich in der Lage bin.

Rumi

Originaltitel: »Wrong Instincts«
Deutsche Erstveröffentlichung

Gefahr und Chance

Manche sagen, es könnte an HAARP liegen, dieser seltsamen Anordnung von Türmen, die von der amerikanischen Regierung in Alaska errichtet wurde und Anfang der 1990er Jahre mit 18 Elementen seinen Betrieb aufnahm. HAARP ist die Abkürzung für »High Frequency Active Auroral Research Program«, und offiziellen Verlautbarungen nach handelt es sich um eine Anlage, die Signale ins nördliche Polarlicht (*aurora borealis*) schickt, um es in eine riesige Antenne zu verwandeln, sodass ELF-Wellen (elektromagnetische Wellen mit extrem niedrigen Frequenzen von drei bis dreißig Hertz) zur Erde zurückgeschickt werden. Und welchen Zweck sollte eine solche Anlage haben? Der amerikanische Kongress billigte das System, um es zur Überwachung zu verwenden, weil sich dadurch etwa unterirdische Waffenlager und Atommülldeponien aufspüren lassen und die Kommunikation von Tiefsee-U-Booten verfolgt werden kann. So viel haben jene, die an der Macht sind, bereits zugegeben.

Einige außerhalb der Regierung behaupten, dass es weit eher mit Gedankenkontrolle zu tun hat, weil Signale ausgesendet werden, die das rationale Denken und Handeln stören. Einige Forscher erklären sogar, dass ELF-Wellen die Gehirnprozesse beeinflussen. Bemerkt ihr an euch oder an denen um euch herum, ungeachtet des Alters, Herausforderungen in Bezug auf das Gedächtnis und unerklärliche mentale Unruhe? Wir sind übrigens nicht die einzigen, die von ELF-Wellen beeinflusst werden. Meeressäuger wie Wale werden von diesen niedrigen Frequenzen ebenfalls beeinflusst, und einige Umweltschützer machen sich bereits Sorgen, wie sich das auf diese Tiere auswirkt. Selbstverständlich gibt es viele Theorien, warum so viele von uns mentale und emotionale Herausforderungen jenseits des Üblichen erleben, und HAARP ist nur eine davon. Andere behaupten, unsere Probleme mit dem klaren Denken verdankten sich einfach dem Umstand, dass die Menschen zu viel fernsehen.

Was auch immer der Grund sein mag, es hat den Anschein, als verlöre die amerikanische Bevölkerung ihre Fähigkeit, den Schwachsinn, der sich auf der politischen Bühne abspielt, als solchen zu erkennen. Aber vielleicht liegt es auch einfach daran, dass es uns egal geworden ist. Das ist zweifellos eine Möglichkeit.

Vergessen wir die Gerüchte über Regierungsverschwörungen, die durchs Internet schwirren wie Heuschrecken am Tag des Jüngsten Gerichts. Im Land der Freien läuft nicht alles so, wie es laufen sollte, und wer Augen hat, um zu sehen, für den sind die Zeichen überall.

Ich komme nicht umhin zu denken, dass wir in düsteren Zeiten leben. Und das erinnert mich an eine Kindergeschichte. Darin läuft ein Kaiser nackt durch sein Reich. Niemand im Kaiserreich wagt etwas zu sagen, bis ein Kind die Wahrheit ausspricht.

Sind wir in einer Art Märchen gefangen, hier in der zweiten Dekade des neuen Jahrtausends? Und wo sind die Stimmen, die Nein sagen? Hat HAARP uns zum Schweigen gebracht, oder sind wir einfach vor unseren Fernsehern eingeschlafen? Als Land werden wir entweder wieder erwachen oder nicht. So einfach ist das. Aber seien wir nicht naiv. Es gibt Kräfte, die es sich zur Aufgabe gemacht haben, dafür zu sorgen, dass wir weiterschlafen, und die machen in diesen Tagen Überstunden. Damit meine ich nicht unbedingt HAARP. Ich meine die Medien. Wenn Judi und ich in Übersee waren, haben wir immer wieder bildhaft erlebt, wie verzerrt und einseitig unsere Nachrichten geworden sind. Wenn der freie Fluss präziser Informationen das Lebensblut einer Demokratie ist, dann leiden wir an einer ernstzunehmenden und lebensbedrohlichen Verhärtung der Arterien.

Jemand bemerkte einmal, wenn man einen Frosch nimmt und ihn in kochendes Wasser wirft, wird er versuchen hinauszuspringen. Aber wenn man denselben Frosch ins Wasser legt und das Wasser langsam erhitzt, wird er sich entspannen und einschlafen. Fährt jemand langsam die Temperatur hoch?

Die Meinungen über den derzeitigen Hitzegrad sind so unterschiedlich wie nur irgendwas. Manche behaupten, das hätten wir alles den Reptilienhaften zu verdanken, den angeblich intergalaktischen Aliens hinter der geheimen Regierung. Manche behaupten auch, es läge daran, dass unser Sonnensystem (das durch den Weltraum reist) sich nun durch ein energetisch stärkeres Gebiet des Universums bewegt. Einmal habe ich eine E-Mail aus Russland bekommen, derzufolge Forscher in Sibirien vermutlich eine Vergrößerung der Heliosphäre gemessen haben (der Aura der Sonne, wenn Sie so wollen). Der E-Mail nach hat sich der Umfang der Heliosphäre in den letzten paar Jahren mehr als verzehnfacht.

Und dann gibt es noch jene, die behaupten, dass wir schlicht dem Ende der Zeit engegengehen und dass die Reiter der Apokalypse auf der Erde losgelassen wurden.

Natürlich weiß jeder, der mit den Theorien von der Endzeit vertraut ist, von den Prophezeiungen der Maya, die errechnet haben, dass die Zeit, so wie wir sie kennen, im Jahre 2012 endet. Besonders nach dem Spektakel der letzten Jahre und der Sensationshascherei, die damit betrieben wurde, dürften diese astronomisch/astrologisch gewonnenen Aussagen niemandem verborgen geblieben sein. Laut den Prophezeiungen werden wir das Zeitalter des Intellekts hinter uns lassen und in das Zeitalter der Götter eintreten. Ich kenne mich damit nicht besonders gut aus, aber es scheint mir doch ein bisschen weit hergeholt zu sein. Ich meine, es hat sich schon eine Menge geändert. Aber ist *das* geschehen?

Vermutlich wird nur die Zeit zeigen, was es mit dem Ende der Zeit auf sich hat. Aber was ist, wenn es in gewisser Hinsicht stimmt? Wir haben am Silvesterabend 2012 alle eine Riesenparty steigen lassen, und es gab eine Zeit danach. Und doch glaube ich, dass wir uns in einem Zeitalter des Übergangs befinden, die Frage ist nur, von was in was.

Eines steht jedenfalls fest – das alte Wachbataillon ist nervös. Die alte Methode, mit allem umzugehen, funktioniert nicht mehr so gut wie früher. Redet einmal mit einem beliebigen Firmenchef, und er wird es euch bestätigen. Zum Henker, redet mit irgendwelchen Eltern, die versuchen, eine Familie zu erhalten, und sie werden euch das Gleiche sagen.

Ich finde, unsere Kultur ist wie ein alter Chevy aus den 1950ern, der führerlos die Straße hinunterrollt. Teile des Wagens fallen auf den Beton, und auf dem Vordersitz spielt sich ein Kampf darum ab, wer ans Steuer darf. Die alten Fahrer haben uns gefährlich nahe an einen Abgrund geführt, und einige der Leute auf dem Rücksitz wachen gerade auf. Das gefällt dem derzeitigen Chauffeur natürlich gar nicht. Er ist es gewohnt, die Kontrolle zu haben. Aber wie schon Bob Dylan sang: *The times they are a changing* – die Zeiten ändern sich. Überall auf der Welt erwachen gerade zu viele Menschen trotz ihrer Fernseher.

Das führt mich zu der Frage: Zu was erwachen wir? Ich nehme an, das hängt vom Bewusstsein des Erwachenden ab, denn wie es in den Veden des alten Indien heißt: Wissen ist nach Bewusstsein gegliedert. Mit anderen Worten, unser Entwicklungsgrad setzt die Grenze für das, dessen wir gewahr werden können. Manche von uns erwachen zu den Gefahren des kapitalistischen Faschismus und seiner irren Anzahl hypnotischer Werbung, die uns dazu ermutigt, noch mehr Dinge zu kaufen, die wir überhaupt nicht brauchen. Manche von uns erwachen zu den schmerzgeplagten Schreien eines globalen Ökosystems in der Krise, das kurz vor dem Zusammenbruch steht. Wieder andere erwachen zu dem Wissen, dass die Erde ein bewusstes Lebewesen ist, nicht bloß ein träger Felsbrocken, der ausgebeutet werden kann. Andere erwachen zu dem Verständnis, dass absolut alles Bewusstsein ist und dass wir alle irgendwo aufs Engste mit dem verbunden sind, was die Welt durchdringt.

Wir sind keine Inseln; vielmehr ist die Welt eine andauernde gemeinsame Schöpfung von uns allen. Was den Anschein erweckt, außerhalb von uns zu sein, ist in Wahrheit gleichermaßen innerhalb wie außerhalb. Unsere Überzeugungen und Einstellungen uns selbst und dem gegenüber, was wir für die Wirklichkeit halten, wird im gewaltigen Meer der menschlichen Interaktionen in Handlung umgesetzt. Wenn um uns herum Feindseligkeit und Hass regieren, sollten wir vielleicht in uns hineinblicken. So sicher, wie die Sonne auf- und wieder untergeht, greifen die Pfahlwurzeln der Ereignisse um uns herum oft tief ins Innere des fruchtbaren Bodens unserer eigenen Psyche.

Manchen mögen solche Vorstellungen fremdartig und seltsam vorkommen. Für andere sind sie ganz offensichtlich. Wieder einmal sehen wir uns der Relativität der Wahrnehmung gegenüber. Wissen ist nach Bewusstsein gegliedert. Doch während wir tiefer ins 21. Jahrhundert eintreten, erfahren viele unserer Wahrnehmungen als Kultur eine radikale Veränderung. Eine globale Transformation findet statt, und die beschleunigten Ereignisse unserer Zeit verweisen darauf, dass diese Transformation – diese Große Veränderung – schnell abläuft. Wohin sie uns bringen wird, weiß niemand genau.

Interessanterweise wird das Wort Transformation im Chinesischen aus zwei Schriftzeichen gebildet, von denen eines »Gefahr« und das andere »Chance« bedeutet. Zweifellos befinden wir uns mitten in beidem.

Wenn wir uns die nationale und internationale Bühne ansehen, fällt es leicht, mit dem Finger auf bestimmte Personen oder Gruppen zu deuten und sie als die »Bad Guys« zu bezeichnen, als die Bösen. Dualität hat schließlich eine lange und wechselhafte Geschichte. Aber für diejenigen, die die innere Tätigkeit des Bewusstseins spüren, sind diese Zeiten eine Chance, die Illusion der Getrenntheit von uns und der Welt zu durchschauen. Es ist eine Chance, zu sehen, wie wir uns selbst und andere mental und emotional zur Geisel machen. Die äußere Bühne der Weltereignisse wird in uns gespiegelt oder vielleicht sogar erschaffen. Durch die Entscheidungen, die wir in unserem Inneren und im Außen treffen, erschaffen wir unser zukünftiges Schicksal. Werden wir endlich zur Wahrheit erwachen?

Originaltitel: »Danger and Opportunity«
Erstmals auf Deutsch in dem Buch
»Aufbruch ins höhere Bewusstsein«

Gesang
der Vier Elemente

Zunächst einmal möchte ich mit einigen Fehlinformationen aufräumen. Die Klänge/Worte für den *Gesang der Vier Elemente* stammen nicht aus dem alten Ägypten, auch wenn manche Leute das behaupten.

Die Hathoren schenkten mir diesen Gesang vor vielen Jahren während einer Meditation. Sie sagten, dass diese Klänge/Worte die größtmögliche Annäherung an jene Klänge darstellen, die sie benutzen, um die Vier Elemente sprachlich zu umschreiben. Bei den tatsächlichen Klängen handelt es sich um komplexe Wellenformen, die von der menschlichen Stimme nur schwer artikuliert werden können.

Die Verwendung dieser Klänge/Worte für die Vier Elemente erinnert an uralte Vorstellungen, wonach Materie über ein eigenes Bewusstsein verfügt, und an den ziemlich esoterischen Glauben, dass die Vier Elemente unter bestimmten Voraussetzungen auf das menschliche Bewusstsein reagieren können und werden.

Auf uns heutige Menschen mögen solche Vorstellungen wunderlich und irregeleitet wirken. Schließlich hat die moderne Chemie sehr deutlich die atomaren Strukturen definiert, die für die Elemente verantwortlich sind. Und dieses hoch praktische Wissen spiegelt sich mit großer Klarheit im Periodensystem der Elemente wider.

Bei dieser chemischen Betrachtungsweise der Materie werden alle Elemente im bekannten Universum zu winzigen atomaren

280

und molekularen Tinkertoys,[37] die man manipulieren und verändern kann. Tatsächlich beruht ein großer Teil unserer modernen Technik auf dem technischen Wissen, wie sich diese winzigen Bausteine der Materie nach Wunsch manipulieren lassen.

Für die meisten Wissenschaftler stellt sich auf dieser Winzebene der Schöpfung – das heißt, dem atomaren und molekularen Substrat, das für die Elemente verantwortlich ist – die Frage nach dem Vorhandensein von Bewusstsein überhaupt nicht. Die meisten Chemiker würden jemanden, der ihnen eine solche Frage stellt, auslachen, weil sie diese Idee für völlig abwegig halten.

Aber jeder, der sich mit antiker griechischer oder esoterischer Philosophie – einschließlich europäischer Alchemie – beschäftigt, stolpert dabei zwangsläufig über das Konzept der Vier Elemente: Erde, Luft, Feuer und Wasser. Vermutlich entstand diese primitive Vorstellung von den vier Elementen, als die Menschen darum rangen, die Welt, in der sie lebten, zu verstehen. Über die Möglichkeit, die verborgenen Strukturen der Materie mit Hilfe technischer Geräte zu »sehen« (also die subatomaren, atomaren und molekularen Bausteine, aus denen sich die Elemente unserer Welt zusammensetzen), verfügten sie ja noch nicht. Oder aber die Menschen wurden damals auf Wegen inspiriert, die wir nicht wirklich begreifen und wertschätzen, weil wir uns so weit von unseren frühen Vorfahren entfernt haben.

Vor der Entwicklung des Monotheismus, in der Blütezeit des Heidentums, gab es eine Vielzahl von Göttern und Göttinnen, Halbgöttern und Erdgeistern, mit denen die Menschen Umgang pflegten. Und in dieser mystischen und archetypischen Welt konnte man mit den Vier Elementen Erde, Feuer, Luft und Was-

---

37 Das Tinkertoy-Konstruktionsset ist ein Spielzeug für Kinder, das 1914 in und um Chicago erstmals angeboten wurde. Den Grundstock bildet eine etwa fünf Zentimeter durchmessende Holzspule, zu der Räder, Abdeckklappen, Anschlussstücke und anderes mehr gehören sowie an beiden Enden gekerbte Stäbe, in die Kärtchen, Flaggen und Fäden gesteckt werden können. Mit Tinkertoy wurden bereits erstaunlich komplexe Maschinen erstellt, sogar ein Computer und ein Roboter. Heute besitzt Hasbro die Verkaufsrechte. – *Die Red.*

ser unmittelbar kommunizieren. Eine solche Kommunikation zwischen einem Menschen und einem Element konnte vielfältigen Zwecken dienen. Dazu zählten offenbar Reinigungsrituale ebenso wie Krankenheilung, Gewinnung persönlicher Kraft und, in manchen Fällen, Weissagung.

In der essenischen Überlieferung, die sowohl auf heidnische wie monotheistische Wurzeln zurückgeht, wurden die Vier Elemente manchmal als Engel betrachtet. Der Umgang mit diesen *engelhaften Elementargeistern* sollte den vorübergehenden Aufstieg in höhere Bewusstseinszustände ermöglichen.

Ich selbst habe die Erfahrung gemacht, dass das Luft-Element sich dafür – zur Transformation des Bewusstseins – besonders eignet. Ein Spaziergang bei stürmischem Wetter kann belebend, inspirierend und sogar heilend wirken, wenn man dafür gerade empfänglich ist. Während ich auf den Outer Banks von North Carolina wohnte, entdeckte ich, dass starke Winde, sogar noch ein milder Hurrikan, großartige Bewusstseins-Transformatoren sind. (Beachten Sie aber bitte, dass ich Ihnen keinesfalls dazu rate, während eines Sturms oder gar, die Göttin behüte, eines milden Hurrikans spazieren zu gehen. Sich solcherart den Elementen auszusetzen ist nichts für Leute mit schwachen Nerven. In unserem so übertrieben um den Schutz seiner Bürger bemühten Kindermädchen-Staat, wo jeder Versuch, sich auf die *Wildheit des Seins* einzulassen, als verdächtig gilt, wird dergleichen nicht geduldet.)

Ja, das ist eines meiner Hauptärgernisse – die Einkerkerung der menschlichen Seele durch jene Seelenlosen, die heute in der Postmoderne offenbar immer zahlreicher werden. Aber ich schweife ab. Wenden wir uns wieder dem historischen Hintergrund der Lehre von den Vier Elementen zu.

Das archetypische Verständnis der Vier Elemente ist keineswegs auf die vormonotheistischen westlichen mystischen oder philosophischen Traditionen beschränkt. Es findet sich auch im indigenen Schamanismus überall auf der Welt, und viele dieser schamanischen Traditionen sind älter als die christliche und die jüdische Religion.

Im alten Indien entwickelte sich der spirituelle Gebrauch des Feuer-Elements zu einer hochrituellen Kunstform. Die Wurzeln des hinduistischen Feuer-Puja reichen ohne Zweifel bis in die Anfänge der Zivilisation zurück. Bis heute praktizieren Yogis und Yoginis heilige Feuerzeremonien, sogenannte Yagnas, die dazu dienen, durch die Kommunion mit dem Feuer-Element, *Agni*, innere Hindernisse auf dem Weg zur Erleuchtung zu überwinden. Solche heiligen Feuer werden häufig dazu verwendet, Gottheiten Opfer darzubringen, aber auch für spirituelle Reinigungszeremonien, Initiationen, Heilungen und, unter bestimmten Umständen, für Weissagungen.

Auch im Buddhismus spielt bei zahlreichen Ritualen Feuer eine wichtige Rolle. Manche buddhistische Sekten nutzen das Feuer-Element stärker als andere. In dieser Hinsicht ist vor allem der tibetische Buddhismus zu nennen, wo das Feuer-Element in großem Umfang bei Pujas, Ermächtigungsritualen und Gebeten genutzt wird. Nie werde ich den intensiven Geruch der Yakbutter-Kerzen in den Tempeln Tibets vergessen, ihr allgegenwärtiges warmes Leuchten.

Indem wir von den Yogis in Indien und anderen Teilen Asiens den Bogen zu den westlichen Traditionen spannen, begegnet uns ein faszinierender Ausschnitt der Menschheitsgeschichte. Manchen Gelehrten zufolge reichen die Wurzeln der Vier Elemente als philosophisches Konzept zurück bis zu den Babyloniern und einem ihrer grundlegenden Texte – dem *Enuma elisch*, einem auf Tontafeln niedergeschriebenen Schöpfungsmythos, den die Wissenschaftler auf das 16. bis 18. vorchristliche Jahrhundert datieren. Im *Enuma elisch* werden vier kosmische Elemente beschrieben: Erde, Meer, Himmel und Wind, die sich im Lauf der Zeit, wenn die Wissenschaftler Recht haben, zu den Vier Elementen entwickelten: Erde, Feuer, Wasser und Luft.

* * Randnotiz * *

Auch wenn es nicht wesentlich für unsere Erörterung der Vier Elemente ist, glaube ich, dass ein Schlüsselelement des *Enuma elisch* für manche Leser von Interesse sein kann. In dem Text wird *Marduk* als der höchste aller mesopotamischen Götter genannt, und es heißt dort, *dass die Menschheit erschaffen wurde, um den Göttern zu dienen.*

Ich persönlich halte das für eine höchst interessante Information, da viele Forscher glauben, dass die Wurzeln der babylonischen Kultur auf die noch älteren Sumerer zurückgehen. Wie die Babylonier verewigten auch die Sumerer ihre Geschichte und Mythologie auf Tontafeln, von denen erstaunlich viele bis zum heutigen Tag überdauert haben. Auf diesen sumerischen Schrifttafeln ist eine ungewöhnliche Begegnung in ferner Vergangenheit festgehalten. Hier findet sich die Quelle für den Glauben der Babylonier, die Menschheit sei von den Göttern *(vielleicht Außerirdischen?)* erschaffen worden, um ihnen als Sklavenrasse zu dienen.

Ich will an dieser Stelle nicht näher auf dieses Thema eingehen, sondern verweise jene, die sich für mögliche Kontakte alter Kulturen zu Außerirdischen interessieren, auf die faszinierenden Bücher Zecharia Sitchins.[38]

* * Zurück zum eigentlichen Punkt * *

Als die Hathoren mir ihre Interpretation der Vier Elemente mitteilten, fiel mir sofort die Ähnlichkeit ihrer Sichtweise zu der

---

[38] Der amerikanische Autor Zecharia Sitchin (1920-2010), dessen dreizehn Bücher in neunundzwanzig Sprachen übersetzt wurden, war ein bekannter Vertreter der Prä-Astronautik. Mithilfe der Übersetzung alter vorchristlicher Keilschrifttexte der Sumerer stellte er die Theorie auf, dass in vorgeschichtlicher Zeit Außerirdische namens Anunaki die Erde kolonisiert und den Menschen als Arbeitssklaven erschaffen hätten. Sie stammten von Nibiru, einem hypothetischen zwölften Planeten unseres Sonnensystems. – *Die Red.*

verschiedener alter spiritueller Traditionen auf. Jedoch war die Methode der Hathoren, Verbindung zu den Vier Elementen aufzunehmen, überraschend und unerwartet. Als der Pragmatiker, der ich nun einmal bin, probierte ich aus, ob das, was sie vorhersagten, tatsächlich eintrat, wenn ich so, wie sie es vorschlugen, über die Vier Elemente meditierte. Nachdem ich nun ihre Methode viele Male und in vielen verschiedenen Situationen angewendet habe, kann ich nachdrücklich bestätigen, dass sie außerordentlich wirkungsvoll ist.

Der Gesang der Vier Elemente aus Sicht der Hathoren

Die Hathoren sagen, dass jedes der Vier Elemente über Bewusstsein verfügt, das sich allerdings stark vom menschlichen Bewusstsein unterscheidet. Es ist aber möglich, mit jedem Element in einen energetischen Austausch zu treten, womit ein Tor zu anderen Ebenen des Bewusstseins geöffnet wird. Und genau das ist der Sinn und Zweck dieses Gesangs.

Wie bereits erwähnt, stellt jeder Klang, jedes Wort des Vier-Elemente-Gesangs eine Annäherung an eine sehr komplexe Wellenform dar. Diese Wellenformen können von der menschlichen Stimme nur schwer reproduziert werden, da es sich um Dauertöne handelt. Das Klang/Wort für das Erdelement ist EL, Feuer ist KA und Wasser ist LEEM. Nach Auffassung der Hathoren werden Luft und Raum zu einem Element kombiniert. Der dazugehörige Klang ist OM.

Die Vier Elemente reagieren, so die Hathoren, auf die Emotionen der Menschen, vor allem auf Wertschätzung und Dankbarkeit.

Wenn Sie während des Chantens Ihre Gefühle der Wertschätzung und Dankbarkeit zu den Elementen leiten, öffnen Sie damit eine Energieleitung für eine nichtverbale Kommunikation mit den Elementen. Das ist eine bewusstseinsverändernde Erfahrung, und je länger Sie diesen Gesang begleitet von Gefühlen der Wertschätzung und Dankbarkeit ausführen, desto stärker die Wirkung.

Der Gesang hat zwei Phasen – die *äußere Phase*, während der Sie den äußeren Elementen Ihrer Umwelt Wertschätzung oder Dankbarkeit übermitteln, und die *innere Phase*, während der Sie Wertschätzung oder Dankbarkeit zu den inneren Elementen Ihres Körpers schicken.

Das Konzept von *äußeren Elementen* und *inneren Elementen* mag manchen Menschen etwas seltsam vorkommen. Ich möchte es daher näher erläutern: Mit den äußeren Elementen sind alle Elemente außerhalb Ihres Körpers gemeint – und das Erd-Element ist der Planet Erde selbst. Das Feuer-Element ist die Sonne oder jede andere Licht- oder Wärmequelle außerhalb Ihres Körpers. Das Wasser-Element ist jede Art von Gewässer oder andere Erscheinungsform von Wasser außerhalb Ihres Körpers. Und das Luft-Element ist der Raum und die Luft, von der Sie umgeben sind.

Wenn Sie also Wertschätzung auf die äußeren Vier Elemente ausstrahlen wollen, lauschen Sie dem Klang EL und konzentrieren Sie sich dabei darauf, der Erde Wertschätzung/Dankbarkeit zu übermitteln. Während Sie dem Klang KA lauschen, können Sie der Sonne Wertschätzung/Dankbarkeit übermitteln (auch wenn sie für Sie momentan nicht sichtbar ist). Sie können sich dabei aber auch auf eine andere Feuer- oder Wärmequelle konzentrieren, sogar auf einen Heizlüfter. Beim Klang LEEM können Sie Ihre Wertschätzung/Dankbarkeit dem Meer übermitteln, einem Fluss oder Bach, vielleicht den Wolken, da sie aus Wasserdampf bestehen, oder sogar einem Wasserglas, das vor Ihnen auf dem Tisch steht. Entscheiden Sie selbst, was Ihnen gerade passend erscheint. Wenn Sie den Klang OM hören, senden Sie Wertschätzung/Dankbarkeit zu der Luft, von der Sie umgeben sind, und zu dem Raum, den Sie um Ihren Körper spüren.

Die nächste Phase ist dann der Gesang für die inneren Elemente. Wie bei den äußeren Elementen haben Sie auch hier viel Freiraum, wie Sie diese Arbeit gestalten möchten.

Beim Klang EL können Sie Wertschätzung/Dankbarkeit in Ihre Knochen leiten, den dichtesten Teil Ihres Körpers.

Zum Klang KA können Sie Wertschätzung/Dankbarkeit in Ihren Solarplexus leiten – zu dem ätherischen Feuer in Ihnen, das die Yogis *Bhuta Agni* nennen. Sie können die Wertschätzung/Dankbarkeit aber auch auf Ihr Verdauungsfeuer richten, das die Yogis *Jathara Agni* nennen. Die Verdauung ist ein langsam brennendes Feuer (Oxidation), durch das Nährstoffe und Energie freigesetzt werden.

Wenn Sie über eine sehr feinstoffliche Bewusstheit verfügen, können Sie auch Wertschätzung/Dankbarkeit an die Mitochondrien in den Zellkernen der Zellen übermitteln, aus denen sich Ihr Körper zusammensetzt (ausgenommen die roten Blutkörperchen, denn diese besitzen keinen Zellkern). Die Mitochondrien sind die Kraftwerke der Zellen und produzieren ebenfalls eine Art Feuer.

Während Sie dem Klang LEEM lauschen, können Sie sich dafür entscheiden, dem Wasser-Element in Ihrem Körper Wertschätzung/Dankbarkeit zu senden, etwa Ihrem Blut oder Ihrer Lymphe.

Und zum Abschluss, wenn Sie sich den Klang OM anhören, können Sie dem Luft-Element in Ihrem Körper Wertschätzung/Dankbarkeit übermitteln, zum Beispiel der Luft in Ihrer Lunge. Und wenn Sie Wertschätzung/Dankbarkeit an den Raum in Ihrem Körper senden, können Sie sich dabei zum Beispiel den Raum zwischen Ihren Organen vorstellen. Oder, wenn Sie über eine sehr feine Bewusstheit verfügen, können Sie auch dem Raum zwischen den Atomen Ihres Körpers Wertschätzung/Dankbarkeit übermitteln!

Wenn ich den Gesang auf diese Weise, zwischen den äußeren und inneren Elementen wechselnd, für einige Minuten praktiziere, verschwimmen die Grenzen zwischen Innenwelt und Außenwelt. Interessanterweise ist dieses Verschwimmen der Grenzen der eigenen Persönlichkeit charakteristisch für bestimmte mystische körperliche und geistige Zustände. Andere Menschen, die mit diesem Gesang gearbeitet haben, berichten von ähnlichen Erfahrungen.

Möchten Sie den Gesang auf diese Weise anwenden, sollten Sie zuerst das Gefühl der Wertschätzung oder Dankbarkeit zu den äußeren Elementen senden, und anschließend zu den inneren Elementen, aus denen Ihr Körper besteht. Wenden Sie Ihre Aufmerksamkeit dann wieder den äußeren Elementen zu, dann den inneren und so weiter. Jeder Zyklus des Gesangs wird genutzt, um Wertschätzung oder Dankbarkeit entweder an die äußeren oder die inneren Elemente zu übermitteln.

Wenn Sie über längere Zeit Ihre Gefühle auf diese Weise gezielt ausstrahlen, etablieren Sie damit eine innere Brücke der Bewusstheit, die sehr transformierend wirkt und es Ihnen ermöglicht, mit den feinstofflicheren Aspekten dieser Elemente Verbindung aufzunehmen.

Ich hoffe, dass meine kurze Beschreibung dieser Methode Ihnen bei der Erkundung der Möglichkeiten des Gesangs helfen wird. Letztlich ist es, wie ich glaube, die Vereinigung *Ihrer* Wertschätzung (oder Dankbarkeit) mit *Ihrer* bewussten Aufmerksamkeit (oder Kontemplation), die Sie auf eines dieser Elemente (Erde, Feuer, Wasser oder Luft) richten, wodurch ein Tor zwischen Ihnen und dem Elementarreich geöffnet wird. Mit anderen Worten: Der Gesang dient lediglich als Auslöser dafür, Ihre Aufmerksamkeit nacheinander den verschiedenen Elementen zuzuwenden.

Wenn Sie auf diese Weise bewusst Fühlung mit dem Elementarreich aufnehmen, kann das veränderte geistige und körperliche Zustände von hoher Intensität herbeiführen. Und Sie können sich dadurch bemerkenswerte neue Wissensfelder erschließen.

Originaltitel: »Chant of the Four Elements«
Deutsche Erstveröffentlichung

Psychospirituelle Entgiftung

Im Laufe meiner fast dreißig Jahre als psychologischer Berater und Psychotherapeut habe ich bei meinen Klienten und mir selbst viele Formen mentaler und emotionaler Vergiftung beobachtet.

Auch habe ich beobachtet, wie Körper und Geist mit diesen Toxinen umgehen, wie diese Toxine sich bemerkbar machen und wie sie während des Transformationsprozesses umgewandelt und neutralisiert werden.

In diesem Essay möchte ich einige meiner Beobachtungen mit Ihnen teilen – in der Hoffnung, dass Sie davon profitieren, wenn Sie bei sich selbst solche Vergiftungserscheinungen bemerken, und ebenso andere, wenn Sie Transformationsmethoden in der Arbeit mit diesen Menschen einsetzen.

Definieren wir zunächst die verwendeten Begriffe. Das Wort *psychospirituell* setzt sich aus zwei Begriffen zusammen: psychologisch und spirituell. Dahinter steht die Vorstellung, dass wir es hier mit einem Gebiet zu tun haben, auf dem das Psychologische und das Spirituelle einander begegnen. Auf diesem Gebiet des Geistes und der Emotionen beeinflusst psychologisches Material die spirituelle Erfahrung. Und ebenso kommt es hier häufig vor, dass die spirituellen Dimensionen des Individuums sich auf seine Psyche auswirken.

Lassen Sie mich das an einem Beispiel veranschaulichen.

Emmas Gott

Vor vielen Jahren wurde eine Frau zu mir geschickt, die an einer Depression litt. Neun Monate zuvor war ihr Mann, mit dem sie seit über vierzig Jahren verheiratet gewesen war, an einer unheilbaren Krankheit gestorben, wodurch sie ihren besten Freund und Lebensgefährten verloren hatte. Während seiner beiden letzten Lebensjahre hatte sie ihn gepflegt und dann nach seinem Tod alles Interesse an der Welt verloren. Sie fühlte sich zunehmend isoliert von ihrem sozialen Netzwerk und ihren Freunden. Offensichtlich befand sie sich in einem langwierigen Trauerprozess.

Bei unserem ersten Gespräch fragte ich sie nach ihren Hobbys und Interessen, um herauszufinden, wo man vielleicht den Hebel ansetzen konnte, um ihr zu helfen. Sie erwähnte wie nebenbei, dass sie früher leidenschaftlich gern gegärtnert hatte, dies aber hatte aufgeben müssen, als ihr Mann pflegebedürftig wurde.

Für mich war klar, dass Emmas (Name geändert) bedrückende momentane Lebenssituation auf ihre Unfähigkeit zurückzuführen war, in sich selbst etwas anderes zu sehen als die Ehefrau, die sich um ihren kranken Mann gekümmert hatte. Nun, wo er nicht mehr Teil ihres Lebens war, wusste sie nicht, wie es weitergehen sollte.

Hier handelte es sich um klassisches psychologisches Material, und meine zentrale Aufgabe als Therapeut bestand darin, ihr zu helfen, wieder in die Welt menschlicher Beziehungen und persönlicher Sinnerfüllung zurückzufinden.

Ich entschied mich, sie mit Hilfe der medizinischen Hypnose nach Erickson in einen aufnahmebereiten Zustand *innerer Aufmerksamkeit* zu führen. Dabei werden metaphorische Geschichten eingesetzt, um verborgene Heilungspotenziale zu aktivieren, die im Inneren eines Menschen schlummern.

Ich war mit den Bewusstseinszuständen, die durch die Ericksonsche Hypnose herbeigeführt werden, bereits recht gut vertraut, weil ich sie in meiner Praxis damals schon seit ungefähr zehn Jahren einsetzte, als Emma hilfesuchend zu mir kam. Aber auf das, was Emma mit den Metaphern anstellte, die ich mir für sie ausdachte, war ich nicht vorbereitet.

Da sie sich früher gern als Gärtnerin betätigt hatte, erfand ich eine Geschichte, bei der ihre Situation durch eine Pflanze versinnbildlicht wurde, die dringend umgetopft werden musste.

Zu den vielen Vorzügen der medizinischen Hypnose nach Erickson gehört, dass das Unterbewusstsein in den primären Metaphern Botschaften über den jeweiligen Menschen erkennt. So begriff Emma die implizite Botschaft, dass mit der Pflanze, die umgetopft werden musste, sie selbst gemeint war.

In dieser Geschichte war eine Pflanze mit ihrem Wachstum an den Grenzen ihres Topfes angelangt und musste in ein größeres Gefäß umgesiedelt werden. Als die Pflanze in diesen neuen, viel größeren Topf gesetzt wurde, war das zunächst ein Schock für sie, weil ihr plötzlich so viel Raum zur Verfügung stand und sie nicht wusste, was sie damit anfangen sollte. Dann machte ich Emma den Vorschlag, dass die Wurzeln der Pflanze sich in der neuen Blumenerde ausbreiten und alle Nährstoffe aufnehmen sollten, die die Pflanze für ihr Wachstum benötigte - und zwar ganz automatisch, ohne dass sie sich dessen überhaupt bewusst war.

Mit dieser hoch metaphorischen Geschichte hatte ich einen reichen Nährboden geschaffen, aus dem Emmas Unterbewusstsein Kraft schöpfen konnte. Ich war überzeugt, dass sie die Metaphern nutzen würde, um sich neue innere Ressourcen zu schaffen, die es ihr ermöglichen würden, ihre Wurzeln hinaus in die Welt zu strecken und neue soziale Kontakte zu knüpfen (eine sehr wichtige psychologische Aufgabe). Aber ich hätte mir nicht träumen lassen, dass diese über siebzigjährige depressive Frau aus dem persönlichen in den transpersonalen Bereich vorstoßen würde!

Zum Ende der Geschichte hin begann Emma leise zu weinen. Und dann fing sie an zu schluchzen. Nach ein paar Minuten, während einer Pause, die ich ihr gönnte, um ihr genug Zeit zu geben, ihre Gefühle wirklich zu spüren, ließ Emmas Schluchzen nach. Sie lächelte. Und dann erschien ein glückseliger Ausdruck auf ihrem Gesicht.

Ich beendete meine Geschichte, bei der es sich im Wesentlichen um eine Reihe von verdeckten Botschaften an Emmas Unterbewusstsein gehandelt hatte, die sie dazu anregen sollten, jene inneren Ressourcen zu entdecken, mit deren Hilfe sie ihre Depression überwinden und auf neue Weise mit der Welt in Kontakt treten konnte.

Da bemerkte ich, dass ihr Atem sehr flach wurde – ein Zeichen, dass sie auf einer sehr tiefen Ebene des Bewusstseins etwas verarbeitete.

Für einige Minuten saß ich schweigend bei ihr, dann öffnete sie die Augen. Als Erstes schaute sie zum Fenster, durch das die Nachmittagssonne ins Sprechzimmer fiel. Dann sah sie mich lächelnd an.

Ich fragte sie, was geschehen war. Sie beschrieb, wie sie zu einer Pflanze geworden war und dass sie alle Botschaften über die Pflanze als Botschaften über sich selbst aufgefasst hatte. Zum Ende der Geschichte hatte sie das Gefühl, von zwei Männerhänden emporgehoben und in den Himmel gebracht zu werden. Erst im Himmel (wobei sie sich ganz deutlich als Pflanze fühlte) erkannte sie, dass es sich um die Hände Gottes handelte.

Gott sprach dann so klar zu ihr, wie ich zu ihr gesprochen hatte. Er sagte ihr, dass sie alles Erdenkliche für ihren Mann getan hätte und völlig unbesorgt sein solle. Als sie dies erzählte, war sie tief bewegt, und das war, wie sie sagte, auch der Moment während der Sitzung gewesen, als sie heftig geschluchzt hatte.

Dann, sagte sie, habe Gott sie als Pflanze durch die Wolken wieder hinunter auf die Erde getragen und sie fest in den Boden gepflanzt.

Es gibt diese magischen Augenblicke, wenn ein Klient erfolgreich zum Kern eines schwierigen Problems vorstößt. In solchen Momenten stellt sich oft das Gefühl ein, dass das Problem nun bereits irgendwie auf magische Weise gelöst ist und dass nur noch ein wenig Geduld nötig ist, bis sich im Leben des Betreffenden die

Lösung manifestiert. Ein solcher Augenblick hatte sich in dieser Sitzung ereignet. Emma und ich lächelten uns an. Ich denke, wir spürten beide, dass alles gut werden würde.

Ich bat Emma nonchalant, mir zu verraten, in welcher Gestalt ihr Gott denn erschienen sei. Ohne zu zögern antwortete sie sachlich, er habe weiße Haare und einen langen weißen Bart gehabt. Und sie sagte, als er sie zurück in die Erde pflanzte, habe sie deutlich gespürt, dass alles gut werden würde.

Ich dankte Emma, dass sie mir das anvertraut hatte, und vereinbarte einen neuen Termin in zwei Wochen – um zu sehen, wie die Dinge sich bei ihr entwickelten.

Die Emma, die zwei Wochen später meine Praxis betrat, ähnelte kaum noch der depressiven Frau, die sie bei ihrem ersten Besuch gewesen war.

Diese Emma war glücklich und selbstsicher. Sie erzählte mir, dass sie gleich nach unserer Sitzung in den Gartenmarkt gegangen war und neue Töpfe für ihre Pflanzen gekauft hatte. Auch nahm sie Kontakt zu einigen alten Freundinnen auf, und inzwischen gab es in ihrem Leben wieder so viel Austausch und Geselligkeit, dass sie gar keine Zeit hatte, mit mir einen weiteren Termin auszumachen – und ich stimmte ihr bereitwillig zu, dass das auch gar nicht mehr nötig war.

Emmas Erlebnis in meiner Praxis ist ein wundervolles Beispiel dafür, wie psychologisches Material durch eine spirituelle Erfahrung beeinflusst und transformiert werden kann.

Emmas Dilemma ist typisch für jene, die lange Zeit einen nahen Menschen betreuen und pflegen mussten, der schließlich verstirbt. Die Identität als »fürsorgliche Betreuungsperson« geht verloren, und ohne diese Selbstidentifizierung ist der Verlust insgesamt noch schwerer zu ertragen.

Besonders interessant an Emmas Fall erscheint mir, dass die Auflösung ihrer Depression durch eine spontane »Fantasie« bewirkt wurde. Und diese »Fantasie«, von Emmas eigenem Unterbewusstsein in Reaktion auf eine Ericksonsche Metapher hervorgebracht, führte sie in eine klassische transpersonale Erfahrung. Damit meine ich, dass sie eine Dimension ihres Wesens erlebte, die jenseits ihrer Persönlichkeit lag, eine numinose Welt, in der sie durch »die Hand Gottes« aus den emotionalen Fesseln ihrer Depression befreit wurde.

An dieser Stelle möchte ich erläutern, was ich meine, wenn ich von Emmas »Fantasie« spreche. Ihr Erlebnis fand in meiner Praxis statt, im Rahmen einer psychologischen Intervention. Bei dieser Arbeit nennt man Erlebnisse, wie Emma sie hatte, »Fantasien«, weil es sich um traumartige Erfahrungen handelt. Im Allgemeinen betrachtet man in der heutigen Psychologie und Psychotherapie solche »Fantasien« nicht als real, sondern glaubt, dass darin unerfüllte Wünsche mental/emotional Ausdruck finden. Um das klarzustellen: Ich weiß nicht, ob Emmas Begegnung mit Gott eine bloße »Fantasie« war, oder ob es sich dabei um eine reale Intervention des Göttlichen handelte. Das bleibt ein Mysterium.

Als ihr Therapeut ging es mir ganz pragmatisch darum, Emma aus ihrer Depression zu befreien – Hauptsache, ihr wurde geholfen, ob es sich nun tatsächlich um ein Eingreifen Gottes handelte oder um eine ausschließlich von Emmas eigenem Unterbewusstsein erzeugte Fantasie.

So viel will ich sagen: Als Emma sich in tiefer Trance befand und Gott begegnete, so wie er ihrer Vorstellung entsprach, gab es für mich eine spürbare spirituelle Präsenz im Behandlungszimmer, und ein Gefühl transzendenter Gnade. Was die wahre Natur dieses Erlebnisses war, vermag ich nicht zu sagen. Aber ich kann sagen, dass ich tief berührt war von der Einfachheit und Eleganz dieser Begegnung Emmas mit ihrer Version Gottes.

Interessant ist auch, dass Emma Gott als einen alten Mann mit weißen Haaren und langem weißen Bart erlebte. Ich habe schon mit Hunderten Klienten aus sehr unterschiedlichen kulturellen und religiösen Milieus gearbeitet, und fast immer zeigt sich das Göttliche entsprechend den Erwartungen und Glaubensüberzeugungen der betreffenden Person.

Was auch immer letztlich die Natur von Emmas Begegnung mit Gott gewesen sein mag, diese Begegnung hatte eine tiefgreifende Wirkung. Nach nur einer Sitzung war sie von ihrer Depression befreit, verließ ihre Isolation und wandte sich wieder der Welt und ihren Freunden zu. Das ist eine radikale Veränderung, und sie trat ein, weil Emmas spirituelles oder transpersonales Wesen ihrem psychologischen Wesen neue Einsichten vermittelte (oder es jedenfalls beeinflusste).

In Emmas Fall verhalf die Begegnung mit der transpersonalen Dimension ihres Seins ihr zu neuer persönlicher Freiheit.

Manchmal kommt es aber auch vor, dass Menschen anders auf transpersonale Erlebnisse reagieren, die durch veränderte Wahrnehmungszustände ausgelöst werden. Jeder Mensch reagiert auf seine ganz individuelle Weise.

Vor einigen Jahren hielt ich auf einem großen Kongress in Deutschland einen Vortrag und demonstrierte eine Klangheilung. Bei dieser Klang-Session wurden mehrere deutlich unterscheidbare transformatorische Energien und Klangmuster freigesetzt. Das Faszinierende an dieser Präsentation war, dass viele Anwesende sich durch die Klänge inspiriert und energetisiert fühlten, während einige wenige berichteten, dass genau diese Klänge bei ihnen Übelkeit und Irritation auslösten.

Die Relativität der Wahrnehmung

Neurowissenschaftler haben herausgefunden, dass das Gehirn jedes Menschen individuell und einzigartig ist. Natürlich gibt es übereinstimmende Strukturen und Funktionen, aber wie diese Zonen unseres Gehirns miteinander verknüpft sind und wie leistungsfähig sie sind, ist von Mensch zu Mensch sehr verschieden. Wie Schneeflocken sind auch menschliche Gehirne niemals völlig gleich.

Daher ist auch unsere Weltwahrnehmung auf einzigartige Weise persönlich. Zwei Menschen, die der gleichen Musik oder Klangkomposition lauschen, können darauf verschieden reagieren. Und diese sehr persönliche Reaktion beruht darauf, wie ihr Gehirn Klänge verarbeitet, aber auch auf ihrem individuellen Identitätsgefühl (das wiederum auf ihrer Lebenserfahrung und kulturellen Prägung beruht).

Wir alle haben, was Musik und Klänge angeht, unseren ganz eigenen Geschmack. Aber das, was ich hier meine, geht tiefer als bloße Vorlieben oder Abneigungen. Es hat damit zu tun, wie wir unsere Wahrnehmung der Realität organisieren.

Die Idee, dass wir uns die Art und Weise, wie wir die Wirklichkeit wahrnehmen, selbst erschaffen, mag manchen Menschen merkwürdig erscheinen. Doch für mich, der ich bereits seit vielen Jahren mit veränderten Bewusstseinszuständen arbeite, ist sie naheliegend, wenn man tiefer unter die Oberfläche schaut.

Nehmen wir Ihre Zeitwahrnehmung. In unserer westlichen Techno-Kultur herrscht die Auffassung vor, die Zeit würde unabhängig von unserer eigenen Wahrnehmung ablaufen. Das trifft zwar auf die Uhrzeit (die mechanische Zeit) zu, jedoch keineswegs auf unsere persönliche Zeitwahrnehmung (biologisch und psychologisch).

Wenn Sie beispielsweise einem Vortrag lauschen oder etwas tun, was Ihre gesamte Aufmerksamkeit beansprucht, vergeht die Zeit »wie im Flug«. Müssen Sie hingegen etwas sehr Langweiliges erledigen, bei dem Ihr Geist nicht gefordert wird, »kriecht« sie geradezu dahin.

Es gibt noch einen Bereich menschlicher Erfahrung, in dem die Zeitwahrnehmung deutlich verändert sein kann: Träume. Während wir träumen, erzeugt das Gehirn sehr viel Theta- und Delta-Aktivität. Das sind langsame Wellenfrequenzen. Wenn diese langsamen Wellen auftreten, geht das mit der Neigung einher, unsere Aufmerksamkeit *nach innen* zu richten. Unsere Wahrnehmung der Außenwelt und unser Gefühl für Zeit und Raum verändern sich, und die inneren Welten unserer Wahrnehmung werden lebendiger und intensiver.

Träume können höchst ungewöhnlich und irrational sein, und oft verändern sie die Natur der wahrgenommenen Zeit. Es ist zum Beispiel möglich, dass Sie im Traum eine Uhr sehen. Und diese Traumuhr könnte sich auf irrationale Weise verhalten. Vielleicht laufen ihre Zeiger rückwärts, was bedeuten könnte, dass der Traum Sie in die Vergangenheit reisen lässt. Oder die Uhr läuft schneller als normal, womit sie anzeigt, dass Sie sich in der Zeit vorwärts bewegen. Träte so etwas im »realen Leben« auf, würden wir annehmen, dass die Uhr defekt ist. Aber in Träumen akzeptieren wir solche Merkwürdigkeiten als Teil der Traum-Realität.

Wenn Sie regelmäßig meditieren oder eine andere Form innerer Achtsamkeit praktizieren, haben Sie vermutlich bereits eine bestimmte Art *veränderter Zeitwahrnehmung* kennen gelernt. Meditierende berichten nicht selten, dass ihre Zeitwahrnehmung sich beschleunigt, verlangsamt oder, in manchen Fällen, ganz aussetzt.

Interessanterweise geht die Wahrnehmung, dass die Zeit *stillsteht*, oft mit einem vorübergehenden Aussetzen der Atmung einher. Und in diesem Fenster der Stille ereignen sich alle Arten von interessanten mentalen Phänomenen. Yogis und Yoginis aller großen Traditionen beschreiben diesen einzigartigen Zustand von Körper und Geist, der in der yogischen Hindu-Überlieferung *Samadhi* genannt wird.

In den indigenen Traditionen der Welt ist gleichfalls von einer Aufhebung der Zeit die Rede. Diese Kulturen betrachten den Zustand, in dem die Zeitwahrnehmung aufgehoben ist, als ein Fenster oder Tor, durch das man in die *anderen Welten der Aufmerksamkeit* gelangen kann. Die wahrgenommene Zeit willentlich verändern zu können zählt für sie zu den wesentlichen schamanischen Fähigkeiten.

Ich als Klangheiler bin fasziniert davon, dass praktisch jede schamanische Tradition Klänge einsetzt, um die Schwelle zu den Anderswelten zu öffnen. Am häufigsten ist bei Indigenen als Instrument natürlich die Schamanentrommel anzutreffen, aber um bei schamanischen Ritualen die erlebte Zeit zu verändern, können auch andere Instrumente eingesetzt werden.

Dass Klänge und Töne in der Lage sind, unsere Wahrnehmung zu verändern, besonders unsere Wahrnehmung von Zeit und Raum, ist in der Neurophysiologie unseres Gehirns begründet.

Wissenschaftliche Studien haben eindeutig belegt, dass dann, wenn das Gehirn reine Klänge oder Musik – ohne Worte – verarbeitet, Funktionen der linken Gehirnhälfte wie Logik, Sprache und lineares Denken vorübergehend abgeschwächt werden oder sogar völlig aussetzen. Gleichzeitig werden die Funktionen der rechten Gehirnhälfte wie Raumwahrnehmung und die Offenheit für Neues und für Paradoxien gesteigert. Aus einer strikt neurophysiologischen Perspektive erklärt das, wie und warum bestimmte Klänge außergewöhnliche Erfahrungen erzeugen können – zum Beispiel die von mir in meinen Seminaren erzeugten *katalytischen Klänge* und die psychoakustische Musik, die ich aufnehme.

In diesem Land der rechtshemisphärischen Gehirnaktivität – einem Ort im Bewusstsein, den ich das *paranormale Land* nenne – werden die Dinge sehr interessant. Das liegt zum Teil daran, dass sich, wenn der rechte Neokortex so richtig in Fahrt kommt, die Wahrnehmung verändert. Viele Leute berichten von Änderungen ihrer Wahrnehmung von Zeit und Raum.

Manche Menschen empfinden solche Veränderungen ihrer raumzeitlichen Wahrnehmung als angenehm, und es bereitet ihnen sogar Vergnügen. Andere fühlen sich dadurch bedroht. Diese unterschiedlichen Reaktionen sind höchstwahrscheinlich auf individuelle Unterschiede in den Hirnfunktionen und der persönlichen Psychologie zurückzuführen.

Veränderungen der Wahrnehmung von Raum und Zeit

Ich erinnere mich an ein Seminar vor wenigen Jahren, bei dem ich eine yogische Meditationsübung unterrichtete, mit der sich die Wahrnehmung von Zeit und Raum dramatisch verändern lässt. Ungefähr in der Mitte des Trainings beklagte sich eine Teilnehmerin, sie würde zu viel Raum wahrnehmen. Sie spürte den Raum zwischen den Atomen ihres Körpers und fand das äußerst desorientierend. Das deutete darauf hin, dass sie eine starke Aktivität ihrer rechten Gehirnhälfte erlebte. Doch während die anderen Teilnehmer dieses erweiterte Raumgefühl genossen, empfand sie es als bedrohlich.

Zudem sagte sie, sie spüre einen metallischen Geschmack im Mund, ein eigenartiges Phänomen, dass auch andere Personen, ich eingeschlossen, manchmal während machtvoller veränderter Bewusstseinszustände erleben. Ich für meinen Teil vermute, dass es sich dabei um *eine Form der Entgiftung* handelt – ein Thema, auf das ich noch ausführlicher eingehen werde. Doch wenden wir uns zunächst wieder der Seminarteilnehmerin zu, die zu viel Raum spürte.

Nach logischen Maßstäben ist es ausgeschlossen, dass sie wirklich den Raum zwischen den Atomen ihres Körpers sah oder spürte. Wir sind nicht in der Lage, etwas so Kleines wie Atome zu sehen, geschweige denn den Raum zwischen ihnen. Und auch mit unserem Tastsinn können wir etwas so Kleines nicht erfassen.

Doch nach yogischem Verständnis kann das Bewusstsein solche Dinge in bestimmten meditativen Zuständen wahrnehmen (während einer stabilen Aktivität der rechten Gehirnhälfte). Die betreffende Person fühlte sich bedroht durch die veränderte Raumwahrnehmung innerhalb ihres Körpers. Was sie da erlebte, widersprach ihrem vertrauten Realitätsgefühl, und statt diese Erfahrung amüsant zu finden oder sie intensiver zu erforschen, reagierte sie mit Angst. Ihr Unbehagen war so groß, dass ich ihr schließlich half, das *paranormale Land* hinter sich zu lassen und wieder in die »Realität« zurückzufinden, mit der sie vertraut war. Als sie in den »Normalzustand« zurückkehrte, verschwand das Gefühl eines stark erweiterten inneren Raumes, und damit auch ihre Ängstlichkeit. Und wie erreichte ich diese neurologische Veränderung? Ich ließ sie einfach darüber sprechen, was sie erlebte. Während sie ihr Erleben in Worte fasste, wurde ihre linke Gehirnhälfte wieder aktiv. Damit nahm die Aktivität in der rechten Gehirnhälfte ab – und ihr kurzer Besuch im *paranormalen Land* war beendet.

Persönliche Lebensgeschichte und emotionale Toxizität

Zusätzlich zu unseren individuellen und einzigartigen Reaktionen auf Veränderungen der raumzeitlichen Wahrnehmung gibt es noch ein anderes wichtiges Element bei der *psychospirituellen Entgiftung* – die persönliche Lebensgeschichte und emotionale Toxizität.

Vor vielen Jahren unterzog ich mich einer Reihe von Atemsitzungen mit einem Therapeuten und konnte dabei persönliche Erfahrungen mit der emotionalen Toxizität sammeln. Während einer der ersten Sitzungen hatte ich das Gefühl, in ein helles weißes Licht und intensive bedingungslose Liebe einzutauchen, und dann, völlig unerwartet, prallte ich gegen eine Wand aus tiefsitzenden unterdrückten Erinnerungen.

Eben noch hatte ich nach einem bestimmten vorgegebenen Atemmuster geatmet, und im nächsten Augenblick wurde ich fortgerissen in einen Wirbel aus heftigen Emotionen. Mein Bewusstsein wurde in eine Serie früher Erinnerungen hineinkatapultiert. Ich fühlte mich auf einmal körperlich sehr unwohl. Mein eigener Atem roch unangenehm, und ich hatte einen bitteren Geschmack im Mund.

Während mein Atemtrainer mich durch diesen schwierigen Morast seelischer und körperlicher Empfindungen führte, hatte ich plötzlich die merkwürdige Vision, dass neben mir eine Version meiner selbst sich krümmte und heftig erbrach. Diese lebhafte und seltsame Erfahrung dauerte mehrere Minuten an. Als mein Doppelgänger schließlich mit dem schrecklichen Würgen und Erbrechen aufhörte, verschwand mein körperliches Unwohlsein.

Seither habe ich es immer wieder erlebt, dass Klienten, wenn in der Therapie schwierige, belastende Erinnerungen hochkommen oder sie eine machtvolle Transformationserfahrung durchlaufen, manchmal einen Brechreiz verspüren oder sich sogar wirklich übergeben müssen.

Manche berichten auch von einem bitteren oder metallischen Geschmack im Mund und/oder einem üblen Geruch, wenn unterdrückte Emotionen zum Vorschein kommen. Ich vermute daher, dass negative Emotionen irgendwie in feinstoffliche Energiemuster mit toxischen Eigenschaften übersetzt werden. Und manchmal kann man diese energetischen Toxine riechen und/oder schmecken. Ich vertrete die Auffassung, dass solche Energien, wenn sie zu lange im Körpergewebe gespeichert werden, die Gesundheit unserer Zellen massiv schädigen können.

Hypothese

Beachten Sie bitte, dass das Folgende lediglich eine Arbeitshypothese ist, die zwar auf dreißig Jahren eigener klinischer Beobachtungen beruht. Aber um nicht missverstanden zu werden: Es handelt sich um eine persönliche Meinung, die sich als zutreffend erweisen kann oder auch nicht. Gleichwohl hat diese *intellektuelle Landkarte* mir enorm geholfen, wenn ich mit den zahlreichen außergewöhnlichen Phänomenen konfrontiert wurde, die bei veränderten Bewusstseinszuständen häufig auftreten.

Die Vier Tiger

Ich gehe davon aus, dass es vier Elemente (die Vier Tiger) gibt, die für das verantwortlich sind, was ich als *psychospirituelle Entgiftung* bezeichne. Ich nenne diese Elemente Tiger, weil sie, wenn alle vier stimuliert werden, eine Kraft erzeugen können, mit der vorsichtig umgegangen werden sollte, so wie mit wilden Tigern.

Zwei dieser Elemente wurden bereits erwähnt: 1) die Veränderung der Zeitwahrnehmung und 2) die persönliche Lebensgeschichte und emotionale Toxizität. Bei den anderen Elementen unseres Quartetts handelt es sich um zwei unterschiedliche Formen von feinstofflichen Energiekanälen im Körper. Das erste System solcher Kanäle oder Leitungsbahnen, die sogenannten *Meridiane*, wurde von den Taoisten im alten China beschrieben. Bis zum heutigen Tag wird es bei der Akupunktur benutzt. Das zweite System energetischer Kanäle im Körper wird *Nadis* genannt und von fortgeschrittenen Yogis dazu benutzt, das Bewusstsein zu beeinflussen.

Die Meridiane

Die Idee der Meridiane begegnete mir zum ersten Mal, als ich mich im Rahmen von »Acoustic Brain Research« mit der Gehirnforschung beschäftigte. Ich hatte diese Forschungsgruppe 1983 ins Leben gerufen, um die Effekte von Klängen und Musik auf die Vorgänge im Gehirn wissenschaftlich zu dokumentieren.

Das Interesse an den Auswirkungen von Klängen und Musik entstand aus meiner Arbeit als Psychotherapeut – ich hatte herausgefunden, dass Klänge und Musik den psychotherapeutischen Prozess vertiefen und beschleunigen können. Diese Erkenntnis weckte in mir den Wunsch, die zugrundeliegenden Gehirn/Geist-Prozesse besser zu verstehen. Damals, in den frühen 1980er Jahren, wusste man erst sehr wenig über dieses Phänomen. Da ich selbst keine Kenntnisse in der Gehirnforschung besaß, tat ich mich mit mehreren Forschern auf dem Gebiet der Bio-Verhaltenswissenschaft zusammen, die wie ich von der Idee fasziniert waren, dass Klänge und Musik eingesetzt werden konnten, um den Zustand des Gehirns und die Wahrnehmung zu verändern.

In jener Zeit entwickelte ich eine einzigartige Form psycho-
akustischer Technologie. Dazu war es erforderlich, sich viele
hundert Stunden lang verschiedene Klangmuster anzuhören,
um ihre Wirkungen auf das Gehirn zu dokumentieren, insbesondere durch Messungen mittels der topographischen Gehirn-
kartierungsmethode EEG.

Zu den eigenartigen Effekten, die ich nach stundenlangem
Anhören von bewusstseinsverändernden Klangmustern bei mir
selbst bemerkte, gehörte, dass meine Ohrläppchen sich manchmal ganz wund anfühlten, so dass ich es kaum noch aushalten
konnte, meine Kopfhörer zu tragen, bis das Gefühl endlich wieder nachließ.

Nun ist es so, dass die Akupunkturmeridiane für viele wichtige Körperorgane durch die Ohrläppchen verlaufen. Bestimmte
Klänge stimulieren offenbar diese Meridiane und somit auch die
Organe, mit denen sie verbunden sind. Möglicherweise können
bestimmte Klänge auch das Meridiansystem des Körpers direkt
beeinflussen. Jedenfalls sind manche praktizierende Taoisten
dieser Ansicht.

Ich persönlich gehe davon aus, dass bestimmte, während einer
Klangheilungssitzung eingesetzte Klänge tatsächlich die Meridian-
Aktivität und/oder Transformationserfahrungen stimulieren oder
dämpfen können. Und während intensiver Klangarbeit oder ge-
nereller Transformationsarbeit kommt es nicht selten vor, dass
Übende über deutlich wahrnehmbare Empfindungen in bestimmten Körperorganen berichten.

Auch habe ich beobachtet (und viele Akupunkteure ebenso),
dass unterdrückte Emotionen mitunter in Körperorganen »energetisch gespeichert« werden. Beispielsweise wird Wut manchmal
in der Leber gespeichert, Angst in den Nieren und Traurigkeit in
der Lunge und im Herzen.

Während intensiver Transformationserfahrungen können die
Organe diese gespeicherten Energien (und die damit verbundenen
Erinnerungen) in das Körper/Geist-System freisetzen.

Der Vierte Tiger

Meines Erachtens gibt es einen weiteren Aspekt, der bei der *psycho-spirituellen Reinigung* manchmal eine Rolle spielt, und dabei handelt es sich um das feinstoffliche System der Nadis. Das System der Nadis, das alle wichtigen Chakras des Körpers verbindet, ist im Westen weitgehend unbekannt, von Schülern des hinduistischen und buddhistischen Yoga einmal abgesehen. Wenn es aktiviert wird, können alle Arten außergewöhnlicher Effekte auftreten.

Vor ein paar Jahren nahm ich in Kathmandu an einer Initiation in Powa teil, einer tibetischen Meditationsmethode, bei der die Übenden trainieren, den Tod bewusst zu durchschreiten und zu einem gewissen Maß die Bedingungen ihrer nächsten Inkarnation aktiv zu wählen. Mein Lehrer war ein tibetischer Powa-Meister, der über viele Jahre als Einsiedler in Tibet gelebt hatte. Er sprach kein Wort Englisch, und ich kannte nur ein paar Brocken Tibetisch. Ein mit mir befreundeter Mönch diente uns als Übersetzer.

Obwohl ich nicht verstand, was der Powa-Meister sagte, bis seine Worte von meinem Freund übersetzt worden waren, konnte ich, während der Meister die alten Texte rezitierte, deutlich wahrnehmen, wie mich ein intensiver Fluss feinstofflicher Energien durchströmte.

An einem Punkt kurz vor dem Ende der Initiation spürte ich, dass ein klares weißes Licht durch alle meine Chakras und in das Netzwerk meiner Nadis strömte.

Nach der Initiation übersetzte mein Freund die abschließenden Ermahnungen des Meisters, dass es sich um eine sehr machtvolle Initiation handelte und ich höchstwahrscheinlich eine körperliche Reinigung erleben würde.

Ich ging zurück in mein Hotel. Dort wiederholte ich die Meditation, um mir die einzelnen Schritte besser einprägen zu können. Die letzten Worte des Meisters vergaß ich jedoch, duschte und legte mich schlafen. Mitten in der Nacht wachte ich auf und fühlte mich todkrank. Statt hellen Lichts, das durch meine Nadis strömte, spürte ich eine dunkle, zähflüssige Energie, die träge durch mein Energiesystem rann. Mir war übel und ich litt unter bohrenden Kopfschmerzen. Ich dachte schon, ich hätte mir eine Grippe oder eine Lebensmittelvergiftung zugezogen. Die Krankheitssymptome hielten etwa acht Stunden an, ehe sie allmählich verschwanden. Erst dann erinnerte ich mich wieder an die Abschiedsworte des Meisters.

Es handelte sich um *eine klassische psychospirituelle Reinigungsreaktion oder Entgiftung,* ausgelöst durch die leuchtende Energie, die der Powa-Meister und seine Tradition mir übermittelt hatten.

Auch nach anderen intensiven spirituellen Begegnungen habe ich vergleichbare Reinigungsreaktionen erlebt, weshalb dieser eigenartige Vorfall für mich einen klaren Sinn ergibt.

Als der Powa-Meister die alten Texte las, rief er damit die lebendige spirituelle Tradition an, der er angehörte. Von diesem energetischen Erbe geht eine starke spirituelle Macht aus, die er auf mich lenkte. Subjektiv erlebte ich das als leuchtenden Energiestrom in meine Nadis. So viel Licht in mir zu spüren war sehr erhebend.

Als der Text sich den eigentlichen Instruktionen für die Powa-Methode zuwandte, wurde das Licht in mir zu klarem weißen Licht, einem besonderen Leuchten, das bei tibetischen Buddhisten als überaus kostbar gilt. Wenn klares weißes Licht erscheint, ist das (in der Tradition des tibetischen Buddhismus) ein eindeutiges Zeichen dafür, dass ein Mensch in das reine Bewusstsein (*Bodhicitta*) eingetreten ist. Als ich dieses Licht in mir spürte, geriet ich in einen Zustand der Glückseligkeit.

So bekam ich die letzten Worte, die der Meister an mich richtete, gar nicht wirklich mit, in denen er mich vor der zu erwartenden körperlichen Reinigungsreaktion warnte.

Als ich in der Nacht aufwachte, mehrere Stunden nach der Initiation, leuchteten meine Nadis nicht mehr. Sie waren angefüllt mit Schlamm, mit unverdauter Negativität, meinen ungelösten Konflikten, Blockaden und seelischen Verunreinigungen. Ich schwamm bis zum Hals in meinem eigenen »Dreck«.

Um eine Metapher zu gebrauchen, mit der solche Vorgänge häufig beschrieben werden: Das Wasser meines Unterbewusstseins war aufgewühlt worden, und das hatte den Schlamm vom Grund an die Oberfläche gespült.

Wie man mit psychospiritueller Entgiftung umgeht

Mein Grundprinzip im Umgang mit psychospiritueller Reinigung ist Pragmatismus.

Wenn der eigene »Dreck« aufgewühlt wird, ist es zunächst einmal hilfreich, dieses unangenehme Erlebnis richtig einzuordnen. Zwar mögen die Empfindungen momentan unerfreulich sein, aber letztlich ist es eine gute Sache, wenn das Körper/Geist-System von unterdrückten Erinnerungen, Emotionen und/oder Toxinen gereinigt und befreit wird.

Wichtig ist dabei die persönliche Wohlfühlzone, die bei jedem Menschen anders aussieht.

Allgemein gesagt wird, von wenigen Ausnahmen abgesehen, eine durch einen Transformations-Katalysator herbeigeführte Reinigungsreaktion sich schließlich von selbst auflösen. Damit meine ich, dass die Reaktion, wenn man sie ungehindert ablaufen lässt, nach einer gewissen Zeit von selbst abklingt. Die Kunst im Umgang mit einer psychospirituellen Reinigungsreaktion besteht darin, die mit ihr einhergehenden Symptome und Empfindungen einfach geschehen zu lassen – ohne den Versuch, sie zu verändern oder erträglicher zu machen.

Als ich in Kathmandu diese intensive Reaktion erlebte (als Ergebnis einer machtvollen Powa-Initiation), blieb mir nichts anderes übrig als zuzulassen, dass ich mich wie der letzte Dreck fühlte. Und ich musste akzeptieren, dass ich keine Energie aufbrachte, aus dem Bett zu steigen und vor meinem Rückflug ein letztes Mal Bodnath zu besuchen – auch wenn es für tibetische Buddhisten eine der heiligsten Stätten überhaupt ist.

Und nach acht Stunden heftiger Übelkeit und weiteren vier Stunden, in denen ich mich einfach nur hundeelend fühlte, verschwanden die Symptome.

Finden Sie einen Weg, die Reinigungsreaktion (Entgiftung) einfach geschehen zu lassen. Das ist der beste Umgang damit.

Medizinische Gesichtspunkte

Beim Umgang mit der *psychospirituellen Entgiftung* halte ich es grundsätzlich für wichtig, dabei auftretende unangenehme körperliche Empfindungen von ernsthaften medizinischen Problemen zu unterscheiden. Immerhin können einige physische Begleiterscheinungen, die während einer Reinigungsreaktion auftreten, behandlungsbedürftigen medizinischen Symptomen ähneln.

Bei Reinigungsreaktionen empfindet man normalerweise keine starken Schmerzen. Wenn sich also körperliche Schmerzen einstellen, müssen Sie unbedingt abklären, ob es sich um ein medizinisches Problem handelt oder nicht. Wenn der Schmerz heftig ist und nicht rasch abklingt, sollten Sie auf jeden Fall ärztlichen Rat einholen. In solchen Situationen ist Vorsicht besser als Nachsicht, wie es so schön heißt. Suchen Sie bezüglich einer psychospirituellen Reinigungsreaktion medizinische Hilfe, dann rate ich zur Besonnenheit.

Wenn hohes Fieber auftritt (über 39 Grad), mit dem Thermometer gemessen und nicht bloß subjektiv empfunden, sollten Sie einen Arzt aufsuchen. Ich sage das, weil Menschen mitunter starke innere Hitze entwickeln, wenn feinstoffliche Energie durch die Nadis fließt. Manchmal kann diese *psychische Hitze*, wie es die Yogis nennen, sogar richtige Schweißausbrüche auslösen. Diese Form innerer Hitze ist ein Resultat der Reinigungsreaktion, aber die Körpertemperatur steigt dabei so gut wie nie über 39 Grad.

Wenn Sie Übelkeit empfinden und zusätzlich Schmerzen in Ihren inneren Organen, kann es sich um ein behandlungsbedürftiges medizinisches Problem handeln oder auch nicht. Wenn die Symptome mit Fieber einhergehen (unbedingt mit dem Fieberthermometer messen), könnte es sich um eine bakterielle oder Virusinfektion handeln. Tritt hingegen kein Fieber auf, ist es vermutlich einfach eine starke Reinigungsreaktion. Wenn Erbrechen und Fieber auftreten, sollten Sie sich in jedem Fall ärztlich behandeln lassen.

Zusammenfassung

Wenn man mit *psychospiritueller Entgiftung* konfrontiert wird oder generell mit Reinigungsreaktionen, ist es wichtig, sie als zwar außergewöhnlich, aber doch normal und natürlich zu akzeptieren.

Gebrauchen Sie dabei Ihren gesunden Menschenverstand. Stellen Sie sicher, dass es sich nicht um ein behandlungsbedürftiges medizinisches Problem handelt, und finden Sie einen Weg, den Prozess einfach geschehen zu lassen, bis er ganz von selbst abklingt.

Wenn Sie eine starke Reinigungsreaktion durchmachen, dient das Ihrem Körper/Geist-System dazu, sich von Negativität zu befreien. Ihr Körper verfügt auf diesem Gebiet über seine eigene angeborene Weisheit und Intelligenz. Vertrauen Sie ihm.

Originaltitel: »Psycho-spiritual Detoxification«
Erstmals auf Deutsch in dem Buch »Lichtmedizin«

Was es mit Grenzen auf sich hat

Vor einiger Zeit, bei einem meiner Seminare, kam eine Teilnehmerin ganz aufgeregt zu mir.

Sie hatte mit anderen Teilnehmern zu Mittag gegessen, und dabei war das Thema Vertrauen zur Sprache gekommen. Sie gestand vor der Gruppe, dass es ihr schwerfiel, anderen Menschen zu vertrauen. Ihre neu gefundenen Freunde boten sofort ihre Hilfe an.

Eine Teilnehmerin schlug vor, sie solle mit Affirmationen arbeiten wie: »Ich vertraue dem Universum ganz und gar.« Eine andere empfahl eine Visualisierungsübung, bei der sie sich selbst als eine leuchtende Blüte vorstellen sollte, die sich ganz für die Welt öffnete. Ein Teilnehmer bot ihr eine private Heilungssitzung zum halben Preis an. Alle am Tisch waren übereinstimmend der Meinung, dass, wenn sie nur genug vertraute, das Universum ihr diese veränderte Einstellung spiegeln würde.

Mit anderen Worten: Sie sollte anderen Menschen vertrauen, dann würden diese sich ganz von selbst auf vertrauenswürdige Weise verhalten. Diese Frau, für die Persönlichkeitsentwicklung noch Neuland war, verließ die Gruppe am Mittagstisch ziemlich entsetzt. Sie entdeckte mich zwischen den Sitzungen in der Eingangshalle und bat um ein Gespräch unter vier Augen.

»Was glauben Sie?«, wollte sie wissen. »Kann ich dem Universum vertrauen?«

»Darauf vertrauen, dass das Universum sich *wie* verhält?«, hakte ich nach.

Sie blinzelte irritiert und führte dann ihren Gedankengang fort. »Die anderen sagen, dass ich mehr vertrauen soll.«

»*Wem* vertrauen?«, fragte ich.

»Allen.«

»Das ist Quatsch«, entgegnete ich.

Da huschte ein Lächeln über ihr Gesicht.

»Verraten Sie mir«, sagte ich, »bei welchen Menschen in Ihrem Leben fällt es Ihnen im Moment schwer, zu vertrauen?«

»Bei meinem Freund«, antwortete sie ohne Zögern.

»Was hat er denn getan?«, fragte ich.

»Also, er sagt, dass er mich liebt. Aber er hat mich zwei Mal betrogen. Ich frage mich, ob ich ihm wirklich vertrauen kann.«

»Wie haben Sie sich gefühlt, als er Sie betrog?«, fragte ich.

»Es tat weh.«

»Nun, ich denke, Ihr natürlicher Bauch-Instinkt rät Ihnen, zu Ihrem eigenen Schutz eine Grenze zu ziehen.«

»Aber ist das denn spirituell?«, fragte sie verwirrt.

Als Psychotherapeut beobachte ich nun schon einige Zeit, dass aus psychologischer Sicht im New Age vieles ziemlich gestört abläuft. Ein befreundeter Ingenieur bezeichnete diese sogenannten »Wahrheiten« der New-Age-Spiritualität einmal als NAM, also New-Age-Mist. Sie sind wie diese kleinen Häppchen auf Cocktailpartys. Man hat etwas im Bauch, das einem die Illusion vermittelt, Nahrung aufgenommen zu haben, aber es handelt sich um leere Kalorien. Ein solcher NAM, der gegenwärtig groß in Mode ist, besagt, dass man alle seine Schutzwälle aufgeben und völlig offen sein solle. Als Therapeut halte ich das für potenziell gefährlich. Warum?

Es gibt in uns viele Bewusstseinsebenen. Auf einer Ebene, dem Transpersonellen, sind wir möglicherweise reiner Geist, nicht an Raum und Zeit gebunden, aber auf einer anderen Ebene sind wir

Säugetiere wie Hunde, Katzen, Wale, Delfine und Affen, um nur einige zu nennen. Wir sind biologische Wesen. Und unsere psychische Gesundheit hängt davon ab, dass wir unsere transpersonalen (zeitlosen) Aspekte des »Selbst« mit unseren persönlichen (zeitgebundenen) Aspekten in Einklang bringen.

Auf der biologischen Ebene begreift unsere Körper-Weisheit ganz klar, dass Grenzen notwendig sind. Jede Zelle besitzt eine Zellwand, die sie gegen die Außenwelt abschirmt. Eine Zelle, die diesen Schutz aufgibt, ist rasch dem Untergang geweiht. Ihre Wände schützen die Zellen vor toxischen Eindringlingen, beispielsweise Viren und Bakterien, oder anderen biochemischen Dämonen.

Die Botschaft? Ohne Grenzen gibt es kein Leben.

Allerdings gibt es in den Zellwänden auch kleine Öffnungen zur Außenwelt. Diese Tore werden bewacht. Wenn die Zelle spürt, dass ein Besucher gute »Absichten« hat, öffnet sie ihre molekularen Türen. Ist der Besucher jedoch toxisch, bleiben die Türen geschlossen. Zu den gutartigen Besuchern zählen Sauerstoff und Nährstoffe. Ohne diese »Lebensboten« könnte die Zelle nicht überleben. Jene empfindlichen Kräfte in unseren tierischen Körpern, die für die Aufrechterhaltung des Lebens verantwortlich sind, hängen davon ab, dass es ein Gleichgewicht zwischen Grenzen und Offenheit gibt.

Mit anderen Worten, auf der zellulären Ebene verfügt unsere Biologie über eine angeborene Weisheit, die es ihr ermöglicht, zwischen toxischen und lebenserhaltenden Faktoren zu unterscheiden. Biologische Systeme errichten Grenzen zwischen sich und allem Toxischen, während sie sich gleichzeitig dem öffnen, was ihr Überleben ermöglicht und unterstützt.

Auf der psychischen Ebene gelten die gleichen Prinzipien. Es gibt Situationen und Personen, die zu unserem Wohlergehen beitragen, während andere toxisch auf uns wirken. Die psychische Aufgabe zur Erhaltung der geistigen und spirituellen Gesundheit besteht darin, zwischen toxischen Personen und solchen zu unterscheiden, die eine gesunde Wirkung auf uns haben. Während aber unser Körper von Geburt an in der Lage ist, auf natürliche Weise gesunde Grenzen zu erzeugen, müssen wir erst lernen, gesunde mentale und emotionale Grenzen zwischen uns und der Welt zu errichten. Da viele von uns in dysfunktionalen Familien aufwuchsen, haben sie nie gelernt, auf mitfühlende Weise schützende Grenzen zwischen sich und anderen zu ziehen.

Und was meine ich mit mitfühlender Grenzziehung? Um das zu erklären, müssen wir näher untersuchen, was mit »Urteilsvermögen« und mit »Bewertung« gemeint ist. Urteilsvermögen und Bewertung sind nicht dasselbe. Und das führt uns zurück zu der Frage der Frau am Anfang: »Ist es spirituell, Grenzen zu ziehen?«

Einfach ausgedrückt bedeutet Urteilsvermögen, dass wir die offenkundigen Tatsachen einer Situation einschätzen, während Bewertung meint, dass wir eine Situation als »gut« oder »schlecht« einstufen. Nehmen wir die junge Frau und ihr Dilemma bezüglich ihres untreuen Partners als Beispiel. Sein Verhalten hatte sie verletzt, oder um es »psycho-politisch« korrekt auszudrücken: Sie hatte es zugelassen, dass sein Verhalten sie verletzte.

Daraus, dass er es bereits zwei Mal getan hatte, zu folgern, dass er es möglicherweise wieder tun würde, ist gesundes Urteilsvermögen, also simple Logik. Urteilsvermögen bedeutet einfach, dass man in der Lage ist, offenkundige Wahrheiten von Unsinn zu unterscheiden. Es findet keine Bewertung statt, sondern lediglich aufmerksames Beobachten. Sie hatte sein Verhalten beobachtet, und man musste kein Raketenforscher sein, um zu dem Schluss zu gelangen, dass er es mit relativ hoher Wahrscheinlichkeit wieder tun würde. Wenn sie es also vermeiden wollte, erneut verletzt zu werden, war es vernünftig, eine emotionale Grenze zu ziehen und auf Distanz zu diesem Mann zu gehen. Das ist gesundes Urteilsvermögen in Aktion.

Dinge mit Werturteilen zu belegen ist etwas ganz anderes. Wenn sie zum Beispiel geurteilt hätte, dass er ein »skrupelloser, elender Bastard« ist, hätte sie damit ein Werturteil über ihn gefällt. Urteilsvermögen ist von Natur aus neutral. Es ist nicht mit Emotionen aufgeladen. Man erkennt einfach eine Realität an. Es gibt keine Vorwürfe und Schuldzuweisungen, sondern nur Beobachtung.

Mitfühlendes Grenzziehen erfordert es, zunächst die Situation anzuschauen. Man muss sie klar sehen, ohne sie romantisch zu verklären und ohne den Versuch, sie zu etwas zu machen, das sie nicht ist. Wenn die Person oder Situation nicht gesund für Sie ist, gehen Sie auf Distanz. Punktum.

Während Sie sich aus der Situation oder von der Person zurückziehen, sollten Sie allerdings der Versuchung widerstehen, sie als »gut« oder »schlecht« zu bewerten. Auch wenn Sie die Motive des oder der Betreffenden nicht verstehen und obwohl Sie sich vielleicht verletzt fühlen, machen Sie sich selbst und der anderen Person das Geschenk, ihr den Raum zu geben, in dem sie tun kann, was sie tun muss – ohne klare Einschränkung, solange Sie selbst davon nicht betroffen sind.

Eine Großmutter aus den Südstaaten sagte einmal zu einem meiner Freunde: »Deine Rechte enden, wo meine Nase anfängt.« Was für eine wundervoll direkte und pragmatische Feststellung!

Wir alle müssen uns der psychischen Aufgabe stellen, selbst zu entscheiden, was gesund ist und was nicht. Psychische Reife zeigt sich darin, dass wir selbständig aktiv werden und uns vor allem schützen, was uns schädigt. Wie wir uns vor Toxischem schützen beziehungsweise dagegen abgrenzen, ist letztlich eine Frage unseres persönlichen Stils.

Paul Simon dichtete in einem seiner Songs: »Es gibt fünfzig Arten, einen Partner zu verlassen.« Und ebenso viele Wege gibt es, wie wir uns vor toxischen Situationen und Menschen schützen können.

Jene unter uns, die danach streben, bewusster und vielleicht spiritueller zu leben und zu handeln, sollten sich von Mitgefühl leiten lassen. Mitgefühl heißt aber nicht, dass wir uns von anderen als

»Fußabtreter« missbrauchen lassen. Vielmehr bedeutet Mitgefühl, einen geistigen und emotionalen Raum zu schaffen, in dem Sie anderen Menschen gestatten, sie selbst zu sein, auch wenn Sie sie nicht verstehen oder mit ihren Ansichten übereinstimmen. Mitgefühl bedeutet *nicht*, anderen zu gestatten, in Ihren emotionalen Raum einzudringen. Das wäre Unterwerfung.

Wenn unsere psychische und spirituelle Stärke zunimmt, entdecken wir, dass bestimmte Personen oder Situationen uns nicht länger angenehm sind. Was wir früher als wohltuend oder zumindest neutral wahrnahmen, erkennen wir nun als toxisch. Das passiert manchmal mit Familienmitgliedern, Ehepartnern und Freunden. Viele von uns haben heute den Eindruck, dass dieses Phänomen zunimmt. Vielleicht liegt das daran, dass die Dinge sich beschleunigen und in immer kleineren Zeiträumen immer mehr geschieht. Vielleicht ist es einfach der Preis für die Evolution des Selbst.

Während wir in uns die Linie zwischen unbewusst und bewusst überschreiten (halb-bewusst wäre wohl zutreffender), spüren wir, dass wir gegenüber manchen bisherigen zwischenmenschlichen Beziehungen Grenzen ziehen müssen. Das kann sich als ziemliche Herausforderung erweisen. Jenen von uns, die sich in diesem Zwiespalt befinden, empfehle ich den »Weg der Weißen Wolke«.

Dieser Weg besteht darin, alle Dinge und Situationen letztlich als substanzlos und leer zu betrachten. Was uns im einen Moment sehr real erscheint, ist schnell nur noch Erinnerung. Die scheinbare Festigkeit der Dinge und der schwere Ernst einer Situation sind in Wahrheit Trugbilder, bloße Illusionen. Buddhisten nennen das Samsara. Und wir haben uns darin verstrickt, weil wir verkörperte Wesen sind. Aus dieser Perspektive besteht die Kunst des Lebens darin, zu leben und zu handeln, ohne sich in den Fallstricken der Illusion zu verfangen.

Wenn Klienten in interpersonale Konflikte verstrickt sind, lasse ich sie manchmal in ihrer Vorstellung die Zukunft bereisen, vielleicht hundert Jahre weiter, und die Situation von dort aus betrachten. In fast jedem Fall hat das Problem sich längst aufgelöst. Die Feindseligkeit weicht der Erkenntnis, dass alle Menschen und Situationen unbeständig sind. Warum, so fragt der »Weisheits-Geist«, sollen wir uns in etwas verstricken, das aus der größeren Perspektive so unbedeutend und kurzlebig ist? In Samsara hat nichts Bestand. Alles vergeht wie weiße Wolken. Wenn wir uns dieser Wahrheit bewusstwerden, erkennen wir, dass wir alle sozusagen im selben Boot sitzen, dem Boot des Samsara, der Illusion.

Es mag aussehen, als hätte jemand oder etwas im Moment »die Oberhand«, aber das trifft nur aus einer Perspektive zu. Wir alle leiden, die Unterdrücker ebenso wie die Unterdrückten, denn wir alle sind ausnahmslos in Zeit und Raum gefangen. Doch gleichzeitig sind wir frei und offen, denn ein Teil von uns ist grenzenloses reines Bewusstsein und strahlendes Licht. Dieses reine Bewusstsein und Licht kann von uns nicht immer erfahren werden, aber es ist da, so wie der blaue Himmel über den Wolken. Unsere inneren Wolken, diese Gedanken, Gefühle und Verhaltensmuster, die uns in den einengenden Lügen des Samsara gefangen halten, kommen und gehen wie die Regenwolken. Aber der klare Himmel ist immer da.

Für jene von uns, die den Wunsch hegen, mit mehr Mitgefühl zu leben, besteht, ungeachtet welcher Tradition wir folgen, die spirituelle Aufgabe darin, zu dieser Ebene unseres Selbst vorzustoßen, zum Ort des reinen Geistes und grenzenlosen Lichts. Dadurch erlangen wir das Geschenk, die Relativität aller Dinge unmittelbar zu erkennen. Dann können wir es uns leisten, großzügig mit uns selbst und anderen zu sein, weil wir eingesehen haben, dass die Dinge nicht sind, was sie zu sein scheinen. Und wenn wir anderen gegenüber auf mitfühlende Weise Grenzen ziehen, kommt das aus unserer leuchtenden und grenzenlosen Natur.

Es mag sein, dass wir durch eine Situation oder Person »verletzt« wurden, doch aus transpersonaler Sicht ist all das wie die Wolken - im einen Moment überaus real und im nächsten verschwunden. Dieser Freiraum in unserem Bewusstsein ermöglicht es uns, andere Menschen so sein zu lassen, wie sie nun einmal sind, ohne dass wir das Bedürfnis verspüren, zu urteilen, zu missbrauchen oder Rache zu nehmen.

Für die erwähnte junge Frau würde eine mitfühlende Grenzziehung gegenüber ihrem Partner bedeuten, ihm dreierlei zu sagen: erstens, dass sie aufgrund seines Verhaltens zu dem Schluss gelangt ist, ihm nicht vertrauen zu können; zweitens, dass sie ihn verlässt; und drittens, dass sie keinerlei Groll gegen ihn hegt. Sie lebt einfach weiter ihr Leben, und er seines.

Nun bedeutet das keineswegs, dass uns niemals verurteilende, aggressive oder auf Rache sinnende Gedanken kommen, wenn wir von einem anderen Menschen verletzt wurden. Das Auftauchen solcher Gedanken, Gefühle und Fantasien anzuerkennen, ohne sich ihnen hinzugeben, ist eine spirituelle Disziplin, ein machtvolles Niyama (ein Sanskrit-Wort für Selbstbeherrschung oder Kontrolle). Niyamas, etwa der Versuch, sich selbst und anderen niemals zu schaden, stärken sowohl die Seele wie auch die persönliche Willenskraft. Mitfühlende Grenzziehung reduziert nicht nur zwischenmenschlichen Stress, sondern verhilft uns zu tiefen Einsichten in den Zustand unserer eigenen Psyche.

Damit meine ich, dass es für manche von uns eine echte Herausforderung ist, jemanden »ungeschoren davonkommen zu lassen«, der uns Schaden zugefügt hat. Doch in Wahrheit sind es wir selbst, die wir ungeschoren davonkommen lassen, denn der Wunsch nach Rache oder Bestrafung ist nur ein weiteres emotionales und spirituelles Gift, dem wir uns aussetzen.

Daher würde ich der oben erwähnten Frau mit Ja antworten: Eine Grenze gegenüber einer anderen Person zu ziehen, kann spirituell sein. Ob es wirklich spirituell *ist*, hängt davon ab, auf welche Weise wir diese Grenze ziehen.

Wenn »spirituelles Leben« den Versuch darstellt, im Bewusstsein der Heiligkeit allen Lebens zu handeln, dann ist eine solche mitfühlende Grenzziehung in der Tat ein spiritueller Akt. Auf angemessene Weise Grenzen zu setzen ist für alle biologischen Lebewesen notwendig. Auch für unsere mentale und emotionale Gesundheit ist es unverzichtbar, und ich wage zu sagen, auch für das »spirituelle Leben«.

Uns selbst oder anderen gegenüber Nein zu sagen, kann manchmal das Mutigste und Machtvollste sein, was wir tun können. Und manchmal ist es auch liebevoller und sogar mitfühlender, Nein zu sagen, als Ja.

Was das Grenzenziehen gegenüber anderen geht, ist noch etwas Wichtiges zu beachten: Losgelöstheit. Dass Sie Ihre eigene Wahrheit finden und ihr gemäß handeln, und zwar unabhängig davon, wie andere darauf möglicherweise reagieren, ist Zeichen wahrer Souveränität. Hierzu ist es unbedingt erforderlich, Grenzen zu ziehen und aufrechtzuerhalten. Das erinnert mich an eine Geschichte.

Eines Tages meditierte der unsterbliche Yogi Babaji mit seinen Chelas (Schülern) oben im Himalaya in einem Wald. Ein Mann kam des Wegs, und als er den großen Yogi erkannte, bat er darum, sein Schüler werden zu dürfen.

Babaji lehnte das ab und forderte den Mann zum Gehen auf. Doch der Mann folgte der Gruppe, wo sie auch hinging. Schließlich warf Babaji Steine nach ihm und sagte, er solle verschwinden.

Der Mann erwiderte völlig verstört, wenn Babaji, der große Yogi, sich weigere, ihn als Schüler anzunehmen, werde er sich vom nächsten Felsen stürzen. Ruhig sagte Babaji zu ihm, das sei ihm gleichgültig. Als der Mann das hörte, sprang er von einem Felsen in den Tod.

Babaji stieg zum Fuß des Felsens hinunter und erweckte den Mann wieder zum Leben. Nachdem dieser nun sein enormes negatives Karma aufgelöst hatte, wurde er als Schüler akzeptiert.

Gurus sind für ihren Jähzorn bekannt. Sie folgen Impulsen, die wir uns kaum vorzustellen vermögen. In jedem Fall ist dies eine Geschichte über das Ziehen spiritueller Grenzen. Ich hoffe, auf unserer Reise zur Ganzheit wird niemand von uns sich von einem

Felsen stürzen müssen. Aber wir alle werden ab und zu gezwungen sein, anderen gegenüber Grenzen zu ziehen.

Möge es uns allen gelingen, notwendige Grenzen auf mitfühlende Weise zu ziehen. Und mögen wir die Kraft finden, uns zu öffnen und Ja zu sagen, wenn wir Ja meinen, und den Mut, Nein zu sagen, wenn wir Nein meinen.

Originaltitel: »The Nature of Boundaries«
Deutsche Erstveröffentlichung

Über die Hathoren

Im vorliegenden Buch ist immer wieder von den Hathoren die Rede, sie steuern sogar zwei der enthaltenen Essays und einiges an Hintergrundinformationen bei. Es handelt sich dabei um geistige Wesenheiten, deren musikalische Klänge und gesprochene Botschaften Tom Kenyon seit mehr als zehn Jahren medial empfängt. Ihre Musik ist auf mehreren CDs festgehalten, ihre gesammelten Botschaften finden Sie in den Büchern *Aufbruch ins höhere Bewusstsein* und *Lichtmedizin*, die auch viel zusätzliches Material über diese Wesenheiten enthalten.

Judi Sion schreibt: »Die Wesen, die das Material in den Büchern übermittelt haben, wurden als Hathoren bekannt, weil sie im alten Ägypten durch die Tempel der Göttin Hathor wirkten. Der eigentliche Name ihrer Zivilisation ist ein *Klang*, nicht ein Wort, und er lässt sich nicht ins Deutsche, Englische oder irgendeine andere Sprache der Erde übersetzen. Weil sie durch die Tempel der Hathor wirkten, wurde der Energie dieser Wesen derselbe Name zugeordnet wie der Göttin. Da ihr richtiger Name nicht als Wort ausgesprochen werden kann, ist der Name, bei dem wir sie nennen, wenn Sie so wollen, ein Missverständnis, das sich für diese interdimensionalen Wesen aus Klang und Liebe erhalten und eingebürgert hat.

Die Göttin Hathor und die Hathoren stammen nicht aus derselben Zivilisation oder Dimension, aber in ihrer anthropomorphen Gestalt sind ihre Gesichtszüge einander sehr ähnlich, so dass die Abbildungen der Göttin und der Wesen, die durch ihre ägytischen Tempel wirkten, sich erstaunlich gleichen. Die Göttin Hathor und die Wesenheiten, die Hathoren, haben ganz ähnliche Ohren und auch ähnlich breite Gesichter, wobei die waagerechten Linien von Ohr zu Ohr länger sind als die senkrechten Linien von Stirn zu Kinn.

Als die Wesen namens Hathoren eingeladen wurden, am alten Ägypten teilzuhaben, war es nur logisch, dass sie in den Hathor-Tempeln tätig wurden. In nahezu jeder größeren Tempelanlage gab es einen Tempel dieser Göttin, und ihre Eingeweihten, die Priester und Priesterinnen, waren hoch entwickelte Personen. Sie arbeiteten mit Klang und Musik als integralem Bestandteil ihrer Methodik, sich in Trance und in die zweite Welt der Aufmerksamkeit (das *duwat*) zu begeben, und so war es den Wesenheiten, den Hathoren, möglich, mit diesen hoch entwickelten Ägyptern zu kommunizieren.«

Auch in unserer heutigen Zeit treten die Hathoren durch Channelmedien mit uns in Verbindung, und ihr wesentlicher und reinster Übermittler ist Tom Kenyon.

Zeitnahe Übersetzungen seiner aktuellen Hathoren-Botschaften finden Sie regelmäßig auf www.AmraVerlag.de.

Die Wirkung von Klang auf das Bewusstsein

von Tom Kenyon

Die Verwendung von Klang und Musik zu Heilungszwecken hat eine lange Geschichte, die eigentlich bis zu den Anfängen der Menschheit zurückreicht.

Es ist vielfach belegt, dass indigene Schamanen und Heiler Instrumente wie die menschliche Stimme, Trommeln, Flöten und Schlagwerkzeuge benutzten, um Gehirnzustände zu verändern, also die neuronale Aktivität im Gehirn selbst. Studien haben beispielsweise ergeben, dass bestimmte Trommelmuster die Theta-Aktivität in der Großhirnrinde erhöhen können, ein Gehirnzustand, der nachweislich mit hypnagogen Zuständen des Gewahrseins, traumähnlichen Bewusstseinszuständen sowie Zuständen ungewöhnlicher geistiger Kreativität einhergeht.

Forschungen, die über die neurologischen Wirkungen von Klang durchgeführt wurden, zeigten, dass das menschliche Gehirn auf höchst spezifische Weise auf reinen Klang reagiert. Positronen-Emissions-Tomografien, sogenannte PET-Scans, die den Glukoseverbrauch auf Zellebene messen, machten deutlich, dass reiner Klang oder Musik (ohne Worte) eine Steigerung der Zellaktivität in der rechten Gehirnhemisphäre bewirkt.

Obwohl beide Hirnhälften viele verschiedene Informationsarten verarbeiten, lässt sich eine einfache Unterscheidung bei der Aufgabenverteilung feststellen.

Trotz der individuellen Unterschiede zwischen den Gehirnen der Menschen verarbeitet die linke Hemisphäre, allgemein gesprochen, Sprache und Logik. Die rechte Hemisphäre andererseits »versteht« Sprache als solche gar nicht. Vielmehr verarbeitet sie räumliche Informationen, Paradoxa, Neuigkeiten und außersprachliche Informationen auf eine Weise, zu der die linke Gehirnhälfte nicht in der Lage ist.

Auch wenn unsere Fähigkeiten, Sprache zu verstehen und hervorzubringen, lebenswichtige Bestandteile unserer menschlichen Erfahrung sind, gibt es noch andere wertvolle Aspekte unserer Intelligenz, die unsere Kultur gemeinhin *nicht* als etwas betrachtet, dem ein eigenständiger Wert innewohnt.

Die Ironie ist hier, dass die Geschichte voll ist von Beispielen für wissenschaftliche Durchbrüche, die dadurch erfolgten, dass Wissenschaftler die Fähigkeiten ihrer rechten Gehirnhälfte einsetzten, um Situationen und Gegebenheiten auf neue Weise zu »sehen«.

Eine meiner diesbezüglichen Lieblingsgeschichten betrifft den deutschen Chemiker Friedrich August Kekule, der sich später August Kekulé nannte und im 19. Jahrhundert die Grundlagen für die moderne Strukturtheorie der organischen Chemie legte. Er schlug sich mit dem Aufbau des Benzolrings herum.

Eines Nachts, als er ganz verzweifelt darüber war, dass er die Struktur dieses bestimmten Moleküls einfach nicht bestimmen konnte, hatte er einen wahrhaft seltsamen Traum, in dem er eine Schlange sah, die ihren eigenen Schwanz verschlang.

Daran finde ich gleich mehrere Dinge interessant. Zum Einen zeigte sein Traum von einer Schlange, die sich in den Schwanz beißt, im Grunde ein uraltes alchemistisches Symbol namens Uroborus oder Ouroborus, das manchmal mit Selbstreflexivität in Verbindung gebracht wird – im Sinne von etwas, das sich selbst hervorbringt.

Kekulé erwachte aus seinem Traum und »wusste«, dass dies die Struktur von Benzol ist. Was ihn zum Genie machte, im Gegensatz zu jemandem, der einfach nur einen ungewöhnlichen Traum hatte, war seine Fähigkeit, die räumlichen Bilder aus seiner intuitiven rechten Gehirnhälfte in die Sprache seiner linken Gehirnhälfte, in die der Logik und Mathematik, zu »übersetzen«

Als interessante Randnotiz sei erwähnt: Mindestens ein Historiker merkte an, dass Kekulé nicht der Erste war, der den Benzolring entdeckte. Aber wer nun was und wann entdeckte, spielt eigentlich keine große Rolle für Kekulés Traum. Kekulé behauptete, dass das im Traum geborene Vorstellungsbild zweifellos hilfreich war für die Problemlösung.

Wenn die rechte Gehirnhälfte stimuliert wird, wie bei der Verwendung von reinem Klang oder Tönen, kommt es häufig zu einem Anstieg außergewöhnlicher Bewusstseinszustände. Dies geschieht, weil die rechte Gehirnhälfte die räumlichen und intuitiven Aspekte unserer Intelligenz anspricht. In diesen neurologischen Zuständen kann unsere Wahrnehmung der Realität - innerlich wie auch äußerlich - sich sehr von unserer Alltagserfahrung unterscheiden. Unsere Sinne können geschärft oder empfänglicher sein, lebhafter oder feiner. Es ist nicht ungewöhnlich, dass es während dieser Art veränderter Zustände zu unmittelbareren Erfahrungen des äußeren und des Innenlebens kommt, nämlich aufgrund der direkten Wahrnehmung unserer psychischen Antriebe - unserer tiefsitzenden Emotionen, Fantasien und archetypischen Konflikte oder Dramen. In solchen Fällen stellt sich unser unbewusstes mentales/emotionales Material möglicherweise als innere Symbolwelt (traumähnliche Bilder) oder sogar in Gestalt innerer Dialoge dar.

Während unsere westliche Kultur gegenüber diesen tiefen emotionalen und mentalen Zuständen gemeinhin gleichgültig ist, berichten zahllose Anekdoten aus dem Leben großer Wissenschaftler und Künstler davon, dass diese Bewusstseinszustände Tore zu unserem inneren Genius sind.

Die Neuropsychologie hat deutlich gezeigt, dass wir lediglich einen geringen Teil des Potenzials unseres Gehirns/Verstandes nutzen. Das hat auch mit der einfachen Tatsache zu tun, dass unsere Gehirne nur dann neurologische Netzwerke aufbauen, wenn sie auf neue Art und Weise herausgefordert werden.

Im Jahre 1983 begann ich im Rahmen der Acoustic Brain Research (ABR) mit meiner psychoakustischen Arbeit und machte mich daran, die Wirkung von Klang und Musik auf das Gehirn zu studieren – als ein Mittel zur Steigerung des menschlichen Potenzials auf den Gebieten der Kreativität und höchsten Genialität.

Auf der Grundlage dieser Forschungen und meiner eigenen Erfahrungen mit auf Klang beruhenden Methoden kam ich zu der Überzeugung, dass veränderte Bewusstseinszustände ein mächtiger Schlüssel zur Erschließung eines Großteils unseres ungenutzten Potenzials sind. Und Klang und Musik sind uns dabei eine beispiellose Hilfe.

Hören ist Glauben, und ich lade Sie dazu ein, die Macht des Klanges und der Musik zur Veränderung der Bewusstseinszustände selbst zu erfahren.

Originaltitel: »The Effects of Sound On Your Innate Genius«
Deutsche Erstveröffentlichung

Deutsche Bibliografie und Diskografie

Bibliografie

Aufbruch ins höhere Bewusstsein. Die Hathoren-Botschaften. Wie wir die Herausforderungen unserer Zeit meistern. Deutsche Originalausgabe; aus den amerikanischen Manuskripten übersetzt von Ingrid Riedel-Karp, mit 16 Seiten Farbteil und exklusiver CD-Beilage »Dimensional Attunement«, 256 Seiten, Amra Verlag, Hanau 2009; auch als eBook [ohne CD].

Die Große Veränderung [mit Lee Carroll, Patricia Cori, Judi Sion, hrsg. von Martine Vallée]. Originaltitel der frankokanadischen Ausgabe: *La Grande Transformation*; englischer Originaltitel: *The Great Shift*; aus dem Amerikanischen von Thomas Görden und Ingrid Riedel-Karp, 224 Seiten, Amra Verlag, Hanau 2009; auch als eBook.

Die Hathor-Zivilisation. Was wir aus unserer Zukunft lernen können [mit Virginia Essene], Originaltitel der US-Ausgabe: *The Hathor Material*; aus dem Amerikanischen von Silvia Autenrieth, 224 Seiten, Burgrain 2000. Unveränderte Taschenbuch-Ausgabe: *Die Hathor-Zivilisation. Gespräche mit interdimensionalen Wesen* [mit Virginia Essene], 288 Seiten, Koha Verlag, Burgrain 2011. – Eine grundlegend überarbeitete Neuausgabe erschien 2013 unter dem

Titel *Die Weisheit der Hathoren*, gemeinsam mit den dazugehörigen CDs »Hathor-Meditationen« und »Hathor-Sounds« als Einzelveröffentlichungen, siehe dort.

Hathoren Zeitenwende Kalender 2012-2013 [Wandkalender mit Fotos von Adrianne Koteen]. Deutsche Originalausgabe, Din-A4 quer, Spiralbindung, Monatsblätter mit Botschaften der Hathoren und astrologischen Daten; aus dem Amerikanischen von Thomas Görden und Ingrid Riedel-Karp, 28 Seiten, Amra Verlag, Hanau 2011 [vergriffen].

Lebe in deinem eigenen Licht. Botschaften von Maria Magdalena und den Plejaden [mit Wendy Kennedy]. Neuzusammenstellung auf der Grundlage der kanadischen Originalausgabe: *The Great Human Potential*; aus dem Amerikanischen übersetzt von Nayoma de Haën u.a., 224 Seiten, Koha Verlag, Burgrain 2014.

Lichtboten vom Arcturus. Mitteilungen einer aufgestiegenen Zivilisation, eingeleitet von den Hathoren [mit Judi Sion]. Originaltitel der US-Ausgabe: *The Arcturian Anthology*; die dazugehörige CD erschien als Einzelveröffentlichung »Reine Liebe vom Arcturus«, siehe dort; aus dem Amerikanischen von Thomas Görden und Sarah Heidelberger, 272 Seiten, Amra Verlag, Hanau 2014; auch als eBook.

Lichtmedizin. Botschaften der Hathoren für die Neue Zeit. Deutsche Originalausgabe; aus den amerikanischen Manuskripten übersetzt von Thomas Görden, Sarah Heidelberger und Michael Nagula, mit exklusiver CD-Beilage »Der Kristallpalast im Inneren«, 272 Seiten, Amra Verlag, Hanau 2013; auch als eBook [ohne CD].

Das Manuskript der Magdalena. Die Alchemie des Horus und die Sexualmagie der Isis [mit Judi Sion]. Originaltitel der US-Ausgabe: *The Magdalen Manuscript*; aus dem Amerikanischen von Nayoma de Haën, 256 Seiten, Koha Verlag, Burgrain 2003.

Mit den Krokodilen ringen. Gesammelte Essays und Reiseberichte. Deutsche Originalausgabe; aus den amerikanischen Manuskripten übersetzt von Thomas Görden, Sarah Heidelberger, Ingrid Riedel-Karp und Michael Nagula, 272 Seiten, Amra Verlag, Hanau 2014; auch als eBook.

Neue Zeit [mit Lee Carroll, James Tyberonn, Patricia Cori, Judi Sion, hrsg. von Martine Vallée]. Originaltitel der frankokanadischen Ausgabe: *Le Grande Rassemblement*; englischer Originaltitel: *The Great Gathering*; aus dem Amerikanischen von Sarah Heidelberger und Thomas Görden, 368 Seiten, Amra Verlag, Hanau 2012; auch als eBook.

Die Weisheit der Hathoren. Botschaften einer aufgestiegenen Zivilisation [mit Judi Sion]. Überarbeitete Neuausgabe des Titels *The Hathor Material*; die dazugehörigen CDs »Hathor-Meditationen« und »Hathor-Sounds« erschienen als Einzelveröffentlichungen, siehe dort; aus dem Amerikanischen von Nayoma de Haën, 272 Seiten, Amra Verlag, Burgrain 2013.

Diskografie

Aethos. Aufhebung der Dualität. Sechs starke Klangmeditationen zum Eintreten in ein Bewusstseinsspektrum, das aller Existenz zugrundeliegt – ein machtvoller Auslöser für die Selbst-Evolution; 56 Minuten, Amra Verlag, Hanau 2013.

Angel Codes. Anrufung der Erzengel [2 CDs]. Tom Kenyons über fast vier Oktaven reichende Stimme channelt Kodierungen zur Heilung und Transformation und öffnet ein klangvolles Tor zum Engelreich; Live-Aufnahme eines Oster-Retreats; 124 Minuten, Koha Verlag, Burgrain 2008.

Ascension Codes. Aus der Zukunft übermittelte Klangcodes, die unsere Schwingung erhöhen und den bewusstseinsmäßigen Aufstieg erleichtern; 61 Minuten, Koha Verlag, Burgrain 2010.

Ba Ra Shem Ka. Gesang an die Himmlische Seele, damit sie in einer strahlenden Erleuchtung ihre spirituelle Energie verströmt und so die Feuer des Bewusstseins entfacht, die Lebenskraft stärkt und den menschlichen Lichtkörper transformiert; 66 Minuten, Amra Verlag, Hanau 2011.

Barod. Eine Kombination aus nicht-elektronischen Melodien und Obertonklängen zur Stärkung der Verbindung zwischen dem ätherischen Zwilling KA und der Himmlischen Seele, unterstützend für den Aufstiegsprozess; 60 Minuten, Koha Verlag, Burgrain 2014.

Chakra Clearing [4 CDs]. Ein Hathoren-Intensivseminar zur Reinigung und Harmonisierung der sieben Ebenen des Bewusstseins, enthält ein 52 Seiten umfassendes Booklet; 210 Minuten, Amra Verlag, Hanau 2012.

City of Hymns. Betörend schöne Interpretationen weltbekannter christlicher Lieder, inspiriert von einer Begegnung mit Jesus; 47 Minuten, Koha Verlag, Burgrain 2001.

Dimensional Attunement [nur als Begleit-CD zum Buch »Aufbruch ins höhere Bewusstsein« erhältlich]. Eine Klangreise zur dimensionalen Abstimmung der Zirbeldrüse, die den Aufstieg in unserer Zeit erleichtert; 64 Minuten, Amra Verlag, Hanau 2009.

Forbidden Songs. Eigene Lieder aus zwanzig Jahren zu den Themen Verzweiflung, Obsession und Erleuchtung; 65 Minuten, Koha Verlag, Burgrain 2001.

The Golden Orb. Gesänge an Kuan Yin, bei denen durch den Körper geführtes Chi tiefe taoistische Heilerfahrungen bewirken kann; 59 Minuten, Amra Verlag, Hanau 2010.

Hathor-Meditationen [2 CDs; thematisch mit dem Buch »Die Weisheit der Hathoren« verbunden]. Geführte Meditationen zur Selbstmeisterung und Geometrie des Bewusstseins; 130 Minuten, Koha Verlag, Burgrain 2013.

Hathor-Sounds [thematisch mit dem Buch »Die Weisheit der Hathoren« verbunden]. Klänge der Hathoren, aufgenommen bei verschiedenen Workshops und Intensivseminaren; 40 Minuten, Koha Verlag, Burgrain 2013.

Homage to Soul. Harmonien für die Seele. Gitarre, Flöte, Cello und Stimme betören durch Klänge zur Erhöhung von Konzentration und Aufmerksamkeit, die auf Forschungen von Professor Georgi Lozanov beruhen, dem Begründer des ganzheitlichen Lernens, mit 60 Schlägen pro Minute; 66 Minuten, Amra Verlag, Hanau 2013.

Heart Gems 1. Spiritual Songs for Lovers. [Sampler mit acht Titeln von Tom Kenyon, Sayama und Felix Maria Woschek.] Heilige und heilende Musik aus verschiedenen Traditionen; 60 Minuten, Koha Verlag, Burgrain 2004 [vergriffen].

Imaginarium. Inspirierte und inspirierende Gesänge und Klänge, die ins Reich zwischen Bewusstsein und Materie einladen, sowie Lieder, die das Herz berühren; 61 Minuten, Koha Verlag, Burgrain 2004, Nachpressung 2014.

Immunity. Schamanische Heilgesänge. Heilungskodierungen von zweiunddreißig geistigen Klangheilern erzeugen ein einzigartiges Gewebe heilender Klangwellen. [Lesen Sie hierzu den Essay »Immunität« über die Entstehung der CD im vorliegenden Buch.] 60 Minuten, Koha Verlag, Burgrain 2007.

Initiation – Lied der Neuen Erde. Eine Einweihung durch die geistige Welt, live gechannelt bei einem Klangheilungsseminar, sowie ein seelenvolles Lied der Hoffnung, geschrieben auf Wunsch der geistigen Welt; 45 Minuten, Amra Verlag, Hanau 2010.

Infinite Pool. Reise in das holographische Gehirn. Das Klangmuster eines Akul, eines hoch entwickelten Geistwesens der ägyptischen Alchemie, sowie die Stimmen von dreizehn Hathoren regen die Kommunikation zwischen den Gehirnhälften an. [Lesen Sie hierzu den Essay »Der Übergang ins holographische Universum« im vorliegenden Buch.] 60 Minuten, Koha Verlag, Burgrain 2004.

Das Kalachakra des Großen Mitgefühls. Gesänge für den Buddha des Mitgefühls erwecken durch tantrische Vereinigung das innere Licht; 72 Minuten, Amra Verlag, Hanau 2010.

Der Kristallpalast im Inneren und das Öffnen der Hallen von Amenti [nur als Begleit-CD zum Buch »Lichtmedizin« erhältlich]. Vier umfangreiche Klangmeditationen, um den Zugang zu höheren Ebenen des Bewusstseins zu erlangen, und eine dimensionale Abstimmung der Hirnanhangdrüse; 63 Minuten, Amra Verlag, Hanau 2013.

Kundalini Rising. Erweckung der Schlange des Lichts [3 CDs]. Kundalini Shakti ist die ursprüngliche weibliche Energie des Bewusstseins und gilt in der Yoga-Tradition als Göttin, die das Meditieren erleichtert; mit einem umfangreichen Booklet, 180 Minuten, Amra Verlag, Hanau 2013.

Lightship. Klänge eines arcturianischen Lichtschiffs aus einem Tal in Südfrankreich führen zu Zuständen der inneren Bewusstheit und zur Wahrnehmung anderer Bewusstseinswelten. [Lesen Sie hierzu den Essay »Psychonavigation« über Techniken zum Aufsuchen einer alternativen Zukunft im vorliegenden Buch.] 61 Minuten, Amra Verlag, Hanau 2010.

Muerte. Ein spiritueller Transformationsprozess, der durch das schamanische Totenreich führt und alte Programmierungen auflöst; 50 Minuten, Amra Verlag, Hanau 2012.

Mysterium. Heilgesänge der Hathoren, die Körper, Geist und Seele nähren, weil sie als reiner Klang anregend auf die rechte Gehirnhälfte wirken, die Kreativität und Erkenntnis hervorbringt; 63 Minuten, Amra Verlag, Hanau 2011.

Reine Liebe vom Arcturus [thematisch mit dem Buch »Lichtboten vom Arcturus« verbunden]. Klangmeditationen des arcturianischen Meisters Esu, um multiple Dimensionen des Bewusstseins zu erfahren und sich an die Lichtfluktuationen im Inneren der arcturianischen Erneuerungskammer anzupassen; 66 Minuten, Amra Verlag, Hanau 2014.

Sacred Chants. Heilige Gesänge aus dem Welterbe der Spiritualität mit beruhigender und entspannender Wirkung zum Stressabbau. 59 Minuten, Koha Verlag, Burgrain 2002.

Solace. Mit seiner Stimme, Obertönen und dezenten Klaviertönen bringt Tom Kenyon Entspannung für die Seele. Ideal für Massagen, Heilungen, therapeutische Sitzungen und einfach nur zum Anhören; 61 Minuten, Amra Verlag, Hanau 2011.

Soma. Auf der harmonischen Quinte beruhende melodische Kompositionen mit Biopulsfrequenzen und »essentischen Formen«, bei denen durch den Druck der Stimme positive Emotionen übertragen werden. Ideal für Meditationen und Heilbehandlungen; 60 Minuten, Koha Verlag, Burgrain 2004.

Songs of Magdalen. Lieder und Klänge, gechannelt aus dem Licht dieses göttlichen Wesens, aus dem Herzen der Kosmischen Mutter; 56 Minuten, Koha Verlag, Burgrain 2007.

Sound Transformations. Live-Aufnahme magischer Tonschöpfungen der Hathoren zur Transformation und Heilung. 59 Minuten, Koha Verlag, Burgrain 2001.

Die Sphäre aller Möglichkeiten [10 CDs]. Live-Aufzeichnung eines dreitägigen Hathoren-Intensivseminars zur Manifestierung durch Gewahrsein und Intention; umfangreiches deutsches Begleitbuch. 555 Minuten, Amra Verlag, Hanau 2014.

The Spirit of Amra, Vol. 1. [Gratis-Sampler mit sechzehn Titeln von Tom Kenyon, Karin Tag, Ani Williams, Nicole Haller u.a.] Ein Querschnitt durch das Programm von Amra Records mit fünf Minuten »Dimensional Attunement« als Bonus; 61 Minuten, Amra Verlag, Hanau 2012.

Transmissions of Light. Gesänge der Hathoren, deren Klangkodierungen große Mengen an Licht übertragen, speziell für das System der endokrinen Drüsen, aufgenommen bei einem dreitägigen Workshop; 60 Minuten, Amra Verlag, Hanau 2013.

Voices from Other Worlds. Elf wundervolle spirituelle Lieder, die nach verschiedenen schamanischen Systemen heilsam wirken; 58 Minuten, Amra Verlag, Hanau 2010.

Weiße Tara. Meditation für den Planeten, um die Flinke Beschützerin zu ehren, eine Göttin des Mitgefühls im tibetischen Buddhismus, damit sich ihr hohes Bewusstsein auf der Welt verbreiten kann; 59 Minuten, Amra Verlag, Hanau 2011.

Textauszüge und Hörproben der genannten Bücher und CDs finden Sie auf www.AmraVerlag.de. Fordern Sie kostenlos unsere Gratis-CD an unter +49 (0) 61 81 – 18 93 92.

Die Autoren

Als echter Renaissancemensch ist Tom Kenyon Forscher, Therapeut, Musiker, Klangheiler und Lehrer jedes größeren Transformationssystems, des tibetischen Buddhismus, Taoismus, Hinduismus, esoterischen Christentums und der Hohen Alchemie Ägyptens. Er hat einen Abschluss als Psychotherapeut und mehr als dreißig Jahre praktische Berufserfahrung. In seiner therapeutischen Arbeit erkannte er das enorme Potenzial der Wirkung von Klang und Musik auf das Bewusstsein und gründete 1983 »Acoustic Brain Research« für die Anwendung von Klang, Sprache und Musik zur Freilegung schöpferischer Energie. Er gibt Workshops und leitet überall auf der Welt spirituelle Reisegruppen.

Seine Erfahrungen als Channelmedium für die Hathoren führten zu dem Buch *Die Hathor-Zivilisation* (Koha 2000), das mittlerweile als überarbeitete Neuausgabe unter dem Titel *Die Weisheit der Hathoren* (Koha 2013) vorliegt. Auch Maria Magdalena channelt er seit einigen Jahren, wodurch gemeinsam mit seiner Ehefrau Judi Sion *Das Manuskript der Magdalena* (Koha 2003) entstand. Neues Material aus beiden geistigen Quellen brachten die im Amra Verlag erschienenen Bücher *Die Große Veränderung* und *Neue Zeit*. Sie enthalten neben seinen Arbeiten auch Channelings von Lee Carroll und Patricia Cori, die Kryon und den Hohen Rat vom Sirius durchgeben. Mit *Lebe in deinem eigenen Licht* erschien 2014 bei Koha ein Titel, der seine Botschaften der Hathoren und Maria Magdalenas mit Material von Wendy Kennedy verbindet, die Wesenheiten von den Plejaden channelt.

Tom Kenyons allein verfasste Bücher *Aufbruch ins höhere Bewusstsein* und *Lichtmedizin* sind Exklusivausgaben mit beiliegender CD, die bisher nur auf Deutsch bei Amra vorliegen. Ersteres enthält außerdem noch einen 16-seitigen Hathor-Farbfototeil von Judi Sion und Adrianne Koteen. Neben ausgewählten weiteren Texten versammeln diese beiden Bücher zusammen erstmals alle bis 2013 im Internet verbreiteten planetaren Botschaften der Hathoren. Mit den *Krokodilen ringen* ist eine weltweit bisher einmalige Exklusivausgabe der gesammelten Essays von Tom Kenyon. Sein Werk *Lichtboten vom Arcturus*, das gemeinsam mit Judi Sion entstand und zu dem getrennt auch die CD *Reine Liebe vom Arcturus* vorliegt, präsentiert das erste Ergebnis seines mentalen Kontakts mit gleich mehreren Arcturianern. In diesen Botschaften kommen zu Wort: ein Arzt, ein Wissenschaftler, ein Krieger, ein Bibliothekar der Akasha-Chroniken, ein Meditationsmeister sowie Sanat Kumara, Yeshua ben Joseph und Maria Magdalena. Sie werden eingeführt von den Hathoren.

Auch als Klangheiler ist Tom Kenyon eine Koryphäe. Einige seiner Essays im vorliegenden Sammelband künden davon. Er hat fast vierzig CDs produziert, darunter mehrere umfangreiche Sets, mit denen sich Kreativität, Erkenntnis und spirituelle Erleuchtung fördern lassen; auch ein Computer-Mousepad liegt vor. Neue Bücher und CDs von ihm sind bei Amra in Vorbereitung.

Judi Sion ist spirituelle Lehrerin, Fotografin, Journalistin und seit vielen Jahren Wegbegleiterin und Gefährtin von Tom Kenyon. Sie war in Washington/DC auf dem Gebiet Kommunikation, Werbung und politische Beratung tätig, arbeitete als Zeitungskolumnistin, war einer der ersten weiblichen Radio-DJs in den USA und moderierte eine eigene Talkshow. Sie verbrachte sieben Jahre in der Mysterienschule ihres »Lehrers im Wind«. In jener Zeit entstanden ihre Bücher *Der letzte Walzer der Tyrannen*, *Finanzielle Freiheit* und *Ufos und die Natur der Realität*, die unter anderem ins Deutsche, Spanische und Französische übersetzt wurden. Sie hielt in den USA und Europa Vorträge über Ufos und Spiritualität und lernte aus Interesse an den Traditionen der nordamerikanischen Indianer fünf Jahre lang bei den Großvätern und Großmüttern verschiedener Stämme, darunter denen der Hopi. Seit dem Buch *Das Manuskript der Magdalena*, deren Botschaft sie überall auf der Welt verbreiten, schreibt sie oft auch gemeinsam mit Tom Kenyon. Zuletzt erschien sehr erfolgreich ihrer beider Buch *Lichtboten vom Arcturus*. Sie leben in einer Heiligen Beziehung.

> »Himmel und Erde, Materie und reiner Geist, miteinander zu einer vollkommenen bewussten Einheit verbunden. Hier ist der Schlüssel, und diesen habt ihr in euch gefunden.«
> *Thoth durch Kerstin Simoné*

THOTH: DAS KRISTALL-CHAKRA

Die kosmische Toröffnung der höchsten Energie in dir

256 Seiten, Hardcover mit Leseband, € (D) 19,95
ISBN 978-3-95447-008-2

Thoth war der Schriftgelehrte unter den ägyptischen »Göttern« und als Hermes Trismegistos auch der Entdecker der Alchemie. Sein aktuelles Buch stellt ein neues Kraftzentrum des Menschen vor, ein sich gerade in uns entwickelndes »Einheitschakra«, das auf dem vorhandenen Chakrasystem aufbaut.

THOTH: AKTIVIERUNG DER HÖCH-STEN GEISTIGEN ENERGIE IN DIR

Frequenzweihung in die Macht der Sonnentore

63 Minuten, CD im Jewelcase, € (D) 19,95
ISBN 978-3-954470-27-3

Begleitend zum Buch, aber auch einzeln verwendbar, enthält diese CD eine geführte Meditation zur Aktivierung des »Einheitschakras«. Mit ihrer Hilfe könnt ihr die kristalline Blume des Lebens in euch erstrahlen lassen.

THOTH-MOUSEPAD

240 x 190 x 3 mm, abwischbar & rutschfest, € (D) 12,95
ISBN 978-3-954470-47-1

Jetzt könnt ihr mit der Maus über das Kristallchakra des über dem Erdhorizont aufgehenden Neuen Menschen gleiten und die segensreiche Wärme in euch aufsteigen spüren.

Kerstin Simoné lebt mit ihrer Familie in der Nähe von Berlin. Schon als kleines Mädchen war sie hellsichtig. Seit 2003, als sie bei einem tragischen Ereignis in Kontakt mit Thoth kam, channelt sie seine Botschaften. Sie gibt regelmäßig Seminare und Workshops.

Textauszüge und Hörproben auf www.AmraVerlag.de • Überall im Handel!